U0902092

■ 教育部人文社会科学规划基金（11YJA770023）暨孔子与山东文化强省战略协同创新中心科研创新项目资助出版

山东百年「尊孔」与「反孔」研究

李先明 等著

中国社会科学出版社

图书在版编目(CIP)数据

山东百年“尊孔”与“反孔”研究 / 李先明等著 .—北京：中国社会科学出版社，2018.2

ISBN 978－7－5161－9348－8

Ⅰ.①山… Ⅱ.①李… Ⅲ.①社会学－思想史－研究－山东－近代②孔丘（前551－前479）－思想评论 Ⅳ.①C91－092②B222.25

中国版本图书馆CIP数据核字(2016)第280897号

出 版 人 赵剑英
责任编辑 许 琳
责任校对 王 斐
责任印制 李寡寡

出 版 中国社会科学出版社
社 址 北京鼓楼西大街甲158号
邮 编 100720
网 址 http：//www.csspw.cn
发 行 部 010－84083685
门 市 部 010－84029450
经 销 新华书店及其他书店

印 刷 北京君升印刷有限公司
装 订 廊坊市广阳区广增装订厂
版 次 2018年2月第1版
印 次 2018年2月第1次印刷

开 本 710×1000 1/16
印 张 15
插 页 2
字 数 250千字
定 价 58.00元

凡购买中国社会科学出版社图书，如有质量问题请与本社营销中心联系调换
电话：010－84083683

目　录

第一章

百年国人的尊孔与反孔：一种社会史抑或区域社会史的研究

在中国儒学史上，自从儒家学说诞生那天起，就存在着反孔与尊孔的问题。不过自汉武帝“罢黜百家，独尊儒术”，完成儒家的制度化建构以后，尊孔一直是中国的主流，间或有反孔的声音出现，但基本可以忽略不计。延至近代，随着西力东渐和中国社会文化结构的变迁，质疑和反孔非儒的声音越来越大，终致制度化儒家逐渐消解并最终走向了解体。令人饶有兴趣的是，在1912年中华民国建立和制度化儒家解体后，中国社会各界①的“反孔”与“尊孔”之争非但没有消弭，反而变得异常激烈和格外复杂起来，它直接或间接地同现代社会、政治、文化、思想、学术诸方面的争鸣交织在一起，涉及中与西、古与今、保守与激进、改良与革命、传统与现代、专制与自由、情感与理性等诸多对立面的交锋，使“尊孔”与“反孔”的论争远超出中国儒学史的范围，成为20世纪初叶以来中国思想史、学术史、政治史乃至社会史的有机组成部分，值得进行专门的研究与讨论。因之，不同的人文学者，或依自己的兴趣，或依现实的需要，或依政治的诉求，从不同的侧面对这一问题做过细致的和深入的探讨。

我们今天探究的不是“尊孔”与“反孔”的是是非非，或者说“尊孔”与“反孔”的具体事项不是我们关注的重点，我们所要探究的是以往极少有人关注的主题，即：（1）百余年国人“尊孔”与“反孔”的历史过程对地方社会文化的变迁产生了什么样的影响？（2）在“尊孔”抑或“反孔”的特定历史场域中，地方社会各个阶层的民众持有一种什么样的行为和心态？（3）百余年来，儒学如何随国家的发展和现代性的

① 社会各界是一个非常广义的概念，它是社会的总和，无所不在，无所不包。为了便于研究，本文将其化约为政府官员、知识分子和普通民众三个部分。

“侵蚀”而调整其维系传统社会的功能并在多大程度上改变了自身的面貌？（4）时至今日，儒学应以何种面相进入全球主义的新的现实当中？

一 问题的缘起

百余年来社会各界的“尊孔”与“反孔”，涉及到在中西文化碰撞、社会急剧变动的时代，如何对待儒学乃至中国传统文化这一至今仍困扰着我们的问题。近代以来许多著名思想家和人文学者，都不同程度地参与了这一问题的研究与讨论，政治家们也从实践层面介入了这一纷争，广大民众对此也做出了相应的反应。大量事实表明，百余年来的“尊孔”与“反孔”，贯穿在20世纪以来中国思想文化史、政治史乃至社会史的整个过程之中，是中国近现代史研究不容回避的话题。

对近现代以来的“尊孔”与“反孔”，历来人们有着各自不同的看法。如宋仲福等著的《儒学在现代中国》（中州古籍出版社1991年版），首次从政治思想史的角度客观评价了“五四”运动时期的批孔以及十年动乱时期的评法批儒问题，并对儒学与现代化的关系等问题提出了新的见解；宋志明等著的《批孔与释孔——儒学的现代走向》（华东师范大学出版社2004年版），从“五四”时期的“批孔”与“释孔”两大思潮谈起，比较客观地分析了唯物史观派、西化派、广义新儒家等各家各派对儒学的释读与研究；徐庆文撰写的《批判与传承：20世纪后半期的中国孔子研究》（山东人民出版社2004年版），以学术环境、学术研究方法和学术研究主体三个方面为切入点，展现了20世纪后半期孔子研究的曲折历史过程；林甘泉编写的《孔子与20世纪中国》（中国社会科学出版社2008年版），以史论结合的方式，系统梳理了孔子及其思想百年来的历史命运；孔繁岭著的《中国近代评孔思潮研究》（中央文献出版社2009年版），则着重评述了19世纪中期至20世纪40年代中国尊孔、批孔、研孔的重大事件，以及主要代表人物的活动及其理论观点。

与此同时，国外一些相关著作也被翻译介绍到国内学术界，其中最具代表性的是美国列文森著的《儒教中国及其现代命运》（郑大华、任菁译，中国社会科学出版社2000年版），这部著作从思想、政治、历史三个不同的视角层面，剖析了主要由儒学所培养的文化精神对中国社会历史发展进程的影响，以及儒教在现代社会的命运，许多深刻见解至今仍发人深省。

从既有的研究来看，论者多集中于对“反孔”和“尊孔”本身“孰是孰非”的思想论争、儒学在现代政治进展中的多舛命运的评述，而对“尊孔”抑或“反孔”在社会层面的反应，即地方官员、基层民众在多大程度上因应与认同，则缺乏应有的关注，至今尚未出现一部有分量的研究专著。从某种程度上来说，儒家文化的“命运沉浮”，不仅取决于思想话语、政治话语的建构，而且还在于广大民众的参与程度。因此，从社会史的视角省察百余年来中国人“尊孔”与“反孔”的历史过程，寻绎民众行为心态的变化，以此对儒学的发展前景做出一个判断，理应成为今后研究的一个趋势和方向。基于此，笔者以山东为例，从社会史抑或区域社会史的视角来考察百年以来的尊孔与反孔。

本文所以选择以山东为个案，是基于以下几点考虑。

第一，百年以来山东的尊孔与反孔在全国具有典型性和代表性。山东是圣人孔子的故乡，儒家思想的发祥地，后来将儒学传承发展的重要人物孟子和荀子的主要学术活动也在山东，可以说，在中国古代历史的长河中，孔子儒学与山东结下了不解之缘。而步入近代，特别是民国肇建以来，国家层面“尊孔”抑或“反孔”的文化建构莫不把目光放在山东，借以达到影响其他地区的目的，因之，百年以来围绕孔子及其创立的儒家学说所发生的一系列事件，诸如民初“孔教运动”、“五四”新文化运动、1929 年《子见南子》案、国民党“尊孔读经”的文化政策、“文化大革命”初期的“讨孔运动”、“文化大革命”后期的“批林批孔”运动、改革开放后的“尊孔兴儒”或曰儒学复兴运动等等，几乎无一不与山东有关，或者说都能从山东这块特殊的地理文化单元找出端倪。与此相应，这里的人们受儒家文化的影响至深，对“尊孔”与“反孔”的反应也最为敏感和显著，在一系列“尊孔”抑或“反孔”的事件中，山东地域的知识分子和广大民众都主动或被动地做出了回应。可以说，百年以来，山东的“尊孔”与“反孔”是百年儒学命运起伏的“风向标”。因而，从区域社会史的视角观照百余年来中国人“尊孔”与“反孔”的历程，山东的典型性和示范意义不言而喻。

第二，山东是笔者的故乡，而课题组成员也大都生于斯、长于斯，我们的父辈、祖辈对当地的“尊孔”与“反孔”的文化事项及其在民间的影响都较为熟悉，是本课题研究的“活史料”。事实上，课题组成员在调查过程中，都是依托于每一个成员所在地的人际关系，借助“地利”优势和“熟人效应”查阅档案，深入调查和访谈，从而获得了大量弥足珍贵的档案史料和口述史料。

二 社会史抑或区域社会史：一种研究视角

何谓社会史，目前中国史学界的主要观点有三种：第一种观点以乔志强、冯尔康等为代表，他们认为社会史的研究对象是社会生活，因而将社会史的研究领域也限定在社会生活而不是广义的社会之内。① 第二种观点则与之截然相反，陈旭麓指出“真正能够反映一个过去了的时代全貌的应该是通史，而通史总是社会史”；② 张静如亦同样认为：“社会史是一门综合性学科，是历史学中层次最高的部分，是立于各类专史之上的学科”。③ 第三种观点以赵世瑜为代表，他在90年代初就提出，“社会史根本不是历史学中的一个分支，而是一种运用新方法、从新角度加以解释的新面孔史学”。④ 与之相近，常宗虎在全盘否定社会史的学科化努力之后，亦提出社会史只是一种审视历史的新视角、新态度和新方法，主要是全面审视法、跨学科研究法、结构分析法以及新史料、新手段和技术的运用。⑤

值得注意的是，无论持哪种观点，中国社会史最初的研究特征是整体性的、宏观性的。但随着社会史研究的深入，不少学者开始把目光投向区域社会史。区域社会史简而言之即区域范围的社会史。在这里，“区域”可大可小，是一个相对概念，大到全球，可以包括整个人类的社会史，小到一个国家、一个省区、一个村落的区域。从某种意义上来说，区域社会史是社会史研究的重要组成部分，但它不能被看作是单纯的个案或整体社会史、宏观社会史的附庸。众所周知，个别和一般是反映事物多样性的统一及其相互关系的范畴，所谓“一般只能在个别中存在，只有通过个别而存在”。从区域角度讲，整个社会无疑是多区域社会相互联结的结合体。因此，区域社会史的研究，不仅有助于整体社会史研究的深入，而且

① 冯尔康等编著：《中国社会史研究概述》，天津教育出版社1988年版，第2—3页；乔志强：《中国近代社会史》，人民出版社1992年版，第2页。

② 陈旭麓：《略论中国近代社会史研究》，《华东师范大学学报》1989年第5期。

③ 张静如：《以社会史为基础深化党史研究》，《历史研究》1991年第1期。

④ 赵世瑜：《中国社会史研究笔谈·社会史研究呼唤理论》，《历史研究》1993年第2期。

⑤ 常宗虎：《社会史浅论》，《历史研究》1995年第1期。

可以验证某些论断，甚至可以“从个案走向概括”。

本课题把社会史看作一种研究视角，坚持“眼光向下”“长时段”和“整体观”的学术理念，将着重研究百年以来国家层面“尊孔”抑或“反孔”的文化政策产生了什么样的社会影响，地方官员、知识分子、普通民众对国家层面的尊孔抑或反孔做出了什么样的反应。但地方官员、知识分子、普通民众的历史不是孤立进行的，总是与国家话语权力交相呼应的。因此，抛开国家层面，单纯描述知识分子、普通民众的历史是不科学的，也是不能论述清楚的。因此，国家层面的尊孔、反孔的具体历程，即在本文也作了比较翔实的交代。

应该说，运用社会学和社会史或区域社会史的方法来处理思想史问题，在学术界并不鲜见。仅就国内学术界而言，侯外庐等人的中国思想史研究就十分注重思想与社会之间的互动关系，这也是唯物史观的基本要求。但就儒学而言，却历来存在着过分观念化、逻辑化的倾向，而缺乏从社会史的角度切入。本课题用社会史的视角研究国人百年尊孔与反孔的历史，在儒学思想史研究中可谓开一新生面。

三　“尊孔”与“反孔”：概念的诠释

尊孔与反孔，首先要明白这里的“孔”是什么？我们认为，这里的“孔”不能简单地等同于孔子，它指的是经孔子创立后又被不断阐释的儒家学说，主要包括三纲和五常思想等。

那么，何谓尊孔，何谓反孔呢？这是我们必须弄清楚的两个概念。

尊孔与反孔是一对相对的概念，如果按照字面的理解，我们可以这样界定：所谓尊孔，指的是把孔子的主流思想及大多数言行作为国家和个体的思想标准及言行标准；与尊孔相对应，反孔则指的是反对以孔子的思想及言行作为自己的思想标准及言行标准。应该说，这一界定适用于传统社会但并不适用于现代社会，因为在“欧风美雨”袭来之前，在很长一段时间内，上至皇帝大臣、地方官员、士人学子，下至黎民百姓，其一切言行莫不以孔子及其创立的儒家学说为准则、规范，否则就会被视为异端。而步入近现代，特别是民国成立以来，中国人“尊孔”与“反孔”的时代背景发生了重大变化，有的语言上是反孔的，但行为上却又是尊孔的，有的语言上是尊孔的，但行为上却又是反孔的，有的声称自己不反孔，但实际上他是一个反孔者，有的声称自己不尊孔，但实质上他却是一个尊孔者。由此而论，上述对尊孔和反孔概念的界定显然不能适用了。

当然，如果言行一致，身体力行孔子学说的，当属尊孔者无异；如果言行一致，全盘否定孔子学说的，那他理应是一个反孔者。但实际上，在现代中国，这种泾渭分明、非此即彼的尊孔者、反孔者是非常少见的。绝大多数中国人在孔子面前表现出了一种极度矛盾的态度，那么如何判定他是尊孔者还是反孔者呢？有的说，可以看他尊孔的言说多与少来判断，也有的说看他尊孔的成分多与少来看。但问题是，随着中国现代化进程的推进，中国人身上的现代性成分将会越来越多，孔子儒学的传统成分将会越来越少，照此逻辑推理，随着时间的流逝，尊孔者将会越来越少。显然，这一界定也是不科学的。

我们认为，如何界定现代人的尊孔与反孔，应该动态地、用破与立的角度切入。即在一定时空背景下，对孔子创立的儒家学说采取立的态度，即为尊孔；反之，采取破的态度，即为反孔。如“五四”新文化运动时期，文化激进知识分子尽管对儒家学说怀有敬意，甚至不反对人们有信仰孔教或以孔学修身的自由，但在当时尊孔复古潮流甚嚣尘上的背景下，他们开始向孔子及其创立的儒家学说发起不间断的攻击，以实现伦理和思想意识的根本变革，进而谋求社会政治的全面进步，故此，我们称其为反孔者。相反，民国初年的袁世凯、张勋为帝制自为，主张挺立孔子的一些思想，同样，康有为等人基于与西方文化抗衡和护持中国文化精神的心结，主张立孔教为国教，据此，我们认为他们都是尊孔者。再比如，南京国民政府时期，国民党统治集团为一统天下和巩固统治，重新祭起尊孔的大旗，与此同时，一些文化人士以文化民族主义为基点重新看待孔子，主张读经，那他们就都属于尊孔者。又如，中国共产党一贯主张对孔子采取批判继承的态度，但如果是侧重于批判，即破的立场，那即是反孔，反之，侧重于继承，即立的立场，那就是尊孔。

此外，尚需要说明的是，尊孔不一定就是反动，反孔也不一定就是革命。尊孔、反孔各有其具体的历史与社会背景，各有其不同程度的正面意义与反面意义，不能简单地肯定或否定某一种意见。同时，在不同的历史条件下，各种不同主张的具体内涵也不尽相同或很不相同，它们都可能具有积极的和消极的两种社会效应，所以，对于尊孔和反孔，以及其他一些对待儒家文化的不同意见，我们都应以历史的、辩证的观点去进行具体的研究和分析。

四　研究个案、研究时限和史料的选择

山东是一个有着 17 个地市和 1 亿多人口的大省，限于时间、精力与学养，本文难以面面俱到，也难以用精炼的笔墨进行具有概括力而又不流于肤浅的综合式论述。因之，在共时态的空间跨度上，我们只能选择以某一个具有某种典型意义的某一地域作为研究的研究对象。

从研究对象的代表性与可行性的两种考虑出发，本文将主要选取曲阜、济南、青岛三个地点作为研究的基本对象。这三个地点分别位于鲁南、鲁中、鲁东地区。其中，青岛地处胶东半岛，是近代以来受到外力冲击最早、半殖民地化和近现代化水平发展最高的地区之一；济南地处山东中部，属于山东政治中心；而曲阜地处鲁南，与外界联系较少，闭塞性强，社会近代化起步较晚。可以说，这三个地点分别代表了现代化进程中山东乃至中国三种不同的发展类型。基于此，本文选择了这三个地点作为考察的重点。

在交代了具体的研究对象之外，我们还有必要说明一下研究时限。在历史态的跨度上，我们选择从 1912 年后至今的时段作为研究的期限，但为了更清楚地展现要研究的问题，会上溯到晚清甚至春秋战国时期。

接下来，有必要对本课题凭借的文献和史料的来源给予简单的介绍。在论及社会史时，几乎所有的学者都感到从事这种“自下而上的历史学”研究的最大问题是史料的缺乏。为了使我们的研究能够顺利进行，在收集有关尊孔与反孔的资料时，我们在采取传统史学手段的同时，也借用了社会学和文化人类学的方法。我们最终收集到的资料主要包括文献史料和口述史料两大部分。其中第一部分的史料主要由档案材料、地方史与文史资料、报纸杂志三大块组成。

（1）档案材料。主要是山东省档案馆、曲阜市档案馆的档案材料。

（2）地方志与文史资料。主要是山东曲阜、济南、青岛等地的各种市志、县志、乡志，如《青岛史志·大事记》《青岛史志·文化志·风俗志》《青岛史志教育志》《曲阜教育志》《济南市志》《临清县志》《济南市天桥区教育志》《青岛市志·中国共产党青岛地方组织志》《阙里志》等；再就是山东各地的文史资料，如《山东文史资料选辑》《曲阜文史》《青岛文史资料》《济南文史资料选辑》《潍坊文史资料选辑》《鲁都星火》《东营文史资料》《山东文献》《临沂文史集萃》等。

（3）晚清民国以来的报纸杂志和地方小报，如《临时政府公报》《申报》《民国日报》《山东民国日报》《时事月报》《晨钟报》《济南晚报》《山东教育公报》《光明日报》《大众日报》《讨孔战报》《批林批孔简报》等。

第二部分的口述史实料主要由课题组成员和笔者教授的本科生、研究生的调查访谈构成。同时，因为曲阜“三孔”（即孔府、孔庙、孔林）是山东乃至国内外知名的旅游景点，有大量的山东各地的民众来此观光旅游，借此机会，笔者利用“地利”优势，对山东籍的游客进行了大量的访谈，从而形成了大量的访谈史料。

需要说明的是，对资料的搜集、占有是一个过程，在既定时间、既定条件下，由于笔者学力有限，所作的研究和得出的结论，肯定有许多草率和疏漏之处，只能在以后资料进一步积累、理论进一步提升基础上做进一步的修整和完善。

第二章

传统语境中的“尊孔读经”与晚清制度化儒家的解体

由孔子创立的儒家学说，到汉武帝“罢黜百家，独尊儒术”以后，经过儒家文化的“经学化”、褒封孔子与祭孔仪式国家化、诠选制度与教育体系儒家化、政治制度与法律制度儒家化等一系列的制度设计之后，就逐渐完成了它的制度化建构，并由此开始成为中国传统文化的象征，影响中国两千多年。但步入近代之后，随着西力东渐和中国社会文化结构的变迁，制度化儒家逐渐消解，并最终在1912年随着晚清帝国的崩解而解体。令人感兴趣的是：儒家文化的主流意识形态何以能够绵延存在两千多年？为什么到了近代，制度化儒家就无力应对“晚清变局”并最终走向解体？难道它表明中国乃至整个非西方世界只有在接受消化西方现代性的本质特征的前提下，才能够作为社会（而非变化）存在下去吗？本章节将对上述问题作简要讨论，主要探讨儒家文化的基本特质和结构、传统语境中的“尊孔读经”“晚清变局”和制度化儒家的解体三个方面的内容。

一　儒家文化及其基本特质、结构

儒家文化是一个动态的、多维的概念。同样，对于儒家文化的核心价值观的认知也是代有异同、因时制宜的，在先秦百家争鸣时期，“仁”与“礼”为儒家文化的核心价值范畴，到君主专制的封建社会确立以后，则固化为“三纲五常”核心价值观。而儒家文化的特质则更是仁者互见，从比较的视角来看，重道轻器、“便于专制”不是宗教胜似宗教、不适合“进取”而能够“守成”、包容有余而创新不足、重礼治轻法治等六个方面构成了儒家文化的基本特点。至于儒家文化的基本结构，则包括物态的、制度的、仪式的、精神的四个层面。

（一）儒家文化的概念阐释

儒家文化是指以儒家思想为指导的文化流派，亦称儒学或儒教，起源于东周春秋时期，由孔子（公元前551—公元前479年，名丘，字仲尼，春秋时期鲁国人）创立。儒家文化初创之时，为诸子百家中的一家，未有受到统治者的重视。但从汉朝汉武帝时期起，经历代统治者的推崇，以及孔子后学的发展和传承，儒家学说成为中国古代社会的正统思想，并对中国文化的发展起了决定性的作用。

儒家文化在中国历史长河中历经了太久的时间与变化，不但流派纷多，且互有攻讦。它不仅有原儒与后儒之分，而且在原儒里有孟荀异途，在后儒里又有朱陆之辩；就儒家文化的某一具体范畴而言，则包含着原生义、抽象义及衍生义等多个层面；而作为一种精神文化，儒家学说又具有义理和心理的双重存在层次。可以说，儒家文化是一个乍看十分简单、深究起来却又非常复杂的概念，所以要给儒家文化做出一个科学的诠释是非常困难的。当然，这并不是说不能对儒家文化给出一些基本的原则和界定。吴光先生在《21世纪的儒家文化定位》一文中对于儒家文化有如下的理解。首先，儒家文化是一种非宗教性的世俗文化。作为这种文化之核心部分的儒学，是由孔子创立而由历代大儒丰富和完善的以“仁”为本的东方式的道德人文主义哲学。它起源于先秦，完善于宋明，兴盛于中国君主专制的封建时代，在自汉至清长达两千年的封建社会中，一直被奉为官方意识形态而备受尊崇。其文化覆盖面，则波及于东亚和东南亚的多数国家乃至欧美的华裔社会，特别是日本与现在被称为“亚洲四小龙”的国家与地区，儒家文化作为其文化中的主流文化存在并发挥着巨大影响力。①

林存光先生则认为：“孔子与儒家之学不仅是一个思想观念的系统，更是一个实践活动的系统。在个人修身的层面，既重人的精神情操的陶冶而又重人的身体行为的训练（礼仪的演练），既重人的内省意识而又重对人的行为的外在规范与制约；在社会生活的层面，既极力维护‘贵贱不愆’的等级秩序而又崇尚以忠恕之道为原则的人际交往理性；在政治生活的层面，既尊君而又重民，既与君言仁而又与民言顺，既推崇古圣先王之道而又关注现实社会民生；在学术思想的层面，既尊德性而又道问学，既简约平易而又富于解释性，故能被后儒发展为一种囊括大典、综贯百家

① 吴光：《21世纪的儒家文化定位》，中国孔子基金会编《儒学与二十一世纪》，华夏出版社1996年版，第55—67页。

之学。”[①] 与之相近，邵龙宝认为：儒学是以仁为核心，以礼为形式，以中庸为方法论的政治伦理，因其言道言政皆植本于“仁”；儒学是以“五德”即仁义礼智信、“五伦”即君臣、父子、夫妇、兄弟、朋友（天下之达道）“四个实践步骤”（修齐治平）组成的人文思想体系；儒学是一种以“天人合一”观念为主旨，以“中庸之道”为原则，根据易道讲人道，根据道德讲伦理，根据伦理讲修为的人文主义思想体系。[②]

人们对儒家文化概念的阐释可谓是仁者见仁，智者见智。相比较而言，本文更认同王钧林先生的定义，他认为儒家文化是基于儒学的发展、普及和教化而形成的人们的一般意识、观念以及风俗、礼教等文化现象的总和。它包含三方面的内容：（1）儒家的思想学说深入人心，部分地转化为一般社会成员的思想、意识和观念；（2）受儒家指导或影响的个人教养，包括内在的德性心灵和外在的行为规范；（3）带有浓厚儒家色彩的社会习俗和社会风气。这三方面的内容构成了儒家文化的基本内涵。[③]

（二）儒家文化的核心价值观

儒学自诞生以来，历代儒家关于儒家文化核心价值观的认识和表述，实际上是代有异同、因时制宜的。

孔子作为儒学的奠基者，他在对弟子或当政者的谈话中提出了 20 多个道德范畴，如仁、义、礼、智、信、孝、悌、忠、恭、敬、圣、中、和、宽、敏、惠、勇、温、良、俭、让，等等，但讲得最多的是仁与礼。按杨伯峻先生的《论语议注》统计，《论语》中“仁”字凡 109 次，其中 105 次涉及道德标准；“义”字凡 24 见；“礼”字凡 74 见；“知”字中含“智”义者凡 25 见；“信”字凡 38 见；“孝”字凡 19 见；“弟”字中含“悌”义者凡 4 见；“忠”字凡 18 见；“恕”字凡 2 见；“恭”字凡 13 见；“敬”字凡 21 见……。[④] 在上面所罗列的道德范畴中，“仁”无疑是最根本、最具普遍意义的道德范畴；而“礼”既是道德范畴，又是伦理范畴，作为道德范畴，“礼”以“仁”为存在的根据。所以，孔子的核心价值观，可以总括为“仁本礼用”四个字。

---

① 林存光：《历史上的孔子形象——政治与文化语境下的孔子和儒学》，齐鲁书社 2004 年版，第 224—225 页。

② 邵龙宝：《先秦儒学的基本特质》，《学术界》2010 年第 7 期。

③ 王钧林：《儒家文化：定位、定义与功用》，《孔子研究》2008 年第 5 期。

④ 郭齐勇：《中国儒学之精神》，复旦大学出版社 2009 年版，第 99 页。

孟子全面继承了孔子“仁者爱人”的思想，同时又在孔子“仁”的基础上有所发展，其核心价值观念是“仁、义、礼、智”四德目。（《公孙丑上》）继孟子而起的荀子肯定和继承了孔子所提出的仁、义、礼、乐、恭、敬、忠、信等基本价值观念。所谓“仁、爱也，故亲。义、理也，故行。礼、节也，故成。……仁义礼乐，其致一也。君子处仁以义，然后仁也；行义以礼，然后义也；制礼反本成末，然后礼也。三者皆通，然后道也。”（《荀子·大略》）可以说，荀子及其学派在核心价值观方面的认知定位与孔孟大同而小异，并无根本性的对立。

介乎孟、荀之间的稷下儒家，则提出了“礼、义、廉、耻，国之四维”（《管子·牧民》）的核心价值观思想，认为“礼、义、廉、耻”乃支撑国家的四大精神支柱，如果四大支柱倒塌了，国家就必然走上覆灭之路。后儒便以“礼、义、廉、耻”加上“孝、悌、忠、信”合称为八德，作为儒家修身、齐家、治国、平天下的道德准则。①

到了西汉中期的汉武帝时代，对于儒学核心价值观的概括起了重大变化。以董仲舒为代表的汉儒依据阴阳五行中阳尊阴卑的理论，首次明确提出了“三纲五常”为核心的价值观理论。其所谓的“三纲”即“君为臣纲，父为子纲，夫为妻纲”。董仲舒强调指出“阴者阳之合，妻者夫之合，子者父之合，臣者君之合。物莫无合，而合各有阴阳。阳兼于阴，阴兼于阳，夫兼于妻，妻兼于夫，父兼于子，子兼于父，君兼于臣，臣兼于君。君臣、父子、夫妇之义，皆取诸阴阳之道。君为阳，臣为阴；父为阳，子为阴；夫为阳，妻为阴。阴阳无所独行。其始也不得专起，其终也不得分功，有所兼之义。是故臣兼功于君，子兼功于父，妻兼功于夫，阴兼功于阳，地兼功于天。……天为君而覆露之，地为臣而持载之；阳为夫而生之，阴为妇而助之；春为父而生之，夏为子而养之；秋为死而棺之，冬为痛而丧之。王道之三纲，可求于天。”（《春秋繁露·基义》）所谓“五常”实际是“三纲”的具体化，董仲舒认为仁、义、礼、智、信五个道德规范，是用来调整和处理君臣、父子、兄弟、夫妇、朋友等人伦关系的基本法则，是恒定不变的。这个“三纲五常”论到东汉在由皇帝钦定的具有相当于“国宪”性质的《白虎通德论》（又称《白虎通义》）中被“法典”化和模式化。由于“三纲五常”论符合封建统治者维护纲常伦

① 吴光：《重塑儒学核心价值观——“一道五德”论纲》，《哲学研究》2010年第6期。

理、稳定社会秩序的政治需要而受到历代专制君主的青睐，直到清末都一直被统治者奉为圭臬。但它实际上已偏离了先秦原儒“以人为本，以德为体”的道德人文精神。[①]

由上可见，在先秦百家争鸣时期，儒学价值观的基本范畴是仁、义、礼、智、信，孝、悌、忠、和、敬等概念，其中尤以仁、礼二字最重要，是儒学价值观念体系中最为核心的价值范畴。到君主专制的封建社会确立以后，则固化为“三纲五常”核心价值观。

（三）儒家文化的基本特质

儒学特质究竟为何，迄今还是众说纷纭，仁智互见。笔者以为要了解儒家文化特有的性质，必须将其放置到与中国的道家、佛家、法家以及西方的基督教文化相比较的视域中去考察。从这种比较的视角来看，儒家文化的基本特质约略有以下几点。

1. 重道轻器。对道与器关系进行最早论述的当属《周易》。《周易·系辞》曰：“形而上者谓之道，形而下者谓之器”。对这句话比较通行的解释是，抽象的、超出形体之上的精神因素叫做“道”，在形体之下、具体可见的事物叫做“器”。春秋战国诸子百家几乎无一例外地对形而下的“器”持否定的态度，其中以儒、道两家最为典型。儒家认为，道与器的关系是“本”与“末”的关系，道是根本，器则是派生、从属的东西，且“器”侵害了“善”，因而对其采取一种蔑视的态度。孔子的弟子子夏说：“虽小道，必有可观者焉，致远恐泥，是以君子不为也”。[②] 汉武帝“罢黜百家，独尊儒术”之后，中国开始进入官方政治的经学时代，中国人“重人文，轻物理”的价值观念进一步强化。魏晋时期，玄学大行其道，重道轻器的思想更为深化。宋明时期，中国人对于意志品格格外重视，对于科学技术的轻视则不断增强。打开历史的纵深，不难发现，儒家重道轻器的观念是一以贯之的。诚如费孝通所说：“传统社会里知识阶级是一个没有技术知识的阶级，可是他们独占着社会决定的威权。他们在文字上费工夫，在艺技上求表现，但是和技术无关，中国文字是最不适宜于表达技术知识的文字；这也是一个传统社会中经济上既得利益的阶级，他们的兴趣不是在提高生产，而是在巩固既得的特权，因之，他们着眼的是

① 吴光：《重塑儒学核心价值观——“一道五德”论纲》。

② 朱熹：《四书集注》，岳麓书社1985年版，第226页。

规范的维持，是卫道的”。[1] 客观地说，重道轻器的思想是中国人在没有信仰的前提下延续了历史，使中国人的凝聚力加强，也对于中国人的优良品格形成提供了优良土壤。但同时它禁锢了人的思想，忽视对具体事物以及技术的研究，从而大大阻碍了中国科学技术的发展。1840 年鸦片战争的爆发，使得儒家文化中的“重道轻器”思想受到西方“船坚炮利”的严峻挑战，中国人“重道轻器”的传统自此开始发生嬗变。

2. 重礼治轻法治。与法家治国的目标不同，儒家素来提倡以礼治国，以德安邦。早在春秋时期孔子就曾指出：“道之以政，齐之以刑，民免而无耻。道之以德，齐之以礼，有耻且格”。[2] 这句话的意思是说，以法治国，则只能治表，而不能治标；而如果以礼治国，则能标本兼治。此后的儒家大师孟子、荀子等都延续和发展了孔子的礼治思想。孟子认为：“不信仁贤，则国空虚，无礼义，则上下乱；无政事，则财用不足。”[3] 荀子则说：“故人无礼则不生，事无礼则不成，国家无礼则不宁”，“隆礼贵义者其国治，简礼贱义者其国乱”。[4] 西汉武帝“罢黜百家，独尊儒术”之后，儒家的礼治政策则成为社会管理的基本模式，并贯穿于封建社会的始终。[5] 广大人民群众受其影响，其社会意识主要不是靠宗教和法治支撑，而是依赖建立在宗法制度基础上的儒家伦理观念加以维系的。长此以往，这种重礼治、轻法治的思想传统融化在中国人民的思想意识和行为规范里，积淀为一种遗传基因，成为中华民族心理的一部分。它所造成的一个直接后果就是，两千多年的中国封建社会，始终未能形成一部真正像样的法律。与此相联系，时至今日，国人的法治观念、法治意识仍普遍淡薄。

3. 不是宗教胜似宗教。儒家文化是不是宗教，曾引起过广泛争论。无可否认，在儒学的思想体系里，带有一定的宗教色彩，如“天”“天命”“神”等观念。但问题是：其论天命鬼神，是指阴阳之道和“妙万物而为言者”而言，非宗教家所谓有命令的拟人格的主宰之神；其所关注的是人或人如何成为人而不是神或人如何成为神；其所立论的是社会层面

---

① 吴晗、费孝通：《皇权和绅权》，天津人民出版社 1988 年版，第 19 页。

② 朱熹：《四书章句集注》，中华书局 1983 年版，第 54 页。

③ 同上书，第 366 页。

④ 王先谦：《荀子集解》，中华书局 1988 年版，第 23、270 页。

⑤ 在我国漫长的封建社会中，法家虽有主张以法治国，但始终未能占据主流，占据主流的和对中国文化影响较大的一直是主张礼治和德治的儒家思想。

的内容，而非关灵魂的安顿。[①] 对此，陈独秀说的明白：宗教实质，重在灵魂之救济，出世之宗也。孔子不事鬼、不知死。文行忠信，皆入世之教，所谓性与天道，乃哲学，非宗教。[②] 进而言之，儒家学说扮演的是哲学家的角色，它强调人们对知识、智慧、做人的尊严、社会准则、理想生活的追求。[③] 尽管儒家学说不是严格意义上的宗教，但它要求人们把典籍上的语言变成一个人内在的精神信念，进而见之于行事。“他们对礼仪、行为规范、保存常识信条、为人类价值提供超越基本的关怀，引导他们在社会中发生可与教士相比拟的作用”。[④] 也就是说，儒学不是宗教却又胜似宗教，尽管它不要求去传播什么福音，也不要求祭拜仪式和遵守什么清规戒律，但它作为一套思想理论和教育制度，通过儒学制度化的设计，经过长期的封建社会的提倡和崇敬，它已形成一套类似宗教的制度，在中国漫长的历史长河中起到了类似宗教的作用。

4. 包容有余而创新不足。一般而言，一种思想学说一旦被制度化并上升为意识形态之后，便具有强烈的排他性。据此，儒家学说在制度化建构之后，亦应具有这一特点。对此，有不少学者予以阐释。但事实并非完全如此，儒家学派形成以后，在思想内容方面，对其他学派的思想学说不仅不排斥，而且具有兼收并蓄的特点。两千多年来，儒家先后与道家道教文化、佛教文化、伊斯兰教文化融合，并形成了儒道互补、三教合一、四教会通等形态。在全国特别是乡下，“除了祖先崇拜之外，大家要信什么就信什么。上佛寺、拜神仙、供关公、祭土地，悉听尊便。没有宗教限制，也没有宗教迫害。你信你的神，我拜我的佛，各不相涉，并且还把各式各样的神拼在一起大家来拜”。[⑤] 儒家文化尽管在知识论层面上有很强的兼容性，但却缺乏创新性。孔子主张“述而不作，信而好古”。强调继承前人的传统，自己不要有新的创造。他本人讲学重点讲解“三代以来”的典籍；晚年编写《春秋》，只重“述”，不讲“作”。孔子以后的儒家大师孟子、荀子都以阐发孔子的思想为宗旨，后人又以他们的著作作为研

---

① 李先明：《孔教运动：儒学近代转型的歧途》，《历史教学》2007 年第 6 期。

② 陈独秀：《驳康有为致总理总统书》，吴晓明编《陈独秀文选》，上海远东出版社 1994 年版，第 46 页。

③ 杜维明：《道・学・政》，上海人民出版社 2000 年版，第 11 页。

④ 蒋梦麟：《西潮・新潮》，岳麓书社 2000 年版，第 22 页。

⑤ 同上。

究对象。“言必称尧舜”，“非圣人之言不敢言”。你如果要变革，人们便会群起而攻之。正如皮锡瑞先生所说：“盖凡学皆贵求新，惟经学必专守旧。经作于大圣，传自古贤。先儒口授其文，后学心知其意，制度有一定而不可私造，义理衷一是而非能臆说。世世递嬗，师师相承，谨守训辞，毋得改易。”① 这种根深蒂固的保守思想，压抑了人们的创造性，使得各种新生事物难以出头，难以发展。

5. 不适合“进取”而能够“守成”。西汉的儒学名人叔孙通说：“夫儒者难与进取，可与守成。”（《汉书・叔孙通传》）儒学的这个特点，在攻城略地、征战称霸的时候，不容易发挥显著作用，而一旦天下安定，人心思治的时候，儒学的“建构性”作用就充分表现出来。所谓“儒者博而寡要，老而少功，是以其事难尽从。然其序君臣父子之理。列夫妇长幼之别，不可异也。”（《史记・太史公自序》引《论六家要旨》）儒学的“守成”作用是显而易见的，它契合了中国社会的基本结构和基本需要，为“中国封建社会的超稳定结构”打下了最为坚实的“地基”。中国封建社会延续这么长的时间，中华民族凝聚力如此之强，中国历史的分裂时期远远少于统一时期，显然都和儒学的强大守成功能有着密切的关系。儒家在历史上的“守成”功能我们不必怀疑，同样，它不适合“进取”的特点也是非常明显的。儒家学说崇尚以“仁”为核心、以“五伦”（夫妇、父子、兄弟、朋友、君臣）为框架的治理体系，竭力倡导仁义爱民，和而不同，克己复礼，安于现状，安分守己，勿要强烈进取和不满，推崇遇事忍让唯上。连美国哈佛学派学者列文森都认为儒学最本质的特征是“中庸”，它能成就社会的长期稳定，但缺乏与现实的张力，因而也没有活力，不能导致真正的社会变革。②

6. “更便于专制”。王亚南先生认为儒家学说具备以下三种可供利用的内容：一为天道观念；二为大一统观念；三为纲常教义。而这三者对于专制官僚统治的维护，是缺一不可的。因此，儒家学说是“最便于专制”的儒术。③ 这种说法很有道理。众所周知，天道观念宣扬君权神授，天不变道亦不变，从而为封建皇权“治统”的绝对权力提供了合法性和必然

① 皮锡瑞：《经学历史》，中华书局1959年版，第139页。

② 牟钟鉴：《涵泳儒学》，中央民族大学出版社2011年版，第494页。

③ 王亚南：《中国官僚政治研究》，中国社会科学出版社1981年版，第69—70页。

性，尽管儒家也强调“道统”，但我们不能夸大这种理想和现实之间的“紧张感”，尤其不能夸大儒家道统对“治统”的制约作用。因为帝王对于儒道的尊重完全取决于君主本身的贤与不贤；而儒家所坚持的圣王理想推到极限，也只在于换一个君主，而不是君主制度本身。[①] 儒家的大一统观念宣称天下一家，所谓“普天之下，莫非王土；率土之滨，莫非王臣。”从而从政治角度论证了君主专制统治的合理性。而儒家强调的纲常伦理以及“礼”的制度设计，也为封建专制统治提供了理论支持，三纲五常，君为臣纲，臣子不能反对王权，否则便是大逆不道，甚至被叫作乱臣贼子。正如陈独秀所说，儒家的三纲五常思想与帝制“有不可离散之因缘”、“实为制造专制帝王之根本恶因”。[②] 除此之外，西方基督文化强调政、教分离，教会权力与世俗权力是可以相抗衡的，这样封建专制统治就时时受到来自独立的教会权力的挑战，这种二元文化最终派生出了西方的民主与宪政。而儒家文化则是强调政教合一，没有世俗之外的权力，这样它就利于专制统治。儒家之所以能获得专制政权的支持，一“花”独放，“香”飘两千余年，正是因为它的“政统”思想符合专制政治的需要。

二　儒家文化的基本结构

儒家文化，本身是一个包括若干显功能与潜功能的多个层面，包括物质文化、制度文化、精神文化等多种结构的历史系统。以往研究儒家文化，大都侧重于儒家精神层面或价值层面的东西。而本文研究中的儒家文化，包括物态的、制度的、仪式的、精神的四个层面。

1. 物态层面。指通过物质形态展现儒家思想存在和延续的实物，举凡记载或体现儒家思想和精义的文庙孔庙、忠孝节义牌坊、文献典籍、书院义塾、祠庙殿堂、碑刻石经、衣物旌旗、雕像图画、礼器祭器、兆域墓葬、庠序书院及各类建筑等等，即技术层面的文化传承，都可以看作儒家文化的物态层面。其中，儒家文献经典是最基本的，它包括《诗》《书》《礼》《易》《乐》《春秋》六典，后来《乐》典亡佚，实际上只有《诗》《书》《礼》《易》《春秋》五典。

① 干春松：《制度化儒家及其解体》，中国人民大学出版社 2003 年版，第 69 页。

② 陈独秀：《独秀文存》，安徽人民出版社 1987 年版，第 78、89 页。

2. 制度层面。是指依照儒家思想而设立的社会制度，是汉武帝独尊儒术之后，在国家制度方面按照儒家的思想设立的一系列伦理的、政治的、社会交往的规范系统。它主要表现为儒家文本的“经学化”、褒封孔子与祭孔仪式的国家化、诠选制度与教育体系的儒家化、政治法律制度的儒家化等。其中，人才选用时考试内容的儒家化，即以儒家经典为考试内试的科举取士制度是儒家制度层面的核心制度。

3. 仪式层面。是儒家文化的表现形式，包括儒家礼仪、儒家传统节日等，是在儒家文化影响下形成的各种官方和民间的礼仪以及风俗习惯。诸如历代王朝的主要典礼、民间的婚丧礼仪及家族成员和朋友之间交往的许多礼仪、祭祀节日、纪念节日、农事节日（清明祭祖、端午节赛龙舟、拜年送红包之类）大都是儒家神道设教、敬长爱幼和孝悌思想的产物。

4. 精神层面。是与物态部分相对应的儒家伦理道德观念。先秦时期，儒家伦理道德观念的基本范畴是仁、义、礼、智、信，孝、悌、忠、信、和、敬等概念，其中尤以仁、礼二字为最重要。到君主专制的封建社会确立以后，则固化为我们耳熟能详的“三纲五常”的核心价值观。三纲：君为臣纲，父为子纲，夫为妻纲；五常：仁、义、礼、智、信。除此之外，儒家文化的精神层面，还包括注重亲情、服从权威与尊敬长者、勤奋顽强、讲究以和为贵、崇尚合情合理（即人情法理兼顾）等等。

三 官方与民间的互动：传统语境中的“尊孔读经”

由于孔子儒学思想的特质及其基本精神对于巩固封建专制统治和维护皇权具有巨大的理论和实践作用，所以自汉武帝接受了董仲舒“罢黜百家，独尊儒术”的建议之后，历代统治者竞相尊孔，以至于达到了无以复加的程度。而民间社会受其影响，莫不“尊孔读经”，中至学校与一般社会礼俗，下及家庭和个人的行为规范，无不或多或少地体现了儒家的价值。“尊孔读经”的官方建构与民间社会的积极回应，使儒家学说全面支配中国人的生活秩序。从政治到经济，从国家意识形态到民间社会，从民俗到正史，从思想到灵魂，儒学的影响无所不在，举国上下，唯孔独尊，中国俨然成为一个“儒教中国”或曰儒学社会。

（一）官方尊孔倡儒的制度化建构

历史统治者尊孔倡儒的制度化建构主要有以下几种表现形式。

1. 儒家文本“经学化”

儒家文本的“经学化”是儒学制度化建构的基础和关键环节，因为“价值系统自身不会自动地‘实现’，而要通过有关的控制来维系。在这方面要依靠制度化、社会化和社会控制一连串的全部机制”。[①] 儒家文本的经学化发端于汉武帝建元五年（公元前135年）的“置五经博士”。首先，它使《诗》《书》《礼》《易》《春秋》正式被钦定为“经典”，其正确性和权威性已无从怀疑。其次，它将本来有许多学派背景的“博士”头衔转变为儒家的独尊。[②] 自此之后一直到19世纪中叶之前，儒家经典被认为是对传统的理想社会的社会价值的全面继承，其真理性容不得半点怀疑，凡违背儒学经典的言行都被看做是离经叛道、非圣无法，会遭到社会舆论的谴责，及各种各样规约的拘束和国家权力的惩罚。而儒家文本一旦被“经学化”，儒学就俨然成了意识形态领域的“圣经”，中国的儒生们就几乎没有了独创的权力，他们只能依附于儒家典籍做一些传、记、释的工作，而难得阐发自己的观点。即便有微词，也只能转弯抹角地表达，不得不披着圣人的外衣。正如梁启超所说：“自汉武帝表章六艺而罢黜百家以来，国人之对于六经，只许片引，只许解释，不许批评研究。韩愈所谓‘曾经圣人手，议论安敢到’。若对于经文之一字一句稍涉疑议，便自觉陷于非圣无法，蹙然不自安于其良心，非特畏法网惮清议而已。”[③] 儒家文本“经学化”无疑对于维护社会整体意识形态的统一稳定、巩固封建王朝的大一统政权和促进国家的长治久安，均发挥了重要作用；但另一方面，儒家文本“经学化”，“把历代知识分子的聪明才智完全吸引到经学上，导致社会整体知识结构单一、僵死，人们学习的范围与思考的方式很难突破经学的范畴。其他知识体系，如自然科学，非但不被重视，甚至遭受蔑视，停止在一定的状态内，阻碍了社会进步”。[④]

2. 褒封孔子与祭孔仪式国家化

将孔子圣人化以及祭孔仪式国家化与经常化是统治者尊孔倡儒制度化建构的重要步骤。应该说，春秋战国时期，孔子及其创立的儒家学说并未受到多大重视，只是诸子百家学说中的一家。但是从西汉起，强调维护君

① ［美］帕森斯：《现代社会的结构与过程》，光明日报出版社1988年版，第141页。

② 干春松：《制度化儒家及其解体》，第17页。

③ 梁启超：《清代学术概论》，东方出版社1996年版，第11页。

④ 尹颖群：《刍议儒学经学化与中国古代政治》，《文史博览（理论）》2010年第7期。

权、主张大一统的孔子及其创立的儒家学说开始受到前所未有的重视。汉武帝接受了董仲舒“罢黜百家，独尊儒术”的建议，使儒学取得了独尊地位，成为封建社会唯一的正统思想。随着孔子、儒学在维护封建统治者中重大作用的发挥，孔子的地位随之提高，以至于被逐步抬上了“圣人”的宝座。见表1。

表1　　历代帝王给孔子的封号

朝代	时间	帝王	封号
东周	周敬王四十一年（公元前479年）	鲁哀公	尼父
西汉	元始二年（公元元年）	汉平帝	褒成宣尼公
西汉	永元四年（92年）	汉和帝	褒尊侯
北魏	太和十六年（492年）	魏孝文帝	文圣尼父
隋朝	开皇年间（581年）	隋文帝	先师尼父
唐朝	贞观二年（628年）	唐太宗	先圣
唐朝	贞观十一年（637年）	唐太宗	宣父
唐朝	永徽年间（650年）	唐高宗	先师
唐朝	显庆二年（657年）	唐高宗	先圣
唐朝	天授元年（690年）	唐武则	天隆道公
唐朝	开元二十七年（739年）	唐玄宗	文宣王
宋朝	大中祥符元年（1008年）	宋真宗	玄圣文宣王
宋朝	大中祥符五年（1012年）	宋真宗	至圣文宣王
元朝	大德十一年（1037年）	元成宗	大成至圣文宣王
明朝	嘉靖九年（1530年）	明世宗	至圣先师
清朝	顺治二年（1645年）	清世祖	大成至圣文宣王先师
清朝	顺治十四年（1657年）	清世祖	至圣先师

从表1可以看出，公元元年，西汉平帝以官本位的惯例把孔子政治化，给他戴上官衔的桂冠，封其为“褒成宣尼公”，贵为公爵，开启了中国历代帝王以官爵封孔的先河。到了唐朝开元二十七年（739年），更追封孔子为“文宣王”。宋朝则先后追封为“玄圣文宣王”“至圣文宣王”等。元朝封为“大成至圣文宣王”，地位仅次于皇帝。给孔子加上“王”的桂冠，这不仅意味着对孔子、儒学的更加重视，也是封建统治者与儒家结为一体的生动体现。至明清时期，封建帝王们对孔子不再封王，而是封为“师”，称“先师”和“至圣先师”。康熙更进一步把孔子拔高为“万

世师表”。褒封孔子由“王”到“师”的变化，不是地位的降低，恰恰是提高，即把孔子由世俗贵族抬高到“精神领袖”的地位。

随着孔子的“圣人化”，对于孔子的纪念活动也由弟子的自发活动升格为国家的仪式。《左传》有云：“国之大事，在祀与戎”。祭祀和战争并列为一个国家的两件最重要的事项，而且祭祀还排在前面，重要性超过战争。可以说，在古代的各种礼仪之中，祭礼是最重要的，而祭礼之中，最重要的又是庙礼。孔子去世后第二年，即公元前478年，鲁哀公在曲阜阙里孔子旧宅立庙，即今天的曲阜孔庙。孔子生前所住的三间房屋改成寿堂，陈列孔子生前的生活用品，并按岁时祭祀，祭孔由此开始。不过，当时的祭孔都是孔子弟子的自发行为，地点也仅限于阙里。但自汉武帝独尊儒术开始，祭孔活动逐渐转变为国家的行为，其标志是孔子第八代世孙被封为“鲁文信君”后，开始以官方的身份奉祀孔子。迄十三代孙孔霸，因为“帝师”之故，元帝特赐“关内侯”，食邑八百户，号“褒成君”，徙名数（户籍）于长安。后因孔霸上书求奉祀先圣，元帝方令以所食邑祀孔子，还其长子（孔福）名数于鲁。[①] 至平帝，改封“褒成侯”，专奉先圣之祭。[②] 公元29年，光武帝派大司空到曲阜致祭孔子，开创后世帝王遣使祭孔的先例。公元59年，汉明帝命令太学及郡县道的学校都要祭祀孔子，祀孔自此开始成为全国性的重要活动。南北朝割据时期，南北双方都纷纷争设孔庙，致使孔庙和祭孔祀典走向全国各地。自此以后，全国各地的祭孔活动延续不断，规格也逐步提升，明清时期达到顶峰，被称为“国之大典”。清代剃发易服后，顺治皇帝定都北京，他在京师国子监立文庙，内有大成殿，专门举行一年一度的祭孔大典，并尊孔子为“大成至圣文宣王先师”。祀礼规格又进化为上祀、奠帛、读祝文、三献、行三拜九叩大礼。[③]

3. 官员诠选制度与教育体系儒家化

官员诠选制度儒家化指的是以儒家学说的掌握和诠释为原则作为选举官员的标准。用金观涛的话来说，“就是把信仰儒家意识形态的知识分

① 孔继汾：《阙里文献考》卷5，第1页。

② 孔贞丛：《阙里志》卷2，第19页。

③ 杜大宁：《一本书读懂儒家文化》，新世界出版社2010年版，第55页。

子——我们称之为的儒生——制度化地转变为国家官员”。[①] 汉武帝元光元年（公元前134年），“孝廉”察举制的实施是以儒家的伦理道德原则作为取士标准的开端。后经魏晋、南北朝的不断改进，察举的标准逐渐由“德行”、经术并重转向以考察“诸生通章句”的文化考试为主，最终到隋唐时期形成了比较完备的科举制度。科举制最为重要的特征之一就是以儒家经典作为科举考试的基础和核心内容。据此标准，只要熟悉典籍，通晓儒学，人人就都有可能实现其“朝为田舍郎，暮登天子堂”的人生理想。唐宋明清时期科举考试的内容有所变化，但是基本的博习儒学经典、学而优则仕的制度设置原则一直没有改变。官员诠选制度儒家化在维系民族传统文化、保证中国统一稳定等方面有着巨大的历史作用。但随着时间的推移，这一制度的负面因素日益凸显，特别是在明清之后，在专制王权的高压下，它已蜕变为扼杀人才的工具，严重迟滞了中国社会的进步与发展。

将儒家学说确立为取士和选举的唯一途径，必然会影响到教育体系儒家化的确立，因为当儒学和权力、利益发生密切关系，成为强势的话语时，将儒家作为教育的主要内容便成为官学和私学的自觉选择。教育体系儒家化同样始于西汉。汉武帝时除设置“五经博士”之外，在中央还设立了太学，在地方设立了郡学、县学、乡学，其教学内容均以儒家经典的传授和学习为主。汉代私学中的书馆和经馆，也多是以儒家典籍作为主要的教材。[②] 这就使得从中央到地方、从官学到私学的整个教育体系都被儒家化了。到明清时代，整个教育体系包括儿童的启蒙教育都日益以科举为唯一取向，这样，“权力、儒家知识的‘真理’性和皇权统治的合法性之间的逻辑联系便完整地建立起来”。[③]

4. 法律制度儒家化

所谓法律制度儒家化就是以儒家的纲常名教作为立法的指导思想，以儒家经典和事例作为司法的指导原则，以儒家的伦理道德作为社会管理的规范，也可以理解为封建法律制度、社会管理等方面全方位渗透儒家的思

① 金观涛、刘青峰：《开放中的变迁：再论中国社会超稳定结构》，法律出版社2010年版，第8页。

② 孙培青：《中国教育史》，华东师范大学出版社2000年版，第105—108页。

③ 干春松：《科举制的衰落和制度化儒家的解体》，《中国社会科学》2002年第2期。

想和理念。中国法律制度儒家化发轫于西汉的“经义决狱”,[①] 历经东汉“以经解律”魏晋“以礼入律”而大成于北魏、北齐，定鼎于唐（唐律“一准乎礼”），垂于后世。对此，瞿同祖认为：汉朝承受了秦朝的“纯本于法家精神”的法律，随着儒学的复兴，儒家就要求改变法律，使之体现儒家的精神，这样一种变化的过程，即“怎样将礼的精神和内容窜入法家所拟订的法律里”的过程就是法律的儒家化。[②] 梁治平则进一步指出：“董（仲舒）氏以儒家典籍，六经之一的《春秋》作判案的依据，……对于中国古代法的发展意义重大。这不独是因为它满足了历史所提出的某种要求，也不只是因为引经断狱的流风余韵，延至唐代还不曾消绝，还是因为它以一种特殊方式开启了中国古代法律史上一个伦理重建的重要时期。在此期间，儒家以其价值重塑法律，系统地完成了儒家伦理的制度化和法律化，结果是在继承先秦乃至青铜时代法律遗产的基础上，将礼崩乐坏之后破碎了法律经验补缀成一幅完整的图景，最终成就了中国古代法的完备体系。这一过程亦即后人所谓的“以礼入法”。[③] 应该说，中国法律制度儒家化在封建社会中、前期的确为中国古代法制建设、建立并巩固封建秩序、促进封建社会的繁荣起过重大作用。但到封建社会后期，特别是到了近代，法律儒家化造成了中国法治和政治发展的部分阻力，并最终走向了历史的反面。

总之，儒家的制度性建构是全方位的，上至朝廷的礼仪、典章、宗庙的祭祀、国家的选官制度、教育体系与法律，下至社会礼俗乡、村规民约乃至个人的行为规范……凡此自上而下的一切建制之中都贯注着儒家的精神与思维原则。由于篇幅有限，本文只略作介绍。

（二）（地方）民间社会的积极响应

儒家之所以能够成为漫长的中国传统秩序的价值支撑，并不仅仅是因为它得到了权力的支持，而且也在于它自身的思想魅力以及民间社会的积极响应。

首先，儒家学说是小农经济社会条件下的产物，其本身具有文化习俗

---

① 经义决狱，是指在司法审判中直接援引《春秋》等儒家经典的事例或精神作为定罪量刑的依据。它的基本原则是“论心定罪”，所谓“志善而违于法者，免；志恶而合于法者，诛”。参见马作武：《略论中国传统法律的儒家化》,《中山大学学报》1997 年第 2 期。

② 瞿同祖：《瞿同祖法学论著集》，中国政法大学出版社 1998 年版，第 361—381 页。

③ 梁治平：《寻求自然秩序中的和谐》，中国政法大学出版社 2002 年版，第 251—252 页。

上的亲和力。

知识社会学家曼海姆认为，所有的思想和知识都是某个社会结构或历史进程的产物。[①] 儒家文化亦不例外，它是在中国传统社会以小农经济占主导地位的经济结构和以皇帝为最高顶点的垂直隶君型的社会结构上产生的。儒家将家族作为社会的基本单位和维系社会安定的基本因子，很显然这是符合农耕社会自给自足的经济形态的，更容易为广大农民所接受推崇。此外，儒家的宗法人伦学说在本质上与传统农民家庭本位思想是合拍的，特别是儒家的重孝道、崇祖先、信灵魂等许多观念本身就是从现实生活中概括和抽绎出来的，更容易为广大民众所接受和认同。更为重要的是，儒家文化是人学，强调人与人之间要讲究仁、义、礼、智、信，强调一种秩序，强调“以和为贵”“和气生财”，它符合中国人讲关系，重人伦，追求和谐稳定的文化性格和“秩序情结”。还有一点是，儒学是一种生活伦理，它所倡导的是日常生活中最普通而又最重要的道理，它关心或重视人间的生活，而不追求或向往死后或来世的幸福，它以人文关怀而成为中国民众的精神支柱。与此同时，孔子、儒学的某些政治主张，如仁政德治、轻赋薄敛等，受到广大人民群众的欢迎。总之，在传统中国社会的双重结构中，儒家所倡导的礼教德治的伦理比较适合下层的民间社会。

其次，众多儒生自觉践履和传播儒学。

按照严格的标准来说，只有信奉孔子之道的读书人才叫儒生，但宽泛说来，凡是参加科举的士子或者说知识分子都可以算是儒生。由于科举制将儒家学说确立为取士和选举的唯一标准，儒学的话语霸权得以确立，学习儒家伦理内涵、践行儒家道德标准成为古代知识分子的自觉行为，将儒家学说作为教育的主要内容便成了官学和私学的必然选择。儒家与权力的结盟使得儒学对于读书人的吸引力大大加强。[②] 汉代时在邹鲁之地流传的谚语——“遗子黄金百籯，不如教子一经”（《汉书·韦贤传》）就足以证明基层民众把尊孔读经推崇到何等惊人的高度。应该说，许多读书人一开始是把研习儒学作为入仕的“敲门砖”的，“朝为田舍郎，暮登天子堂”，不少人皓首穷经，渴望着有朝一日成为天子门生。但不容否认的

① ［美］刘易斯·A. 科瑟：《社会学思想名家》，石人译，中国社会科学出版社1991年版，第477页。

② 干春松：《制度化儒家及其解体》，第22—23页。

是，“当我们考察一切社会中支持着个体成长的环境时，就会发现文化建构模式在大多数环境中对人格行为的重要影响是显而易见的”。[①] 在儒家掌控的文化建构模式中，众多儒生自觉研习儒家学说、体会参悟儒学精神，久而久之，开始“以身体道”，服膺儒学，成为儒学中人，成为一支充满使命感、责任感的有生力量。他们以“为天地立心，为生民立命，为往圣继绝学，为万世开太平”为己任，强调齐家、治国、平天下从自身修养做起。正是因为儒学适合了广大知识分子心理和自我发展的需要，使广大儒生所认同并自觉践履和传播。正是靠着一代又一代儒生们的身体力行，使儒家思想得以在我国民间普及。儒学的广泛普及与信奉传统儒学价值观的儒生队伍是分不开的。

最后，广大普通民众普遍尊孔读经，并以儒家伦理作为自己的行为规范。

尊孔读经有两种形式，一种是企及入仕做官，但这往往是家道富裕殷实家庭的事；另一种是识点字，学点为人做事的道理，这种想法的人占了一大半。传统时代，“在整个（中华）帝国的大学和小学，就如同在各省和地方庙宇中一样，他（孔子）受到人们的崇拜”。在每所学校墙上都贴有“万世师表”的条幅，每逢农历新年之后的开学之日，“正式的拜敬”仪式在条幅之前举行。每一个学生在上学和放学时都必须对四个大字表明敬意。[②] 当然，因为经济原因，许多穷人家庭没钱读书，不识得《四书》《五经》，但他们对“三纲五常”“三从四德”这样的儒家伦理耳熟能详，对孔子也表现出高度的崇敬。如在西汉韩婴（前197—前148）《韩诗外传》的佚文“孔子释玉羊”、西汉刘向（前77—前6）《说苑·辨物》的“孔子释商羊”等民间故事中的孔子，均是以备受赞美的智慧、超人的圣人形象出现，表现了民间对他的高度崇敬。[③] 由于传统社会尊孔读经的氛围如此浓厚，以至于对孔子的尊崇充斥和渗透到中国社会的各个层面。如人们在日常交往和日常生活中必须遵守儒家倡导的忠孝、行善、正义、勇敢、勤劳、助人为乐等信条，否则就会受到社会舆论的谴责。再

① ［美］拉尔夫·林顿：《人格的文化背景——文化社会与个体关系之研究》，于闽梅、陈学晶译，广西师范大学出版社2007年版，第41页。

② “Chinese Worship of Confucius”, *New York Times*, Jan. 8, 1866: 2.

③ 中山大学中国非物质文化遗产研究中心编：《中国非物质文化遗产》第11辑，中山大学出版社2006年版，第189页。

如，传统婚姻习俗深受儒家婚姻礼仪的影响，从正常婚娶过程所行礼仪方面来看，其仪程必须遵循“六礼”，纳采、问名、纳吉、纳征、请期、亲迎。程序不能混淆，也不能减免。同样，丧葬礼俗也集中体现了儒家的孝悌观念，丧礼强调“重殓厚葬”“慎终追远”，提倡“葬之以礼”“祭之以礼”“棺椁必重”“葬埋必厚”“衣襟必多”。即便在当下，中国普通民众的衣食住行、家庭观念，价值取向仍然体现着儒家的精神，而遗存在山东乃至全国的孔庙、祠堂、牌坊更表达着过去人们对儒家学说的尊崇和敬意。

四　晚清变局与制度化儒家的解体

19 世纪 40 年代，西方资本主义国家挟坚船利炮打开了东方古国长期闭锁的门户，其势如惊涛骇浪，莫之能御，传统中国的社会、政治、文化系统遭遇空前未有的冲击。面对亘古之大变局，晚清统治者试图求变趋新以经世，但始料未及的是，儒家和君主政治都还没有来得及完全自我调适好就已经被变革和革命的浪潮推倒了，在此过程中，历史上的儒教与传统君主政治的制度化关联的各个环节的链条也被一一打断和击碎，制度化儒家最终走向了解体。

（一）从鸦片战争到洋务运动：儒学制度体系危机的开始

几千年来，以儒家文化为中心的中华文明一直按照自身固有的内在逻辑发展，但西方资本主义势力的东侵逐步打破了这一进程。1840 年第一次鸦片战争揭开了中国近代史的序幕，但其时国人并未从战争的惨败中警醒，亦未出现对孔孟之道信仰的真正危机。然而第一次鸦片战争后，西方列强从政治上、军事上、经济上加紧染指中华帝国，中华民族在世界格局的大变动中面临着生存危机。与此同时，国内各族人民反抗封建统治压迫的斗争愈演愈烈，终于爆发了中国农民革命战争史上最波澜壮阔的太平天国运动。由于内忧外患的逼迫，统治阶级内部已有相当数量的开明士大夫意识到学习西方，自强自救，实现中国的近代化，已不是一个理论问题，而是个十分紧迫的现实问题。于是从 19 世纪 60 年代初期至 90 年代，他们在国内掀起了以“自强求富”为目的的洋务运动，旧称“同光新政”或“自强新政”。应该说，洋务运动只是在器物层面学习西方，并且师夷长技的终极目的就在于维护中国固有的制度文化和儒家的封建纲常伦理，但是恰恰在西方侵略中国，以及晚清政府试图因应内外变局而试图变革自身以求自强的过程中，儒家制度体系开始面临一系列危机和冲击，主要表现有以下几点。

1. 军功集团兴起，使儒家安排的大一统政治格局受到严峻挑战

制度化儒家最初的危机源于中国社会和政治结构的变化。正如许纪霖先生所说“从19世纪中叶开始，西方的影响虽然削弱了清政府的权威，但是，清政府真正的权威危机是来源于农民的造反运动与内部阶层的分离倾向”。[①] 这里的农民造反运动所指的主要是太平天国运动和捻军起义等。面对农民的造反运动，晚清统治者所节制的八旗兵和绿营军节节败退，无力招架，在此背景下，咸丰皇帝屡次发布命令，号令各地官绅筹办团练。最终，农民起义被地方上的湘军、淮军剿杀。而在镇压农民起义的过程中，以曾国藩、李鸿章、刘坤一等地方督抚为首的地方实力派迅速崛起。太平天国被镇压后，湘军及其后继者淮军集团仍然掌控着地方的军、政大权，使得朝廷法度的权威性受到空前的破坏。晚清政府对此也试图采取一些举措来阻止这种权势的转移，但效果不彰。到了光绪年间，地方势力愈加强大。光绪年间担任兵部尚书的徐寿衡曾说：“我兵部惟知绿营兵数，若其勇营练军，各督抚自为之，吾兵部安得之。”国家每遇战事，调派地方军队，“一兵一卒一饷一糈，朝廷皆拱手待之督抚”。[②] 这种说法虽然有些夸张，但从中可以看出地方势力极度膨胀、中央军政大权下移以及清廷权威逐渐萎缩的莫遏之势。以地方重臣李鸿章为例，他的权势就如日中天，以至于“外国人只知有李鸿章，而不知道清政府”。王闿运是这样描述李鸿章兄弟的权势的：

“自咸丰以来，节镇权重，以喜怒为曲直，以爱憎为生死。湖广居江河要脊，官（文）相恣睢专断者一十二年，而合肥李氏（鸿章、瀚章）兄弟前后相继为总督，湖广官吏之视总督，一若封斯土。凡有建议，朝廷莫敢支吾。李君起家州县，以持重镇物为务，然不喜清议，听师寮旧之言，不如属吏；属吏之言，又不如左右。尝枉断光化一狱，再诉西台，辄下复奏，终不得一直，湖北之人，悚息其权势。”[③]

---

① 许纪霖、陈达凯：《中国现代化1800—1949》第1卷，上海三联书店1995年版，第89页。

② 转引自朱英《晚清政治改良中的地方与中央》，《战略与管理》1995年第2期。

③ 《湘绮楼日记》（光绪元年十月十三日），转引自陈登原《国史旧闻》第3分册，中华书局1980年版，第658页。

尊孔是儒家对社会秩序的基本观点。军功集团所引发的朝廷的威严的丧失，实际上是对现实秩序的破坏，而这种秩序一直被儒家强调为是天经地义的。当皇权必须迎合疆吏的意愿时，统治的合法性便已经发生了严重的危机。①

2. 西学逐步进入中国，学校教育不再是儒学一统天下

中国传统教育制度以忠君为主要宗旨，以封建伦理道德为教学中心内容，以读经为重要课程，以课读与背诵为两种主要教学方法，其目的是让学生学会做八股文应付科举考试，所以根本学不到科学知识。② 以儒家经义教育一统天下的传统礼教制度一直延续到鸦片战争前后，但随着西方势力侵入中国以及洋务运动的开展，西方的一些思想与学说逐步进入中国，并融入中国的学校教育中，打破了儒学一统天下的局面。在这一过程中，顽固派站在保守主义立场上，认为：“西学”是“邪说”，技术是“淫巧”；提倡西学者是“乱臣贼子”，“离经叛道”。他们强调“道之大原出于天，天不变，道亦不变”；要维持统治必须延用“祖宗成法”，否则天下会大乱。③ 因此，新型教育观的提出一开始就是在激烈的“中西之争”“古今之争”中起步的。由于封建传统的压力和西方资本主义侵略的燃眉之急使以儒学为正统的中国传统教育变形为“中学为体，西学为用”。但终因时局已变，第一次鸦片战争后，西方传教士纷至沓来涌入中国，他们在中国东南沿海通商口岸办学校、开医院、出书刊，进行西学传播活动，加速了西学东渐的进程。第二次鸦片战争后，随着洋务运动的开展，中国自办洋务学堂、译书馆和近代报刊，派遣驻外使节和留学生，扩大了吸收与传播西方文化的途径。此时，洋务学堂所学内容已不仅限于应付科举考试的四书五经，西方声、光、电、化和天文、地理以及国际法等方面的知识已经逐渐成为主要的授课内容。江南制造局翻译馆和京师同文馆印书处等机构所译西方科技书籍成为时人学习西方文化的主要来源。上述事实表明，大量非儒文化因子涌入，使中国文化结构各个层面发生了显著变化。由此，人们的思想观念开始发生变化，儒家规制的思想观念受到挑战。当然，从当时的新式教育机构考察，洋务运动时期，中国境内的新式学堂寥

---

① 干春松：《制度化儒家及其解体》，第 159 页。

② 赵浦根：《洋务运动与中国教育近代化》，《苏州大学学报》1999 年第 4 期。

③ 刘兆伟主编：《中国教育史简明教程》，辽宁大学出版社 1993 年版，第 265 页。

寥可数，与当时社学、义学、书院、官学等构成的强大封建儒家教育体系无法相提并论，但新式学堂创办的意义重大，它标志着中国的学校教育开始走向了背离儒家传统教育的不归之路，传统儒学教育一统天下的局面再也不可能了。

3. 传统儒学的一些核心观念开始受到挑战

自鸦片战争开始，随着中国社会政治结构的变动，特别是洋务运动的开展、新式教育的引入，传统儒学的一些核心观念越来越多的开始受到挑战。首先，传统儒家思想中的重道轻器的观念受到冲击。鸦片战争让中国人看到了西方“器物”对国家兴亡的重要性，“师夷长技以制夷”命题的提出预示着中国人开始与传统的重道轻器观念诀别。“技”在这里同“器”，指的就是来自西方的现代“器物”、“器艺”或“技艺”。“师”字指的就是师法、师承或效法。可以说，“师”在这里出现具有划时代意义：堂堂“天朝上国”竟然会屈尊师法“蛮夷”之“末技”，这在过去是决不可能的，除非发生斗转星移的巨变。……当然，中国人不可能翻转古典重道轻器心理而相反地主张重器轻道，而是采取了道器互动的方式。“器”，要；“道”，也要。[①]

其次，儒家传统的重义轻利观念受到冲击。长期以来，儒家强调人们的规范，重视表现人际心理平衡的“义”“德”观念，而贬斥那种与自然争强好胜以打破天人和谐局面的非分名利思想。[②] 步入近代之后，封建顽固派承继了传统义利观，他们迂腐地认为：“立国之道，尚礼义不尚权谋；根本之图，在人心不在技艺”。[③] 针对传统的义利观，洋务派提出了质疑和批评，“仅以忠信为甲胄，礼义为干橹，谓可折冲尊俎，足以致敌之命，臣等实未敢信”。[④] 在批驳传统义利观的同时，洋务派还明确提出了新形势下所应有的价值观念，“君子而喻于利，世教之优也。喻于利，则苟可以为利者无不求也，苟可颠倒以就吾之利者无不至也”。[⑤] 在洋务派的影响下，人们的观念开始由“重义轻利”向“重商崇利”转变，一些达官显贵也以办洋务为荣，不再以经商为耻；民间怀资之人开始投资工

① 王一川：《中国现代性的特征》（下），《河北学刊》2005 年第 6 期。

② 路义忠、周其厚：《晚清儒学的末路》，《史学月刊》1989 年第 3 期。

③ 中国史学会：《洋务运动》第 2 卷，上海人民出版社 1961 年版，第 30 页。

④ 同上。

⑤ 郭嵩寿：《郭篙寿日记》第 2 卷，湖南人民出版社 1981 年版，第 387 页。

商，追逐红利；士林有识之士，放手著书立说，对工商行当大事鼓吹。[①]言利、求利渐成一种社会风气，这一点也可从顽固派的言论中得到反证：“近年以来，正学不明，人心思动，读书通籍之士，以立足为迂谈，以放言为晓事，以圣贤书为无所用，以礼教事为不必拘……由是一倡百和，漫成风气，故谗回罔利之徒得以肆厥舟张，妄兴大议。”[②]

（二）从维新变法到清末新政：制度化儒家的解体

1894年甲午战争和洋务运动的失败催生了资产阶级改良派组织的维新运动和晚清政府的“新政”。但在社会与政治急剧变革的背景下，儒家和君主政治都还没有来得及完全自我调适好就已经被变革和革命的浪潮推倒了。相应地，在变革要求与维新、革命运动的冲击下，历史上的儒教与传统君主政治的制度化关联的各个环节的链条被一一打断和击碎，以至制度化儒家最终走向了解体。

1. 儒家文本经学地位的丧失

自汉武帝“罢黜百家，独尊儒术”以来，在相当长的时段内，儒家经典崇奉勿替，儒家创始人孔子被作为偶像崇拜。但自康有为打着公羊派的旗号，著述《新学伪经考》以来，儒家经典的神圣性便遭到了很大破坏。《新学伪经考》成于1891年，该书认为历代封建统治者所尊崇的“古文”经典，如《周礼》《逸礼》《古文尚书》《左传》《毛诗》等都是西汉末年刘歆伪造的“伪经”。在视儒家经典为万世不易之真理的时代，经学具有宰制万态、牢笼百家的功用。“举凡治国的道理、社会的准则、教育的内容、做人的规矩、知识的获得等等，都可以通过研读经书的活动得到‘权威’的答复。”[③] 至西学输入和晚清洋务运动时期，儒家的一些核心观念尽管受到了一定的冲击，但对绝大多数中国人来说，儒家经典及经学之独尊地位仍是不容置疑和不可动摇的。而今，康有为居然将相当一部分经典视为“伪经”，这对于当时浸淫于经学中的文人士子们的震撼作用是不言而喻的，对于动摇儒家经典之正统地位也产生了巨大影响。对此，文化守成人士看得十分清楚，如理学大师朱一新就明确指出：“自伪古文之说行，其毒中于人心。人心中有一六经不可尽信之意，好奇而寡识

---

① 路义忠、周其厚：《晚清儒学的末路》。

② 中国史学会：《洋务运动》第1卷，上海人民出版社1961年版，第256页。

③ 许道勋、徐洪兴：《中国经学史》，上海人民出版社2006年版，第410页。

者欲黜孔学而专立今文。夫人心厌之有！六经更二千年，忽以古文为不足信；更历千百年，又能必今文之可信耶？欲加之罪，何患无辞，秦政既未焚书，能焚书者岂独秦政，此势所必至之事，他日自有仇视圣教为之。吾辈读圣贤书，何忍甘为戎首。”① 不幸的是，朱一新的判断很快就变成了事实。1901 年清末实施“新政”，正式诏令全国广设学堂，传统意义上的以考取科举功名的儒学（学校）教育已在无形中取消。1905 年清政府正式废止科举，规定教育体制采用西方模式，所有学校除保留经学、修身之外，均教授自然科学，儒学课程在教育体系中的所占比例及相应的地位都大大降低。及至辛亥革命和民国建立后不久，即 1912 年 1 月份，教育部颁发《普通教育暂行办法》明确规定：“小学读经科，一律废止。”② 同年 7 月份，任教育总长的蔡元培在主持教育法令的讨论时，进一步指出“普通教育，废止读经；大学校废止经科。而以经科分人文科之哲学、史学、文学之门”。③ 至此，从小学到中学都不再设置经科，儒家典籍作为整体被排除于教育之外，儒家文本在中国社会的经学地位完全丧失了。

2. 科举革废与制度化儒家核心制度的退场

科举制的改革与废止经历了一个漫长的、渐变的过程。还在鸦片战争时期，龚自珍等人即主张废除八股，改试策论。洋务运动之际，李鸿章等曾屡屡上书，建议变通科举，增试洋务，以满足洋务运动所急需要的人才。据统计，从同治三年到光绪十三年，光是洋务派官员上奏请求变更考选之制就达十五六次之多，比鸦片战争期间增加了七八倍。④ 随着中外冲突的不断加剧，特别是甲午战争中国的惨败，科举制越来越遭到时人的诟病，越来越多的有识之士将国家衰败归罪于科举制。在此背景下，科举制改革提上日程。光绪二十四年（1898）光绪帝颁布《遵议乡会试详细章程疏》，谕内阁将各省、府、厅、州、县现有之大小书院一律改为兼习中学、西学之学堂。以省会之大书院为高等学堂，郡城之书院为中等学堂，

① 《朱待御答康有为书》，见沈云龙主编《近代中国史料丛刊第六十五辑·翼教丛编》，台北文海出版社 1971 年版，第 26 页。

② 南京临时政府教育部：《普通教育暂行办法》第 4 号，《临时政府公报》1912 年 2 月 1 日。

③ 《全国临时教育会议开会词》，见《蔡元培全集》第 2 卷，中华书局 1984 年版，第 264 页。

④ 苑书义：《李鸿章传》，人民出版社 1994 年版，第 125 页。

州县之书院为小学堂。其地方自行捐办义学、社学等，亦令一律中西兼习，并奖励绅民办学。民间祠庙之不在祀典者，由地方官晓谕居民，一律改为学堂。[①] 在戊戌变法期间，许多省份积极筹办设置新式学堂。这个时候开设的新式学堂比洋务学堂向前迈进了一大步，它已从专门的习西文和习西艺的培养外交军事人才的专门学堂，发展到近代教育结构初步完善的普通学堂；其课程内容也从偏重于理学转向偏重于实学。如长沙创办的时务学堂，定公法学、掌故学、格算学为专门学，把经学、诸子学降为普通学；京师大学堂设立后，把经学、理学、掌故学等列为普通学，以高等算学、格致学、农学、矿学、商学、卫生学等实学为专门学。[②] 如此一来，实学内容在中国教育中占据了主导地位，孔孟典籍则相形见绌，儒学失去了最为重要的传播途径。但维新变法运动很快就失败了，清廷宣布恢复科考旧制，不过此后要求科举改革的呼声却由此一发而不可收。

庚子事变后，在丧权辱国的耻辱和“物竞天择，适者生存”的进化论的影响之下，清政府被迫改弦易辙，于 1901 年颁布上谕，宣布实行“新政”，教育改革首当其冲。清廷下诏要求“各省所有书院，于省城均改设大学堂，各府及直隶州均改设中学堂，各州县均改设小学堂，并多设蒙养学堂”。[③] 各省随之相继掀起了兴办新式学堂的热潮。但由于科举不废，学子们难以抗拒科举的吸引，新式学堂的发展因此而受到严重制约。对此，从 1903 年开始，袁世凯、张之洞、荣庆等朝中大臣先后多次联名上奏，要求递减科举和推广学校。1905 年日俄战争以日本完胜告终，此结果进一步刺激了国人要求废止科举的激进情绪。在权臣吁求和内外危机的双重影响之下，光绪三十一年八月初四（1905 年 9 月 2 日），慈禧太后下诏书，宣布自光绪三十二年开始废除科举。由此，延续一千多年的以儒学原则为标准的官员选拔制度走向了终结，这也就意味着，制度化儒学的核心制度退出了历史舞台。美国学者罗兹曼认为：“科举制曾经是联系中国传统的社会动力和政治动力的纽带，是维护儒家学说在中国的正统地位的有效手段，……由于它的废除，整个社会丧失了它特有的制度体系。……1905 年废科举使这一年成为新旧中国的分水岭，其跨时代的重

① 张耀南：《戊戌百日志》，北京燕山出版社 1998 年版，第 152 页。

② 白寿彝：《中国通史》［第 11 卷近代前编（1940—1919）］（上），上海人民出版社 2002 年版，第 938 页。

③ 朱寿朋编纂：《光绪朝东华录》，中华书局 1958 年版，第 4719 页。

要性甚至超过了辛亥革命。”①

3. 政治、法律改革对儒家核心观念的颠覆

如果说科举制的废止标志着制度化儒家解体的话，那么由仿行宪政开始的社会控制系统的西方化则意味着儒家的一些核心观念，诸如上下尊卑、重农抑商、礼治、君为臣纲等在政治、法律制度层面逐渐退出了。

1901 年总理衙门改为外务部，位列六部之首，标志着建立在儒家夷夏观念之上的处理国家间事务的原则完全失去了效应。1902 年清廷下诏成立修律馆，此后在短短的几年中制定了《商律》《刑事民事诉讼法草案》《大清现行刑律》等法律。这种大规模移植西方法律的做法大大冲击了儒家的礼治观念。进而言之，儒家的价值已不再是法律的基本依据。1903 年设立商部，后又扩充为农工商部，全面推动商业和实业的发展，从而在制度层面上改变了儒家的崇本抑末的政策，商人在社会群体中的地位大大提高。1908 年，在朝野立宪派的宣传和陈请下，清廷半自愿半被迫地确立了预备立宪的基本国策，在全国范围内仿行宪政，这就无形中表明清廷承认了封建专制制度已不合时宜，而君主与议院的权力之争，代表着君权与民权之间不能妥协的关系，申民权势必削弱君权的至高无上，儒学“三纲”中的君为臣纲也就被否定了，以君臣纲常为核心的儒家意识形态因此而受到了前所未有的打击。国际知名汉学家巴斯蒂对此指出，1908 年的《宪法大纲》“尽管没有特别规定对违宪的处罚，但规定了政府必须遵守宪法的安排，这样法律实际被置于皇权之上，从而导致政府性质的变化”。②

随着儒学经学地位的丧失、科举制的废止和政治与法律变革中儒家核心观念的颠覆，制度化儒家失去了它从前所依托的政治、教育和法律各个层面的制度基础，并最终随着辛亥革命的爆发和第一个现代民族国家——中华民国的建立而走向崩解。制度化的儒家终因无力应对“晚清变局”走向解体，这是否意味着儒学“历史的终结”？答案当然是否定的，制度化儒家解体并不意味着儒学的消灭，也不意味着儒学在社会生活中再也不起什么作用。因为如前所述，儒学作为传统社会的官方政治学说，不但外

① ［美］吉尔伯特·罗兹曼主编：《中国的现代化》，国家社会科学基金“比较现代化”课题组译，江苏人民出版社 1995 年版，第 338 页。

② ［法］巴斯蒂：《晚清的皇权观念》，《开放时代》2001 年第 1 期。

化为一整套的统治制度，而且内化为人们的价值观念、思维方式。所以，有形的制度化儒家风流云散了，但无形的儒学仍然深刻制约着中国人的思维与行为模式，它和许多“现代”的价值与观念相激相荡，相辅相成，构成了20世纪中国思想文化史上十分紧要然而也十分奇诡的一个向度。恰如干春松所说：“制度化的儒家虽然已经消失于无形之中，但无形的儒家价值观却时时显现在中国人的行为之中。保守者从中看到了儒家的意义，试图通过‘国教’化对儒家进行重新的制度化。而激进者要彻底根除儒家存在的土壤，要‘打倒孔家店’。儒家便是在这种背景下，开始了它的新的充满着矛盾的生存历程。”①

① 干春松：《制度化儒家及其解体》，第317页。

第三章

民国前期的“尊孔”“反孔”与山东各界的反响

1912 年，民国肇建，儒家政统终结，制度化儒学寿终正寝。继之，五四新文化运动从伦理道德层面对儒学展开了激烈的批判，儒学在思想文化领域的统治地位也基本结束。但在儒学被去中心化的过程中，以康有为为代表的文化民族主义者以及后来的新儒学家，试图重建已成过时黄花的儒学道统，袁世凯及其继任者基于“治统”的考虑，也极力呼应。由此，民国以后的很长一段时间内，“尊孔”与“反孔”的论争非但没有“叫停”，反而更加激烈了。在这场激烈的论争中，山东军阀和地方官员在自身文化倾向和上级政府之行政命令的约束下，大多偏向“尊孔”。山东文化界则出现分裂，文化保守主义者参与了一系列尊孔崇儒的活动，试图恢复和重建孔子儒学的影响力；而新文化知识分子则大力批判孔子和儒学，指出孔子儒学并不适合现代生活。此一时期，尊孔与反孔之争主要局限在精英层面，迫于生存压力而知识甚少的山东普通民众未有真正参与到论争之中，儒家思想依旧在潜移默化中支配着他们的日常生活。但与此同时，近代社会形态的转变和新文化派的大力疾呼亦使得广大普通民众的思想、行为和习俗上开始逐渐与儒家内涵相背离。

一 “反孔”与“尊孔”：民国初年破与立的双重变奏

近世以来，西力东渐推动了中国社会文化的转型，孔子的形象亦因此而受到极大损毁，但儒家与国家权力的制度化建构并未完全消解。然而随着科举制革废，中华民国肇始，儒家思想被迫从各层次的建制中撤退，包括国家组织、教育系统以至家族制度等。对此，以康有为为代表的文化民族主义者，试图重新建构儒家，重塑孔子偶像，袁世凯为实现其复辟目的，也极力呼应。但毕竟开新之势已成不可逆转之流，以陈独秀为代表的五四新文化运动健将“激而诋孔”。结果，重塑孔子偶像的努力非但无效，反而造成了孔子儒学的进一步式微。

（一）民国肇建与儒家政统地位的丧失

1911 年武昌首义，革命浪潮席卷全国，短短一个月，清廷辖下的 24 省已独立 13 省。1912 年元旦，孙中山在南京宣誓就任中央临时政府大总统，封建帝制寿终正寝，中国历史上第一个资产阶级共和国——中华民国得以诞生，中国历史由此便开始了一个由“‘帝制’转入‘民治’的新时代了”。① 在新时代下，孔子儒学所代表的传统文化和其“君权至上”的政治理念与民国标榜的“自由”“民主”“科学”的新文化和新政治理念格格不入。新政体草创之后，从意识形态上批判和否定儒学自成为新生的共和国的必然选择。

首先，南京临时政府颁布的《中华民国临时约法》（以下简称《临时约法》）作为中华民国的根本大法，在政治和法律层面上否定了清王朝及在中国延续两千余年的封建君主专制制度，宣告了民主共和政治制度的正式诞生。《临时约法》第一章的第一条和第二条明确规定“中华民国，由中华人民组织之”“中华民国之主权，属于国民全体”，意为主权在民，国家是人民所共有，这就彻底颠覆了传统政治哲学中“朕即国家”、人民皆是“臣民”“子民”的封建理念；《临时约法》第二章第五条明确规定“中华民国人民，一律平等，无种族、阶级、宗教之区别”则是从根本上否定了“君君、臣臣、父父、子子”的传统等级观念和孔子的圣人化；该章第六条、第七点更是规定“人民有信教之自由”，从而在法律层面上宣布了儒家独尊地位的终结。

其次，民国初年的国家行政人员大多有新式教育背景和留学经历，他们不再视儒家的思想资源作为处理政务的真理和标准。新的政治原则和使命促使他们做出的政治实践必须做到“尽扫专制之流毒，确定共和，普利民主，以达革命之宗旨”。② 在民国新体制的政治实践中，最具革除旧弊、除旧布新以及与儒家命运息息相关的政策莫过于教育改革了。民国刚刚成立不久，即在 1912 年年初，南京临时政府教育部就发布了一系列法令，其内容包括：“凡各种教科书，务合乎共和民国宗旨，清学部颁行之

① 唐德刚：《袁氏当国》，广西师范大学出版社 2004 年版，第 3 页。

② 孙中山：《临时大总统就职宣言》第 1 号，《临时政府公报》1912 年 1 月 29 日。

教科书，一律禁用”；“小学读经科一律废止”；“初等小学，可以男女同校”；“废止旧时奖励出身”等。[①] 同年9月2日，教育部公布《教育宗旨令》，明令取消了前清教育中“忠君”和“尊孔”的旧条款，确立了“道德教育”，“实利教育”、“军国民教育”和“美感教育”的新教育宗旨。1912年9月3日至1913年8月，教育部又陆续颁布了各级各类学校的规程，最终形成了转为完整学制系统“壬子·癸丑学制”。该“学制”对原有的教育制度进行了较大改变，包括废除读经科和清朝学部颁布的教科书、取消进士出身奖励、停办以贵族子弟为招生对象的“贵胄学堂”等。[②] 由此可以看出，无论从内容还是指导精神方面，儒学已经被排除在现代教育体制之外。也就是说，民国初年的教育改革措施，特别是教育内容和教育体制的改革，使得儒家的传统教育理念受到了前所未有的冲击和批判。

再次，民国政府制定的众多新政纲领中，最贴近普通民众及对其日常生活影响最大的便是制定的新礼制。1912年，民国政府成立后，明令祭孔时“除去拜跪之礼，改行三鞠躬，祭服则用便服”。[③] 不久，又明令废除社交中实行的叩拜、相揖、请安、拱手等旧礼节，改行鞠躬礼为主。同年8月17日，民国政府公布了《礼制》，用法律的形式，确立了新式礼节的合法地位。[④] 从此，与儒家的皇权观念、忠孝观念相连，却与平等、自由等现代观念格格不入的跪拜礼在施行千年之后，尽被废止。此外，民国按照国际惯例以公元纪年，星期制也逐步推广，“受命于天”的儒家历法观念被破除，儒家学说以天意作为现实政治合法性依据的观念也受到了消解。[⑤]

（二）一朵不结果实的花：民初孔子偶像的重塑

民国肇建后，采取了共和代议制度和三权分立的国家体制，并以《中华民国临时约法》的宪法保障来加以维护，在意识形态上则相应地崇尚民主与共和，反对封建纲常礼教。但是，对于封建专制和传统文化根基

① 陈学恂：《中国近代教育史教学参考资料》（中册），人民教育出版社1987年版，第167页。

② 陈学恂：《中国近代教育大事记》，上海教育出版社1981年版，第219页。

③ 《丁祭除去拜跪》，《申报》1912年3月5日。

④ 《中国大事记》，《东方杂志》1912年第9卷第4期。

⑤ 干春松：《制度化儒家及其解体》，第209页。

深厚的中国社会来说，《临时约法》不免有所“超前”，原有社会模式必然不会因为一次并不彻底的暴力革命就会发生根本性转换，纵横古代社会数千年的儒家也不会因为软弱的资产阶级当政就会退出历史舞台。就像梁启超预感的那样：“我国由五千年专制一跃而进于共和，旧信条横亘脑中，新信条未尝熏受，欲求新政体之圆满发达难矣。”[①] 这个预言很快就被日渐混乱的军阀政治以及文化上的尊孔复古所证实。

创业不易，守成更难，任何得势的权势集团都会迫切寻找支撑其统治合法性的认同依据。传统王朝如是，临时政府如是，军阀政治亦不能例外。为便于维护专制统治，靠武力起家、接受教育较少的军阀们[②]自然更倾向于从传统的政治文化中也就是儒家的政治伦理观中寻求意义支持和“民意”基础。事实也正是如此，北京政府自1912年建立到1928年倒台，控制它的军阀始终固守着儒家思想，同时更试图借着儒家政治原则来统治这个儒家体制已经解体的国家。就像陈志让说的那样，“从袁世凯就任大总统到张作霖就任大元帅（一九一二到一九二七），这十几年中军阀因袭了清末保守派的文化传统，他们表现的第一个特点是几乎全部尊孔”[③]。

民初军阀们的尊孔复古，是由袁世凯首先发难的。早在民国元年，袁世凯就发布《崇孔伦常文》，宣称“‘中华立国，以孝、悌、忠、信、礼、义、廉、耻为人道大经，政体虽更，民彝未改’。并谓‘八德’‘乃人群秩序之常，非帝王专制之规也’。命令‘全国人民，恪循礼法，共济时艰’”。[④] 之后，“北京政府”恢复尊孔读经的活动可谓是紧锣密鼓，从未停歇。从宏观上分析，民初军阀政府力倡尊孔复古的文化政策主要是通过规复祀孔、倡导读经、倡设国教与尊孔社团三条途径来实现的。其中，“规复祀孔”以大总统发布《尊崇孔圣令》、《尊孔典礼令》、《崇圣典例令》和《崇祀先儒令》等总统令的方式执行；“倡导读经”以教育部

① 梁启超：《中国立国大方针》，《饮冰室合集·文集》之二十八，中华书局1989年版，第70页。

② 据统计，在1912—1928年间曾任团长以上的1300名军官中，受过教育的军阀仅占30%，其余大部分为文盲或半文盲。参见陈志让《中国军阀派系诠释》，《中国现代史论集·军阀政治》第5辑，台湾联经出版事业公司1980年版，第10页。

③ 陈志让：《军绅政权——近代中国的军阀时期》，生活·读书·新知三联书店1980年版，第140页。

④ 韩达：《评孔纪年》，山东教育出版社1988年版，第5页。

（蔡元培辞去教育总长之后）订定崇经尊孔教育方针来实现；而政府要员和文化人士请电政府、政府支持尊孔社团活动则成为“倡设国教与尊孔社团”的主要形式。①

袁世凯作为一国元首，其“尊孔”之举，势必影响到教育部对儒学及孔教的政策。1913 年 9 月，教育部致电各省都督《关于定孔子诞辰为圣节》，要求“旧历八月二十七日为孔子生日，应定是日为圣节，令各学校放假一日，并在该校行礼，以维世道，以正人心，以固邦基，而立民极。请即转饬所属，一体遵照”。② 1914 年 6 月，教育部发布指令，要求京城内外各中小学修身及国文教科书采取经训，务以孔子之言为旨归。③ 1915 年 1 月颁布《特定教育纲要》，规定：“各学校均应崇奉古圣贤以为师法，宜尊孔以端其基，尚孟以致其用”，“中小学校均加读经一科，按照经书及学校程度分别讲读。”④

袁世凯及教育部的尊孔复古活动得到了多方的支持。那些拥护过袁世凯复辟的军阀、都督等地方长官是尊孔的主力，他们是袁世凯各项尊孔政策的忠实执行者，也是支持与参与当地尊孔活动的头面人物。在提出定孔教为国教时，黎元洪、张勋、冯国璋及浙、鲁、豫、滇等十余省的都督、民政长先后通电支持。此外，尊孔的队伍里还有外国人的唱和，如李佳白、李提摩太、庄士敦等，从某种意义上来说，在外国权势完全介入中国社会政治结构的时代背景下，正是这些“外援”的呐喊助威，才使袁世凯的尊孔复辟更加肆无忌惮。

政府层面对尊孔读经活动的大力提倡、积极鼓动，极大地鼓舞了民间的文化复古分子和尊孔团体，前后二者相互配合，共同促进，很快在全国形成一场颇具声势的尊孔复古思潮。民间尊孔思潮的勃兴发生在教育总长蔡元培离职之后。从这个狭义的角度来讲，民初尊孔思潮的高涨也是对民初蔡元培教育改革不满情绪的发泄。因为民初蔡元培教育改革虽旨在教育，但其影响力远远超越教育领域，直接动摇和颠覆了儒家在中国文化教

---

① 中国第二历史档案馆编：《中华民国史档案资料汇编第 3 辑文化》，江苏古籍出版社 1991 年版，第 1—94 页。

② 陈学恂：《中国近代教育大事记》，第 245 页。

③ 左玉河：《民国初年的信仰危机与尊孔思潮》，《郑州大学学报》2012 年第 1 期。

④ 朱有瓛：《中国近代学制史料》第 3 辑上册，华东师范大学出版社 1990 年版，第 46—48 页。

育领域的主导地位。传统绅士刘大鹏对此看得非常清楚，他说“自变乱以后，学堂之内禁读经书，只令学生读教科书，则圣贤之道将由是而泯焉”。[①] 民初的文化教育变革对迷恋儒学的传统士绅的刺激很大，蔡元培离职后，不可避免地引发了尊孔势力的强烈反弹，正如时人所说；“原国教之说之所由起，实种因于二年前，民国第一任总统临时内阁教育总长蔡元培，逞其一偏之心思，欲为惊人之创举，昌言曰废孔，废孔于是乎丁祭不准举行，学校不许拜孔，学田学产，没收入官，举中国数千年来尊无二上之至圣先师，例诸淫祠妖庙，禁绝无余……当时之士，莫不痛心疾首，然怀于政府之威严，（尊孔者）大都敢怒而不敢言。蔡氏去位，此案全翻，未几而孔教出焉。”[②] 在此背景下，一系列尊孔社团纷纷成立，譬如，山西军政要人赵戴文等在太原成立“宗圣会”；王锡蕃、刘宗国、薛正清等在济南成立“孔道会”；郑孝胥在上海与前清遗老名士组织读经会；上海国民公会的部分人士，组织“礼教宣讲团”。此外，还有扬州尊孔崇道会、镇江尊孔会、香港的“孔道大会”等。在这些团体中，“以孔教会最具理论背景和实际影响”，是民初尊孔团体中影响最大，最为活跃和最具实力的组织。[③] 它的发起人是陈焕章，真正的领导者、精神领袖和幕后策划者则是康有为。

创立孔教会或类似于基督教会那样的一种教会组织，是康有为多年的梦想。早在戊戌时期，康有为就曾主张变孔学为孔教，并上书陈请“废八股及开孔教会，以衍圣公为会长，听天下人入会，令天主、耶稣教各立会长与议定教律。凡有教案，归教会中按照议定之教律商办，国家不与闻”，并“请听沿边口岸准用孔子纪年”。[④] 民国初年，他即提出“遍立孔教会”的主张，同时，他从海外致函其万木草堂弟子、后获得哥伦比亚大学经济学博士学位的陈焕章，在上海联络沈曾植、梁鼎芬等人，令其在上海筹办孔教会，并刊行《孔教会杂志》。1913 年 9 月 27 日，孔教会在曲阜召开第一次全国代表大会，后迁北京，推康有为为会长，陈焕章为北京总会主任干事，张勋为曲阜总会名誉会长，骨干分子则由辛亥革命时

① 刘大鹏：《退想斋日记》，山西人民出版社 1990 年版，第 65 页。

② 丁义华：《教祸其将发现于中国乎》，沈云龙《民国经世文编》，台湾文海出版有限公司影印本 1970 年版，第 62 页。

③ 干春松．《制度化儒家及其解体》，第 335 页。

④ 康有为：《康南海自编年谱》，中华书局 1992 年版，第 44 页。

期力反革命的保皇党、清朝遗老和地方尊孔实力派组成。孔教会号称以"昌明孔教、救济社会"为宗旨，举凡诚心信奉孔教之人，无论何教、何种、何国，皆可入会。其章程规定：孔教会在国内各县市设支分会，定每年开全国大会一次，同时每月朔望各开常会一次。会务方面，分讲习、推行两部。讲习部分经学、理学、政学与文学四类；推行部分敷教、养正、执礼、济众四类，其功能分别是讲道化民、拜圣谈经、考礼正俗、仁民爱物。①

毕竟民国不再是传统帝制国家，在明法规定"人民有信教之自由"、政教分离的社会环境中，"尊崇孔道"的孔教会若要发展壮大，必须像儒家在传统社会那样重新找到和获得制度性保护，所以孔教会成立后最为重视的活动当属呼吁当局以立法途径定孔教为国教。1913 年 8 月，在国会讨论制定宪法时，孔教会看准时机向国会两院提交《请定孔教为国教》的请愿书。他们声称中国"一切典章制度、政治法律，皆以孔子之经义为根据……故中国当奉孔教为国教"、要求"于宪法上明定孔教为国教"。② 该请愿书在《孔教会杂志》《时报》上公开发表后，影响极大，不但各地尊孔社团纷纷响应并上书，要求"定孔教为国教"，而且以黎元洪、冯国璋为代表的政府官员也先后通电支持。黎元洪称："窃维大乱之起，倡自邪说，继以暴行，故欲觉世牖民，其功必在立教……拟请两院速定国教，藉范人心。"③ 但在民主勃兴、信仰自由的时代背景下，立孔教为国教的运动遭到了革命党人和新式知识分子以及各宗教教派团体的强烈反对。最终在 1913 年 10 月 13 日，立孔教为国教的议案付诸表决之时，出席者 40 人中，只有 8 人赞成，未获通过。1916 年，被袁世凯解散的第一届国会恢复，主要讨论未完成的宪法草案。康有为、陈焕章们再次提出"国教议案"，吁请"以孔子为大教，编入宪法，复祀孔子之拜跪明令"！并要以孔子教主为"全国人之魂"。④ 与此同时，地方尊孔实力派张勋等也向国会施压，为国教运动摇旗呐喊。但毕竟袁世凯复辟帝制刚刚过去不久，人们普遍对康、陈等人没有什么好感，关于立孔教为国教的几项议案

① 转引自邱巍《民初孔教会及孔教运动》，《中共浙江省委党校学报》2001 年第 2 期。

② 韩达：《评孔纪年》，第 20 页。

③ 《黎元洪请颁定孔教为国教电》（1913 年 9 月 9 日），中国第二历史档案馆编《中华民国史档案资料汇编第 3 辑文化》，第 50 页。

④ 汤志钧编：《康有为政论集》，中华书局 1981 年版，第 956—957 页。

在宪法会议上皆未通过，第二次国教运动也以失败告终。

在国教运动失败后，孔教会昌明儒学的努力并未因此停止。孔教会随后开展的主要活动包括：继续将国教所涵盖的内容，以议案的方式向参、众两院提出，希望以国家根本大法的方式将国教内容法定下来；创办《经世报》，并以此为阵地，继续传布孔教，昌明儒学；创办孔教大学及修建孔教总会堂，并以此作为孔教会在国教运动失败后的主要活动。此三点，是孔教会“昌明孔教，救济社会”努力的继续。可以看出，尽管定孔教为国教的努力失败了，但孔教会依然围绕着“昌明孔教”的宗旨在努力。

民初喧嚣一时的尊孔潮流，在一定程度上说明了辛亥革命的不彻底性。暴力革命虽然推翻了清政府、建立了民国，但思想领域的斗争或者说对民主共和制度宣传的缺失使绝大多数民众并没有从内心深处接受西方资产阶级的政治和文化理念，“未尝革心”可以算是对辛亥革命比较客观的评价了。“革政不如革心”，特别是新政权建立之后，在社会动荡不安、民族危亡并未挽救、国家富强恐难实现的残酷现实下，国人出现的信仰缺失很容易导致他们对现有政治的不满和对传统时代的眷恋。而封建军阀们正是抓住了国人对现实的迷惘和文化价值观回归的机会，借机试图恢复旧文化、旧秩序，并在此过程中实现其政治利益。1914 年 9 月袁世凯孔庙祭孔之后，便是“洪宪帝制”。康有为和张勋在第二次国教运动中一唱一和没多久，二人便连手导演了“丁巳复辟”。这种尊孔为复辟制造理论依据、复辟为尊孔提供制度支持的做法无益于制度化儒家的构建。在激进的青年知识分子眼里，儒家日益成为专制的“护身符”，尊孔渐渐等同于愚昧复古。如此尊孔不仅无助于孔子形象的重塑和儒学业已丧失的权威地位，相反给其带来了极大的负面影响。正如杜维明说的那样：“对儒学公共形象的最严重损害，并非来自自由主义者、无政府主义者、社会主义者或其他西化论者所组织的正面攻击，而是来自极右翼，尤其是利用儒家伦理巩固统治的军阀以及同流合污的传统主义者。”① 诚哉，斯言。

（三）“打倒孔家店”：“五四”新文化运动对儒学的批评

如前文所述，辛亥革命和民国肇建后，继之而来的是袁世凯煞费苦心的借助孔子儒学的支持来复辟帝制。而在袁世凯复辟帝制过程中，以孔教

① 杜维明：《道·学·政》，第 158 页。

运动为代表的尊孔潮流也喧嚣一时。中国政治和社会陷入空前的混乱之中，人们所希望的民主政治件件落空，这说明民主共和政治的观念并未深入人心。正如陈独秀所说：“中国多数国民口里虽然是不反对共和，脑子里实在装满了帝制时代的旧思想，欧美社会国家的文明制度，连影儿也没有，所以口一张，手一伸，不知不觉都带有君主专制臭味。”① 中国先进的知识分子意识到，想要真正推动中国社会进步、实现民主共和，单单靠现有的政治制度建构远远不够，还必须在思想文化领域，同种种旧思想、旧道德、旧文化、旧传统展开“激战”，大张旗鼓地宣传民主主义的新思想、新道德、新文化，使民主、共和的观念能够真正深入人心，这样才能使民众自觉地认同和践行新思想、新观念，才能使中国成为一个真正的民主共和国。基于此种理路，以陈独秀、李大钊为代表的新文化派发动了声势浩大的新文化运动，而非儒批孔则是这次思想文化运动中最为重要的一环。

最早在《新青年》上发表批孔文章的是易白沙，其《孔子平议》也是新文化运动中公开批孔的第一枪。文中，他首先指出时人过褒过贬的两种评孔倾向皆是“瞽说”，孔子只不过是“九家”之一，儒家仅是普通学派，既不能将近世风俗、人心败坏，学问上无进化和器物上的落后皆怪罪于孔子，更不能借拜孔子来“正人心、端风俗、励学问”。……历代帝王之尊孔，不过是“傀儡孔子”，是“滑稽之尊孔也”，今日军阀和康有为们还想重复尊孔之旧事以挽留人心，殊不知其“即崩离于此”。此外，他还指出孔子易被专制傀儡，而原因则是“孔子尊君权，漫无节制，易演成独夫专制之弊”，“孔子讲学不许问难，易演成思想专制之弊”，“孔子少绝对之主张，易为人所借口”，“孔子但重作官，不重谋食，易入民贼牢笼”。② 这篇文章如此指名道姓、直截了当的“非圣”之举，引起了巨大轰动。诚然，文中对孔子儒学的批判存有许多偏激之处，但对当时那些长期被专制正统思想束缚的人们破除迷信，解放思想，确实起到了振聋发聩的作用。

作为新文化运动的发起者和组织者，陈独秀在批孔反儒方面自然不能落于人后。针对当时尊孔思潮的喧嚣，陈独秀先后发表了《宪法与礼教》

① 陈独秀：《旧思想与国体问题》，《新青年》第3卷第3号，1917年5月1日。

② 易白沙：《孔子评议》，《青年杂志》第1卷6号，1916年2月15日。

《孔子之道与现代生活》《复辟与尊孔》《答吴又陵〈孔教〉》等一系列文章进行回应。陈独秀对孔子儒学的批评集中于“孔道不适于今世”这一观点上，所谓“世法诸宗，则不得不以社会组织、生活状态之变迁为兴废”，“孔子生长封建时代，所提倡之道德，封建时代之道德也；所垂示之礼教，即生活状态，封建时代之礼教，封建时代之生活状态也；所主张之政治，封建时代之政治也、封建时代之道德、礼教、生活、政治，所心营目注，其范围不越少数君主贵族之权利与名誉，于多数国民之幸福无与焉”。因之，孔教理念与现代伦理学上的人格独立、经济独立相左，而只有崇尚个体独立和个性自由，才能适应现代生活并促进社会发展。① 陈独秀认为孔教核心为礼教，而礼教的重点是“三纲”。但“三纲”却为“不平等之道德”，是为维护专制、等级制和家族制服务的，若不攻破“三纲之说”，那么“吾国之政治、法律、社会道德，俱无由出黑暗而入光明”。② 他尖锐地指出，“儒术孔道”与近世文明社会绝不相容，尊孔与复辟乃是沆瀣一气，“中国政治反动一次，孔圣人便走运一次，可见，反动势力和孔圣人本是一家眷属”。因此，他认为，反对专制，维护共和，就必须反孔。③

而作为新文化运动的另外一位主将，李大钊的批孔则为推倒孔子偶像做出了独特的贡献。李大钊在接受唯物史观之前，曾依据民主主义和进化论的观点对孔子儒学进行了一分为二的批判。一方面承认“孔子之学，今日有其真价值，吾人亦绝不敢蔑视”；④ 另一方面又尖锐地指出，“历代君主莫不尊之、祀之，奉为先师，崇为至圣。而孔子云者，遂非复个人之名，而为保护君主政治之偶像矣。使孔子生于今日，或且倡民权自由之大义，亦未可知。而无如其人已为残骸枯骨，其学说之精神，已不适于今日之时代精神也！故余之抨击孔子，非抨击孔子之本身，乃抨击孔子为历代

① 陈独秀：《孔子之道与现代生活》，《新青年》第2卷第4号，1916年12月1日。

② 陈独秀：《答吴又陵〈孔教〉》，任建树主编《陈独秀著作选编》第1卷，上海人民出版社1995年版，第258页。

③ 陈独秀：《寸铁》，任建树主编《陈独秀著作选编》第3卷，上海人民出版社2010年版，第163页。

④ 李大钊：《宪法与自由》，中国李大钊研究会编著《李大钊全集》第2卷，人民出版社2006年版，第432页。

君主所塑造之偶像的权威也；非抨击孔子，乃抨击专制政治之灵魂也”。[①]李大钊批判孔子儒学时将孔子本人与“帝王专制之护符”的偶像化的孔子区分开来，可以说是有理有据，极为深刻，对于破除孔子和儒学的偶像崇拜有着极为重要的意义。不唯如此，十月革命以后，李大钊接受了唯物史观，开始把对孔子儒学的批判推进到一个新的高度。他在《物质变动与道德变动》《由经济上解释中国近代思想变动的原因》等一系列文章中，应用唯物史观，深刻分析了孔子主义的本质及其经济基础，认为“孔子的学说所以能支配中国人心有二千余年的原故，不是他的学说本身有绝大的权威，永久不变的真理，配作中国人的‘万世师表’，因他是适应中国二千余年来未曾变动的农业经济组织反映出来的产物，因他是中国大家族制度上的表层构造，因为经济上有他的基础”。[②] 然后他进一步指出：“凡一时代，经济上若发生了变动，思想上也必发生变动。”[③] 如今“大家族制度既入了崩颓粉碎的命运，孔子主义也不能不跟着崩颓粉碎了”[④]。很显然，与其他新文化人士有所不同的是，李大钊此时对孔子儒学的批判并不限于思想批判本身，而是用经济基础决定上层建筑的原理，深入剖析其本质和根源，这种对儒家传统文化所持的分析批判的态度和方法，在今天仍有现实的指导意义和价值。

除上述几位新文化派的干将之外，真正能在这场疾风劲雨的评孔风潮中引起普通青年触动和共鸣的则当属鲁迅的小说了。1918 年 5 月，鲁迅在《新青年》四卷五号上发表了第一篇以文艺形式批判旧道德、旧礼教的小说——《狂人日记》。文章中有这么一段描述：“我翻开历史一查，这历史没有年代，歪歪斜斜的每页都写着‘仁义道德’几个字，我横竖睡不着，仔细看了半夜，才从字缝里看出来，满本都写着两个字是‘吃人’。”[⑤] 鲁迅认为，剥开旧礼教和“仁义道德”的外衣，数千年来由封

---

① 李大钊：《自然的伦理观与孔子》，中国李大钊研究会编著《李大钊全集》第 1 卷，人民出版社 2006 年版，第 247 页。

② 李大钊：《由经济上解释中国近代变动的原因》，《李大钊文集》（下），人民出版社 1984 年版，第 179 页。

③ 同上书，第 177 页。

④ 同上书，第 182 页。

⑤ 鲁迅：《狂人日记》，鲁迅全集编辑委员会《鲁迅全集》（一），人民文学出版社 1981 年版，第 281 页。

建专制统治的历史竟是一部“吃人”的历史，他大声呼吁人们特别是青年人从封建礼教的束缚下解放出来，自觉地对“节”“孝”等道德规范和观念进行抨击和抵触。

新文化运动时期批孔非儒的文章和言论不胜枚举，仅从上述新文化运动代表人物的诋孔言论来看，新文化派的诋孔思想虽远非千篇一律，但还是有很多相同之处的。首先，新文化派的批孔言论大都针对当时尊孔复辟的逆流而发，具有鲜明的现实色彩。如陈独秀撰写的《四答常乃德》《袁世凯复活》《复辟与尊孔》，李大钊的《宪法与思想自由》《自然的伦理观与孔子》，吴虞的《儒家主张阶级制度之害》《谈〈荀子〉书后》等作品都属于这一类。其次，先进的思想家们大多着力于批判孔子儒学的伦理纲常以及传统礼教等方面，对于儒家的仁、义、心、性等涉及儒学精神层面的东西则几乎没有涉及，这表明，新文化运动所反对的是儒家的纲常礼教，亦即儒学当中的物质层面和制度层面的东西，而不是整体儒学。陈独秀如此，吴虞、李大钊、胡适等莫不如此。无怪乎吴虞说：“我们今日所攻击的乃是礼教，不是礼仪”。[①] 另外，新文化运动的斗士们普遍把批孔的重点放在了批判偶像化的孔子权威上，“尽管他们所要破坏的偶像，不仅仅是指孔子的偶像，但他们主要攻击并成功地打倒的正是在中国历史上拥有最大权威的孔子或孔家店的偶像”。[②] 儒教中国是“政治、道德和文化三维秩序高度整合”的文化帝国，而孔子的偶像正是儒教中国三维秩序的黏合剂。一方面孔子和儒学依靠在意识形态霸权的独尊地位，一直垄断着对政治合法、合理与正当性的解释和制度安排的建构，并长期主导着传统思想和文化的基本取向，更塑造了传统社会的基本形态和范式；另一方面，官方也一直充分且有效地利用了他的意识形态霸权的一尊性，实施着对传统社会和文化的整合和规范。近代以来，孔子偶像不断受到冲击，但给予孔子的偶像化以致命一击的则是新文化运动。在新文化运动中，新文化派将孔子及儒学放回到“他的时代”中去，为儒家做了“历史终结”式的解读和反思：所谓“至圣”，不过是专制者捏造的虚妄骗人之偶像；所谓“真理”，不过是宗教迷信和专制之基；纲常名教，最宜于专制，而

① 吴虞：《墨子的劳农主义》，赵清、郑城编《吴虞集》，四川人民出版社 1985 年版，第 186 页。

② 林存光：《历史上的孔子形象——政治与文化语境下的孔子和儒学》，第 437 页。

与现代生活崇尚个性自由、民主独立的理念相去甚远。

自此，经过五四新文化运动的“洗礼”，儒学不再是中国社会意识形态的主干，不再是中国社会秩序的制定者，不再是中国当政者心目中治理国家所必需的大经大法，在越来越多的中国人心目中，孔子不再是中国人普遍崇信的对象，儒家经典不仅不再句句是真理，反而被一些人斥为迂腐之论。所以民国七年，梁漱溟在北京大学张贴广告征求共同研究东方学（孔子与释迦）的人时，应征者只有寥寥数人。事后，他感叹道：“今天的中国，西学有人提倡，佛学有人提倡，只有谈到孔子羞涩不能出口。”①由此足见，在五四批孔的浪潮中，孔子的地位确实是一落千丈。

二　尊孔复古：民国前期的山东地方当局

为维护专制统治，以袁世凯为代表的北洋军阀及其后继者都大肆恢复孔孟之道。作为北洋军阀统治的腹地——山东一直被其视为禁脔。在外在行政命令和内在文化取向的双重引导下，北洋山东当局在辖内大力推行尊孔复古的文化政策，从而严重阻碍了山东社会和文化的近代化发展。

（一）袁世凯统治时期山东地方军阀的尊孔活动

袁世凯统治时期，统治山东的军阀政客依次为张广建（1912 年 1 月兼署巡抚，3 月改称都督）、周自齐（1912. 3—1913. 8）、靳云鹏（1913. 8—1916. 5）。这些军阀政客，特别是靳云鹏督鲁时期，积极响应“北京政府”尊孔复古的文化政策，实行了一系列尊孔读经的举措。靳云鹏出任山东都督时，正值袁世凯就任民国正式大总统职位之后复辟活动逐次展开和孔教运动方兴未艾之际。1913 年 9 月 24 日至 30 日，孔教会在曲阜召开第一次全国大会，刚刚就任山东都督的靳云鹏就下令全力配合。在会议的筹备过程中，山东省公署等军政界也出力颇多。民政长田文烈“为尽地主之谊也，乃出白金二千”。② 济南巡官陈宝琳、马龙章带警士 30 人到曲阜保护。曲阜县知事贾廷琛“先期到公商于省中，咸谓曲阜地僻，无宽大之旅馆，招待殊弗易，议以曲阜师范学校为招待地点，电令辍

① 中国文化书院学术委员会编：《梁漱溟全集》第 1 卷，山东人民出版社 1989 年版，第 543—544 页。

② 《孔令贻》，王志民《山东重要历史人物》第 5 卷，山东人民出版社 2009 年版，第 107 页。

课，名曰‘圣诞临时招待所’”。[①] 在山东地方当局的支持下，一时间孔教之风“波靡”全省。1913 年至 1915 年间，山东济南、曲阜、章丘、聊城、烟台、泰安、菏泽、东平、汶上、曹县、临清县等地也纷纷成立孔教会的支会、分会。

1915 年袁世凯开始制造“民意”，准备帝制自为。靳云鹏作为袁世凯一手培植起来的亲信，深知袁世凯的用意。他暗中指使山东孔教会会长王锡蕃以“国民代表”身份在济南召集并举办所谓“解决国体大会”。会上，以王锡蕃为首的 107 名“国民代表”一致赞成“恢复帝制”。会后立即致电北京立法院及各省将军、巡按使，谓：“君宪表决，万众欢呼，四海同风，一人首出，盖帝国之国体既定。……全省国民公意推戴大总统袁世凯为中华帝国皇帝，并以国家之完全主权，奉之于皇帝，承天立极，传之万世。自今以后上有总揽三权之令辞，下有亿兆惟一之人心。……伏愿我大总统允登大宝，承固邦基，应天顺人，正名定位。”[②] 另外，在民初喧嚣一时的国教运动中也有山东地方政府的身影，如兖州镇守使田中玉曾多次驰电力争，指出近时“人心陷溺，道德沦亡，邪说繁兴，逾闲荡检”是因为没有“明定国教”；1913 年 8 月，山东都督靳云鹏、民政长田文烈通电赞成以孔教为国教。[③] 在山东地方当局的支持下，山东尽管绝非孔教运动的中心区域，但孔教运动却在当地产生了不小的影响力和冲击力。

（二）皖系军阀势力治鲁期间山东当局的尊孔活动

袁世凯死后，北洋军阀文化上的尊孔复古活动并没有因此停止。1917 年 9 月 12 日，代理大总统冯国璋公布《秋丁祀孔令》，规定“九月二十二日为下丁祀孔子日”，并谓“本大总统亲诣行礼，由内务部敬谨预备。”是日，冯氏如期亲临孔庙祀孔。同年 11 月 20 日又下令公布《修正褒扬条例》，规定凡合乎“孝行纯笃”“节烈妇女”等八条之一，均由部呈请“褒扬”。[④] 1918 年 10 月，徐世昌经皖系操纵的安福国会选举为总统后，打出“偃武修文”的旗号，极力提倡尊孔读经。1920 年，徐氏明令尚不满两月的孔德成袭封“衍圣公”。1925 年，“临时执政”段祺瑞亲至孔庙

---

① 方艳华：《民初山东孔教会及其活动》，《成都教育学院学报》2004 年第 12 期。

② 《申报》，1915 年 11 月 9 日。转引自吕伟俊《山东区域现代化研究》（1840—1949），齐鲁书社 2002 年版，第 203 页。

③ 郭廷以：《中华民国史事日志》，台北中央研究院近代史研究所，1979 年，第 49 页。

④ 记工编著：《历史年鉴 1917》，吉林文史出版社 2006 年版，第 168 页。

祭孔。对于北洋政府的尊孔活动，北洋政府山东当局自是积极配合。如北京政府公布《褒扬条例施行细则》之后，山东当局即做出了积极回应，各县先后呈请北京政府旌表了许多“义夫”“义仆”“节妇”“烈女”等。不唯如此，山东当局还积极主动地请求尊儒读经、恢复伦理纲常，如1924年山东督军郑士琦、省长熊炳琦联名上呈的《请明令读经并崇祀孟母》就属于此类尊孔活动的文化事项。二人在呈文中，首先强调了尊孔之重要性，“盖欲发扬国光，尊严人道，势必推崇孔子，宣传教化，而能推崇孔子，宣传教化，正以发扬国光，尊严人道也。二者相因，互为体用，可合而不可分也”；[①] 然后又请求“依据宪法，速定国是，明令通国尊经，所有各各家庭，各各社会，皆须注重讲经读经，即教育部亦可变通学制，仍令各校添设至圣先师孔子神位，并迅予除去师范、中小学讲经读经禁例，按学生学科、学级、年级程度高下，分配各经科目”。[②] 最后二人请求除尊崇孔子外，还请崇祀孟母，并称“孟母为开启亚圣之女圣人，导家庭教育之先声，二千年来未曾有人提倡极端尊崇，以为女界人道模范……拟请崇祀孟母，以为女界模范，转请大总统饬交内务部迅予核覆，以备明令宣定。凡通国人民家庭中，皆可设位崇祀，即在女校中亦可设位崇祀，以昭诚敬”。[③]

（三）张宗昌督鲁时期的尊孔活动

作为北洋时期山东最后一个统治者——张宗昌将山东的尊孔活动推向顶峰。尽管张宗昌文化程度不高，但他对孔子和儒学相当推崇，曾说到“俺山东是孔圣人之邦，尽管别的地方不敬孔圣人，不读圣贤书，要把线装书抛到茅厕里去，俺山东可万万不可行。尊孔读经为第一要义，人人照着孔圣人的道理去办事，保准没错”。[④]

早在督鲁之前，张宗昌就与孔子第76世孙孔令贻结为金兰。至其督鲁期间，更是对孔子顶礼膜拜。张宗昌主政山东不久，便在时任山东教育厅长王寿彭的导演下，到曲阜举行了一次空前盛大的祭孔典礼，并亲自担任主祭人。典礼届期，张宗昌穿上上将礼服，在孔子像前行跪拜礼，其余

---

① 《郑士琦、熊炳琦为转请明令读经并崇祀孟母致大总统呈》（1924年3月29日），中国第二历史档案馆编《中华民国史档案资料汇编第3辑文化》，第28页。

② 同上书，第29、30页。

③ 同上书，第30、31页。

④ 苏全有：《张宗昌全传》，经济日报出版社2007年版，第156页。

人等也如法炮制。行礼后，张宗昌又在奎文阁说了一段开场白：“这两天，我参观了庙堂礼器，我心里对孔老夫子更加敬佩。我的祝词和讲稿……准备每人发一张，希望大家回去好好地念念，好好地想想，将来就好好地去做。咱们大家要一同向孔夫子学习，只有这样，才配来祭孔老夫子。”① 在这里，张宗昌将其尊孔、敬孔、崇孔之心，表露得淋漓尽致。同时，他还派毕庶澄前往邹县去代祭亚圣孟子，祭礼也十分隆重，邹县官员及名流纷纷到场陪祭。祭毕，毕庶澄又亲书“母教一人”四字，刻石立碑。1926 年张宗昌再次到曲阜祭孔，1928 年因军政事急，他改在济南文庙祭孔，祀典同样隆重。②

除了大搞祀孔典礼外，张宗昌还主张在文化教育领域恢复尊孔读经。他任用前清状元王寿彭为教育厅长时就说：“特请王状元来当教育厅长，帮助办好咱山东的教育事业。”③ 在这里所谓的“办好”，也就是恢复尊孔读经，搞一套封建复古的教育体系。王寿彭在任内大力提倡尊孔，令各校一律添读经书，在农村号召大办旧式学校私塾。1926 年 9 月，省立山东大学在张宗昌和王寿彭地积极筹建下正式成立。王寿彭在开学典礼上发表了“读圣贤书、做圣贤事”的训词，并且要求全体师生必须读经，必须于孔子诞辰日一律着长袍马褂向孔子行跪拜礼。

除了在省内大力倡导尊孔复古的文化政策外，张宗昌还曾就恢复读经问题与北京政府产生过互动。1927 年，张宗昌给督署总参议潘复写信，要求“俾黄河以北各省各校从速改变宗旨，读吾孔子之书，讲礼仪廉耻之四维主义，则未始非抵制三民主义之良法，而移易人心，安危定变，所关尤巨。”④ 不久内务部便做出答复：“俾收学校教育、社会教育之益，办法正当，请予采纳”，“宣传四维主义一节……劝导办理”。⑤ 张宗昌与国务院、内务部一唱一和，试图将恢复读经教育扩大到包括直隶、东三省、新疆、察哈尔、热河等整个北方省份。

综上所述，山东军阀与地方官员在外在行政命令和内在文化取向的双

---

① 吕伟俊：《张宗昌》，山东人民出版社 1989 年版，第 103 页。

② 同上书，第 103—105 页。

③ 苏全有：《张宗昌全传》，第 154 页。

④ 《张宗昌等建议黄河以北学校读经以抵制南方实行党义教育的有关文件》，中国第二历史档案馆编《中华民国史档案资料汇编第 3 辑文化》，第 31 页。

⑤ 同上书，第 31 页。

重引导下，坚持封建专制统治和推行尊孔复古的文化政策。他们不但在辖内大兴典礼祭孔、恢复读经讲经，造成了山东区域内极度的文化保守，而且还试图说服中央政府恢复全国范围内的伦理纲常和读经祀孔，严重阻碍了整个国家社会文化近代化的发展进程。1928 年，东北易帜。北洋军阀全国的统治被国民党取代，而以张宗昌为代表的山东军阀在鲁所倡导的尊孔复古政策也随之告一段落。

三　山东文化教育界尊孔与反孔的“论争”

与政治领域一味地提倡尊孔复古、强化儒家思想不同的是，在强势输入的西方优势文化和根深蒂固的儒家精神传统的双重压力下，民初的山东文化教育界开始在文化归属和现代理性之间艰难地做着抉择。由于山东是儒家文化的发源地，以儒家为代表的传统文化势力相对强大，加之在北洋军阀与地方势力的政治支持下，山东文化教育界逆时代潮流的尊孔复古思潮一度达到高潮，但是这一现象在“五四”新文化运动前后发生了明显的变化。一批以傅斯年、杨明斋等为代表的山东新一代知识分子积极参与了批孔狂飙，压榨了尊孔复古思潮的生存空间，“反孔”趋新成了多数知识分子的文化选择。

（一）民初山东文化保守人士的尊孔活动

民初肇始，儒家在社会层面尤其是教育领域之影响力的日渐式微，引发了以孔孟信徒自居的文化保守人士极大地震惊和不满。1912 年 10 月 7 日，在康有为、陈焕章等人的策划下，以标榜“昌明孔教，救济社会”为宗旨的孔教会在上海的山东会馆正式成立。孔教会成立后，山东各地的传统士绅积极呼应，截至 1914 年，山东正式成立的孔教会分会及基层组织就有二十多处，这其中包括了曲阜总会事务所，各县市支会、分会及其外围组织等，而地点则集中于孔教圣地曲阜、省城济南和逊清遗老聚集地青岛以及章丘、聊城、烟台、泰安、菏泽、东平、汶上、曹县、临清县等地。

就曲阜而言，这里的传统士绅对孔教会的活动格外支持。所以孔教会成立不久即在此地召开孔教会全国大会，会上正式推举康有为为会长，陈焕章为主任干事，并宣布“即议决设总会于京师，曲阜为至圣林庙所在，实为中国圣地……故在四氏学宫，特设一总会事务所，以尊崇圣地，且筹备每年之曲阜大会焉”。[①] 1912 年 12 月 15 日，孔教总会曲阜事务所正式成立，推孔祥霖为曲阜孔教总会总理，张勋为名誉会长，并拟定《孔教总会曲阜事务所章程》。孔教总会曲阜事务所就此开张营业，并开始纳人入会。除曲阜之外，省城济南的尊孔活动也表现得非常积极。早在民国建立之初，济南部分传统士绅就公开表示要维护儒家伦理道德的独尊地位。1912 年春，山东士绅王锡蕃、刘宗国等在济南组织孔教会。同年 12 月，他们又将孔教会改称孔道会。会长王锡蕃在该会成立时宣称：“我中华数千年之国粹均不能出孔道范围之外。凡我同胞岂可不加意尊崇孔道以为保存国粹之根据，况中国伦常之理乃万世所不可易，而讲明伦常之理惟孔子之言为致精致切，若要保存伦常之理，必须尊崇孔子之道，此乃一定道理”。[②] 1913 年 11 月，孔祥柯于济南将军庙街正式发起和成立了孔教会济南支会，其后，孔道会就成为山东孔教会的外围组织，与孔教会遥相呼应、互通声气。

随着各地孔教组织的成立，一系列旨在恢复儒家影响力、重塑孔子偶像的活动在山东各地陆续展开。山东孔教会一方面积极响应孔教总会的号召，参与民初的国教运动等，另一方面在山东地区大力传经布道、弘扬儒学，使民初山东文化界一度刮起一阵尊孔风潮。关于山东孔教会的具体活动，有如下几点。

其一，尽地主之谊，筹孔教大会。山东孔教会成立后首个重大活动便是筹办组织孔教大会。1913 年 9 月 24 日至 30 日，在山东孔教会的组织和支持下，孔教会在曲阜召开第一次全国大会，与会者除各地尊孔会社之外，中央及地方政府均派代表参加。此外，大会还邀请如北京教育会、天津商会、中华佛教总会、进步党等许多政团也来曲阜致祀。大会之隆重，“实中国自有孔教以来未有之盛”。[③]

其二，支持和参与国教运动。孔教会标榜以“昌明孔教，救济社会”为宗旨，故其成立后，一直致力于“定孔教为国教”的国教运动，而山东各地孔教会作为它的分支组织，自是积极支持和响应。1913 年 8 月 15

① 《经世报》第 1 卷第 1 号，转引自方艳华《民初山东孔教会及其活动》，《成都教育学报》2004 年第 12 期。

② 《山东孔道会成立》，《申报》1912 年 12 月 27 日。

③ 《孔教会杂志》第 1 卷第 9 号，转引自方艳华《民初山东孔教会及其活动》，《成都教育学报》2004 年第 12 期。

日，孔教会代表陈焕章等人向国会请愿，请于宪法中明文规定孔教为国教时，曲阜孔教会、孔教会各地支会及济南孔道会等山东尊孔团体纷纷致电参众两院“请以国教订入宪法”。[①] 1916 年孔子诞辰之日，康有为、陈焕章等人再次向国会提出定孔教为国教的意见书。曲阜孔教会孔祥霖等人遂联络军政各界电函响应：“孔教为国教无碍他教自由，否则宪法无本，人心必失。”[②] 接着，孔道会名誉会长、山东军阀张勋利用徐州会议召开之际，频频向国会施压，一度平息的国教运动再度高涨。但由于社会各界的强烈反对，国教议案最终未获通过，喧嚣一时的国教请愿运动就此偃旗息鼓。

其三，讲经布道，弘扬孔教。尊孔与读经相辅相成，尊孔必然会读经。由于民初教育部废除了学校里的“读经讲经”科，故山东孔教诸会只好效仿基督教传播福音的方式在山东各地设立讲经所、宣化所等讲经布道机构。这些讲经布道机构主要讲习经、理、政、文等孔教经典，以为孔教的播扬培养专门人才为己任，以“讲学为主”，“以能讲学者方为合格”。[③] 1913 年，孔道会代表王锡藩等禀请内务部将各处圣庙作为该会办公所，并设圣道宣道士；汶上县孔教分会会员胡恩桐建议总会应“选举孝友笃信敦品饬行之儒，于城镇市乡，讲人伦之道，使人人知父慈子孝，兄友弟恭，夫妇孝顺之义”。[④] 1914 年 3 月，济南孔道会会长王锡蕃等人在京设立讲经所，并在曲阜等地设立支会讲经所，标榜“讲明经义，提倡道德，扶持社会，巩固共和”。[⑤] 1915 年 10 月，孔祥霖在曲阜四氏学宫设立曲阜经学会，以“阐明孔子之微言大义，发挥国学，并研究诸经之理解及其教授方法”为宗旨，设专修部与听讲部。推行部又称宣化所，主要宣传孔教教义和执行孔教礼仪。其职能包括：敷教、养正、执礼、

① 《孔教会杂志》第 1 卷第 10 号，转引自方艳华《民初山东孔教会及其活动》，《成都教育学报》2004 年第 12 期。

② 柯璜：《孔教十年大事》卷 8，1924 年。

③ 柯横：《孔教十年大事》卷 7，1924 年。

④ 《孔教会杂志》第 2 卷第 1 号，转引自方艳华《民初山东孔教会及其活动》，《成都教育学报》2004 年第 12 期。

⑤ 《孔道总会第一讲所简章》，中国第二历史档案馆《中华民国史档案资料汇编第 3 辑文化》，第 41 页。

济众。①

除了山东孔教诸团体的尊孔活动外，还有相当一批传统士绅主张通过复兴儒家伦理道德进行民族自救，其中较具代表的人物是山东新儒家代表王朝俊和“讲宋学的山东领袖”孙廼琨。他们在尊孔崇儒的同时，没有过多的介入政治，并谋求了孔子及儒学与现代化的结合。

王朝俊（1874—1930），字黉一，别号鸿一，山东郓城人。幼入私塾，28 岁时考取秀才，旋即被选送到济南山东高等学堂攻读。1904 年与丁惟汾等接受公费赴日本留学，肄业于宏文学院师范科。留学期间，他加入同盟会。归国后，王朝俊一面进行革命宣传，一面潜心办学，在曹州成立了自新学堂及私立普通学堂。山东独立后，他被山东都督周自齐任命为省提学使。嗣后，他辞职返回家乡，担任曹州省立六中校长。袁世凯死后，他复又从政，先后当选省议会议长、副议长，省立一中校长等职。

王朝俊出身贫农，幼年丧父，备尝生活之艰辛，这使得他非常关注民间疾苦和社会公平问题。经过长期的思考和比较研究，他认为要根本解决社会不平，既不能采取全盘欧化的办法，又不能借鉴俄国十月革命的做法。在他看来，西方文化侧重“实业”，对实现个人价值十分有效，而越是个人得到发展，社会却越是不平。中国文化侧重“教养”，却能“补众人之不足”，“补不足而国家乃可言均”。而俄国十月革命所建立的无产阶级政权，虽能“解决均平问题”，但方法多有不当，“强不均使之均，强不平使之平”，没有考虑到“国性民情多不适合”，其结果就是“徒滋纷乱，而均平问题将又更不能解决”。鉴于中国政治与文化的特殊性，解决中国社会的顽疾，须对症下药。“吾国伦理信条确为组织社会之基础”，“政治学术亦皆以伦理为重心，蔚成吾国文化特色。其运用文化精神者，教养政治是也。扼要言之即伦理化的人生观为中国文化之体，教养化的政治学，为中国文化之用是也”。所以要解决中国社会的不平问题，必须依靠“本孔孟先养后教之原理”。他坚信，只有以实践伦理为起点，以推行教养为归宿，“吾国五千年之老宪法自可整旧如新，开世界大同先路”。②

王朝俊还进一步指出，中国的农业社会结构决定了以伦理为本，以教

① 《教育部为改订曲阜经学会章程呈并大总统批令》（1915 年 10 月 29 日），中国第二历史档案馆《中华民国史档案资料汇编第 3 辑文化》，第 43 页。

② 王朝俊：《三十年来衷怀所志之自剖》，察应坤、邵瑞《毕生尽瘁为民生——王鸿一传略》，黄河出版社 2003 年版，第 103—106 页。

养为用的中国文化；反过来，要解决中国社会问题，就必须利用中国文化。"中国的经济重心在农业……盖以古代井田阡陌各种制度之推演，蔚成大致均平之农业社会，全国人民，除最少数之大地主，及在都市做工营商者外，十九营乡村之农业生活，故欲谋人民经济巩固，非先谋农业巩固不可。惟农业非一人所能担任，欲谋农业巩固，又非先有极安定极和谐之家庭不可。有安定和谐之家庭，则兄弟互助，夫妇协调……外则宣力于社会，族里则又有极乐之家庭，此农业社会之精神，全赖人伦维系之力，故农业社会根本不变，而人伦观念之变动亦不可能也"。故，解决中国社会之顽疾，必发展经济以"济民物"，必弘扬儒学以"明人伦"，这才是中国发展的必由之路。为了更好地实现其"济民物、明人伦"的想法，王朝俊提出了"村本政治"的方案。所谓"村本政治"，即以乡村为本的政治，分村制和村政两大部分。村制，就是规划农村组织及市区办法，制定村民权力及村市中一切规约。村政是进行村中各项建设，包括保秩序、增生产、养村风和开民智四大措施。他认为只有村本政治，才能使一切权利归结于民。政权操于民众，治权始于乡村。权力就不可能被少数人所垄断，阶级也不可能产生。村治下全国农村组织划一，权力虽分也无害于统一。村中治权，则由村民直接选举本村贤良以治本村。对选举者方面，可以真正选举有能力之才，对被选举者方面，也可以促使其努力建设干出一番成绩来。这样，民治基础就能得以巩固，民权得以保障，在实现民主政治的前提下，以"明人伦""济民物"为内容的伦理实践、教养政治也可一并实现。①

正当王朝俊"村本政治"思想日渐成型之时，另一位儒学大师开始在学术界大放异彩，他就是被后人称为当代新儒家开创者的梁漱溟。他在《东西方文化及其哲学》提出三种人类文化，而中国文化将成为世人将走的路向，中国文化就是儒家文化，未来人类文化的复兴就是儒家文化的复兴。由于志同道合，王、梁二人很快便互相结识。1921 年，王朝俊极力游说山东省教育厅厅长王讷，邀请梁漱溟到济南讲演。同年夏天，山东教育厅以召开"济南暑期演讲会"名义邀请梁漱溟到济南讲演《东西方文化及其哲学》。1924 年，王朝俊敦请梁漱溟担任曹州省立六中高中部主

① 王朝俊：《伦理为文化中心案》，察应坤、邵瑞：《毕生尽瘁为民生——王鸿一传略》，黄河出版社 2003 年版，第 107—112 页。

任。通过不断的接触、交流与合作，他们互相学习和影响，充实并改进自己的思想体系。王朝俊经过与梁漱溟的交往，逐渐了解到以儒家伦理道德解决中国问题的重要性；而梁漱溟在其《东西方文化及其哲学》中虽对中国重走儒家文化之路、以农立国的观点有所提及，但“世代诗礼仁宦”的家庭出身使他对中国乡村的实际状况并不了解，也尚未形成从农村着手解决中国问题的主张。经过王朝俊“村本政治”理论的启发，他逐渐形成了乡村建设理论，从而完善了他的新儒家思想。

另外，山东还有一类尊孔人士，他们不屑与孔教会为伍，也没有参与乡村建设运动，而是以儒家伦理道德为做人处世的唯一规范，致力于用伦理道德自律育人。淄川士绅孙廼琨为传承程朱理学奋斗终生，堪称这方面的楷模。他幼入私塾，少进县学。后放弃仕途，专心钻研儒学经义，已到痴迷阶段。闻陕西三原何瑞麟为理学正宗，遂步行三千里前往拜师，三年有余，小有所成。后何氏病逝，他离陕归鲁，一面设私塾，收徒授业；一面整理儒学经典，著书立说。1914 年之后，他先在淄川清云寺精舍书院担任主讲，后数次往返奔波陕、鲁之间，名声大噪，被《大公报》张季鸾称为“讲宋学的山东领袖”。孙廼琨主张“天道福善祸淫，去私欲，存义理，有过自责，过则勿惮改”，讲学强调“读书先做人，勿要穷理，以明辨是非”。他认为无论时代如何变幻，都应重视伦理道德，“伦理大节上不认真，站不住，如何能说出口”，“厚重少文近乎仁，浮薄夸张多忘义”。[①] 虽与康氏同为今文经学家，但孙廼琨自觉抵制其“托古改制”的想法，反对过多地介入政治，主张回归经典，苦心发掘儒家经义。他一生言传身教，着力以儒家伦理道德育己育人，其弟子遍及北方数省，著述也颇为丰富。

王朝俊、孙廼琨等人都把儒家伦理道德提到了很高的位置，但却不像近代军阀、孔教会尊孔那样，缺乏对文化特性的全面把握，把儒家义理看成横亘古今的永恒真理，而是通过对儒家经典的剖析，将儒家的精华和糟粕区别开来，摒弃不合时代的陈旧思想，在新的历史条件下激活儒家思想以求自救。他们宣传儒家伦理而没有提及复辟帝制，身体力行却没有到处钻营，维护了儒家正面形象的同时也理性地回应了新文化运动过分激进的

① 蔡瀛海、崔裕学：《近代理学家孙廼琨》，山东省政协文史资料委员会编《山东文史集萃修订本》（下集），中国文史出版社 1998 年版，第 599 页。

批孔狂飙。王朝俊、孙廼琨等人对儒家文化的认知与定位是有许多可圈可点之处的。

（二）山东新派知识分子对儒家的批判

早在晚清，山东地区就已经出现了儒家伦理道德的“叛异者”，他们中的一部分人是近代资产阶级，一部分则是皈依天主教和新教的教徒。到了20世纪初，一大批山东留学生被派往西方国家，直接受到了近代文化的熏陶和影响，初步树立了自由、平等、博爱的西方人生观和价值观。但是这些“叛异者”价值观念和思维方式的转变，并没有在山东知识界引起共鸣，也没有像其他地区的“叛异者”那样，向以儒家为代表的传统文化发起公开的挑战。这种思想文化领域的沉闷状况直至新文化运动兴起后，才有明显改观。从1917年开始，以傅斯年、杨明斋为代表的山东新式知识分子，开始向传统势力和儒家传统文化发起猛烈的冲击。

傅斯年（1896—1950），字孟真，山东聊城人。他出身书香门第，幼入私塾，后进新式学堂，1916年考入北京大学文科国学。在校期间，傅斯年受北大新文化的影响，逐渐解放思想，加入新文化的阵营中。在研究新文化的过程中，他逐渐摒弃了之前所尊崇的章氏之学及传统国学，一跃投身到批判儒家的阵营中去。1919年，傅斯年通过其主编的《新潮》杂志，向儒家伦理道德发起了直接的攻击。他接连发表《社会的信条》《人生问题发端》《万恶之源》等文章，对儒家的纲常名教进行了坚决的否定。他指出，公共之信条是维系社会稳定的重要因素，但不是现存的公共信条都是完美的。它也有是非优劣之分，辨别标准有三：是否合人情之自然；能否给社会和个人带来利益；是否合于现实社会情形。在傅斯年眼里，传统中国中维系社会稳定的儒家伦理纲常似乎都不达标，甚至不能够称之为公共信条，而是“戕贼人性以为仁义”的桎梏。他说，中国现在社会上流行的纲常名教，“一百件中，就有九十九件是死灵魂、泥菩萨”，整个中国几乎就是一个“信仰死灵魂，崇拜泥菩萨”的社会。丈夫死了，为了立贞节牌坊，妻子就要殉节，这显而易见就是杀人的信条。“那些外面看不出可恶，骨子里却害人到底的信条，正是多着呢！”① “名教是罪人，那里有不名教的罪人，名教本是杀人的，那里有不杀人的名教。”②

① 傅斯年：《社会的信条》，《新潮》第1卷第2号，1919年2月1日。

② 傅斯年：《人生问题发端》，《新潮》第1卷第1号，1919年1月1日。

在否定传统中国社会信条——儒家伦理纲常的基础上，傅斯年进而揭露了儒家伦理纲常对国民性的消极影响。他指出，大多数中国人的人生观是“遗传的伦理主义”，这种人生观“认为人是为道德而生——为圣人制定的道德而生——不许有我，不许我对遗传下来的道德的条文有惑疑。硬是拿着没有灵气的人生信条，当做裁判人生的一切标准”。[①] 如此以伦理主义支配人生观，是以一种拿“非人生”的东西去干涉人生，势必会造成中国人普遍的“缺乏主义”。而这也是造成众多中国人缺乏进取心和责任心，只会见风使舵和随波逐流，个人利益当前，国家利益置于脑后等消极国民性的主要原因。而家庭作为社会的基本组成元素，也成为儒家伦理道德统治的基地。他在《万恶之源》一文中抨击道，“从他孩子生下来的那一天，就教训他怎样应时，怎样舍己从人，怎样做你爷娘的儿子。绝不肯教他做自己的自己。一句话说来，极力的摧残个性”。这表明，中国式家庭毫无自由而言，每个成员都被儒家伦理道德束缚在固定位置，他们不许违反长辈，更不许有自己的思想。[②] 傅斯年对儒家伦理道德的批判，还表现在对鲁迅小说《狂人日记》的肯定和赞赏上。1918 年 5 月，鲁迅在《新青年》上发表了他的第一篇白话文小说《狂人日记》，以文艺的形式向几千年一直统治中国社会和文化领域的儒家伦理道德发起了猛烈的攻击。傅斯年读到这篇小说之后，当即写信给鲁迅，直言它是一部“真好”的作品。但这显然不足以表达傅斯年对《狂人日记》的崇拜之情，1919 年 4 月，傅斯年又在《新潮》上发表了杂文《一段疯话》，直言“跟着疯子走，走向光明去”。[③]

北京大学毕业后，傅斯年考取留英官费生，不久便离开中国。傅斯年告别了家乡，也脱离了新文化运动，但他批判儒家伦理道德的基本立场并没有因此改变。傅斯年离开北大前后，正值“五四”运动爆发。傅斯年因领导学生运动声名大噪，而山东新文化运动也因“五四”而出现重大转折。“五四”运动之后，马克思主义开始在山东广泛传播。一批觉悟的共产主义信奉者开始用辩证唯物主义和历史唯物主义的先进理论，剖析儒家文化，指出中国社会的发展方向。平度籍共产党人杨明斋就是此中代

① 傅斯年：《白话文学与心理的改革》，《新潮》第 1 卷第 5 号，1919 年 5 月 1 日。

② 傅斯年：《万恶之源》，《新潮》第 1 卷第 1 号，1919 年 1 月 1 日。

③ 傅斯年：《一段疯话》，《新潮》第 1 卷第 4 号，1919 年 4 月 1 日。

表，他对儒家伦理道德的批判在当时产生了不小的社会影响。

杨明斋（1882—1938），名好德，字明斋，山东平度人。他早年闯关东，去俄国，结交了一批工人朋友，并学会了俄语。1908 年杨明斋深入西伯利亚矿区，积极参加布尔什维克党领导的工人运动。1920 年，杨明斋随维金斯基回国。其时正值“一战”前后，人们目睹了西方文明所暴露出的弊端，开始重新审视和评价东西方文明的优劣。此一时期，梁漱溟出版了《东西方文化及其哲学》，主张恢复和发扬以儒家思想为核心的东方文化；梁启超在《先秦政治思想史》一书中，也认为孔孟之道包罗万象，中国不必向西方学习社会主义，只需“整理国故”即可；章士钊发表《农国辩》，则主张“农业立国”，反对走工业化的道路。而以中国共产党为代表的无产阶级知识分子对上述学者的言论进行了抨击，从而引发了一场有关中西文化问题的论战。杨明斋作为党的理论工作者，积极参与了这场论战，他于 1924 年春出版的《评中西文化观》一书，在驳斥梁漱溟、梁启超和章士钊的同时，对儒家伦理道德作了系统的批判。

在该书的序中，杨明斋就阐述了自己研究文化问题的基本思路和方法。他指出：“文化为社会生活，可也是由社会生活所产生，他并不是凭恐（空）而来的东西……研究文化问题，必须拿大多数平民生活方面去考察他，并且将他与书本子上的文化比较对照”。[①] 依照上述方法，他从社会生活和书本子两个方面揭示了儒家伦理道德的实质。就社会生活方面而言，他认为，中国人大多“受这两千余年的经书教育及实行伦理之组织的训练，所得的对人之关系的生活是‘讲情分’‘不好过’‘下不去’‘看面子’等，总括起来说是要人凡事‘留情’，注重人情的生活”。[②] 而就儒家文化在书本子上的表现，杨明斋主要从“仁”字为切入口进行分析。他指出，儒家经典《论语》中多次提及“仁”字，内容皆“完全出于人情”，如“孝悌也者，其为人之本欤”“巧言令色鲜矣仁”“爱众而亲仁”“人而不仁如礼何”“惟仁能好人能恶人”“夫仁者己欲立而立人，己欲达而达人”“克己复礼为仁”等等。质言之，孔子讲仁，就是要人做到“不忍”和“讲情”。[③]

① 杨明斋：《评中西文化观》，中华书局 1924 年版，序言。

② 同上书，第 237 页。

③ 同上书，第 247 页。

在从社会生活和书本子两方面阐述儒家伦理道德的两个突出特点之后，杨明斋又进而分析了“不忍”“留情”的文化传统给中国经济、教育、政治方面带来的消极影响。他认为，经济方面，既然儒家不理俗事，那么中国的政治重心则不在经济，经济发展自然无从谈起，加之科技发展的落后，也使农业生产工具和技术的发展相当缓慢。至于教育方面，杨明斋认为儒家“专注道德，偏于操情治心而忽略了生理之要求与环境”。其消极结果具体有五：士子“把一切关于人类生活时刻离不开的经济置之不理……受教育越深者则越不能补农工商的创造养生之事……”，此为其一，不讲经济；其二，不理俗事。受儒家教育的士子“羞于与农工商人为伍”，衣食住行等俗事“多数被弃之不愿过问”，而被普通民众称为书呆子；其三，麻木不仁。士子视下人如畜生，同情心尽丧，无论对路边哭嚎的乞丐，还是惨无人道的刑罚，都司空见惯；其四，缺乏创造。儒家教育空谈义理，造成了知识分子“只是发挥与承受其先人的话罢了，并没有新的人生创造”；其五，逢迎无耻。知识分子远离劳动人民，又不从事农工商业，生活只有为官一途，官场上的虚荣与奉承在士子群体中滋生，“做官贪赃枉法”成了士子的“生活之道”。[①] 政治方面，杨明斋认为以儒家思想为意识形态的传统政治与儒家教育一样，不是基于民众生活的要求之上，而是基于其讲人情及自修的教义，所造成的严重后果有二：其一，重文轻武。火药的利用在中国与西方国家的差异以及万里长城的修筑都真切地反映了这一点。而军事上的落后，是近代中国备遭欺凌的原因之一；其二，政府的无治主义。由于儒家教义不讲经济、不理俗事，专注人情主义，故中国传统政治，“只有受钱粮兼惩办罪犯的皇室官僚是与民接触的”。而无治主义，则造成了政治领域里充斥着如鬼神迷信和以情代法等诸多弊端。[②]

总的来说，前有新文化代表傅斯年的大力批孔，后有共产党员杨明斋的辩证评孔，山东文化界的反孔声音虽为数不多，但却都掷地有声，基本代表了“五四”时期新文化派评孔的基本思路和观点。

（三）尊孔思想在山东学校教育界的存续与动摇

民国初年的教育界，经历了晚清近代教育改革、科举制的废除以及蔡

① 杨明斋：《评中西文化观》，第266页。

② 同上书，第268页。

元培废除小学读经科之后，其教育体制、教育目的和教育内容都与传统教育有着天壤之别，这使得教师、学生群体的“孔子观”不可避免地发生了微妙的变化。但在孔孟故里——山东，教育体系内的尊孔崇儒观念可谓根深蒂固，近代教育体制改革在山东可以说是徒有其表，民初教育部废止读经尊孔的政令也未得到有效贯彻，学校“近于私塾者居多”。特别是随着北洋军阀尊孔复古政策的推行，山东学校教育界复古气氛更加浓厚，一大批适龄儿童重新走进私塾，研读四书五经。1915 年之后，新文化运动在京沪等地风起云涌，一批在京沪地区“激而诋孔”的知识分子学成归来，他们大力提倡新文化，反对旧文化，把批判的矛头直指山东当局的尊孔复古政策。山东学校教育界由此产生分裂：私塾和部分近代学校的师生们继续顺应当局尊孔复古的倒退政策，选择尊孔读经；而一部分学校则在山东新文化倡导者的影响下，选择“打倒孔家店”，加入“反孔”的阵营之中。

1. 孔子儒学在初等教育体系中的存续

中国创办新式学堂始于洋务运动时期，但直至 20 世纪初新式教育仍是主要局限在高等教育和专门教育（外语、科学技术教育等）领域，对初等教育几乎没有涉及。直到清末新政时期，清政府的教育改革才开始关注到初等教育建立和发展的问题。在清末新政教育改革的过程中，山东近代初等教育经历了从无到有的过程，在省城高等学堂成立前后，各地方初等小学堂纷纷建立。但清末教育改革的封建性、买办性使得初等教育体系的实际进展和效果并不尽如人意。新式小学堂的数量远不能满足普及新式教育的要求，其教学内容和办学形式与私塾相比并没有多大变化，所学课程也是以四书五经为主。加之，清政府一方面大力推行新式教育改革，另一方面又一再强调各级教育部门以尊孔崇儒为宗旨，以经学为必修课，“无论大小学堂，宜以经学为必修科目，作赞扬之歌，以化末俗浇漓之习。春秋释菜及孔子诞日，必在学堂致祭作乐，以表鼓舞之忱”。[①] 所以，就算为数不多的正规新式学堂，其立学宗旨也是强调“以忠孝为本，以中国经史之学为基”，以“经史”教育巩固“忠孝”理念，无疑是中体西用的老调重弹。可以说，在清末的山东地方初等学校，虽在教育内容、教学形式上较之前略有差异，但就地方学校师生的思想倾向来看，尊孔崇儒

① 朱寿朋编纂：《光绪朝东华录》，第 1121 页。

的整体状况并未发生实质性转变。及至民国建立后，临时政府教育总长蔡元培认为“忠君与共和政体不合，尊孔与信教自由相违”，极力消除学校中的尊孔倾向，并要求“小学读经科一律废止”。但军阀政治使得国内政局更加动荡，文化教育政策也出现不同程度地反复和倒退。与之相应，民国前期山东初等教育的发展仍然不容乐观，孔子儒学的价值和地位在基础教育体系中没有也不可能被完全颠覆。

首先，民初山东新式初等教育的普及率依然十分有限，远没有达到普及新式教育的标准，这就造成地方仍以私塾作为主要的教育形式。1917年山东全省有学龄儿童270万人，入学者仅60万人，入学率为22.2%；到20年代末，山东省入学儿童达到了100万人，入学率也仅有27.7%。[①]学龄儿童入学率低与新式教育未能普及有关，如曹县“民国十六七年间，新式学校教育仍不普及。城里只有男女高级小学各一所，班数很少，每年级只一班，大集镇之设有高初级兼有之小学者为数不多，大多只有初级小学，且采混合制。”[②] 在新式学校数量有限的情况下，学龄儿童只能进入仍在地方大量存在的私塾中读书认字。而此时山东的私塾，虽经时任山东巡按使蔡廷锴的大力改良，但效果并不理想。徐荣寰在《私塾钩沉》中曾回忆：当时（20世纪20年代）农村中私塾比较普遍，一村百户可设2或3处；设塾步骤、私塾先生的聘请、私塾的礼规、学习内容、教授方法、管理方法、作息时间等均与旧式私塾相同。[③] 陈树梓则描述了1927年他上私塾入学时的情形：“那时读的书是五经（诗、书、易、礼、春秋）、四书（大学、中庸、论语、孟子），内容讲的是孔孟之道。开学那天，由家长带领学生首先给贴在墙上的‘至圣先师孔老夫子’的红纸条叩头，学生再拜老师，然后宴请老师，家长陪坐，表示开学了，第二天便是正式入学”。[④] 由此可见，民国前期私塾办理的形式和内容依旧沿用旧制，其指导思想则依然是尊孔尚儒。

其次，民初国民学校的办学质量参差不齐，广大乡村中的国民学校教

---

① 张书丰：《山东教育通史》，山东人民出版社2001年版，第103页。

② 刘道元：《九十自述》，《山东文献》（台北）第19卷第2期，1993年3月20日。

③ 徐荣寰：《私塾钩沉》，中国人民政治协商会议青岛市政协文史资料研究委员会编《青岛市文史资料》第9辑，1992年版，第99—107页。

④ 陈树梓：《从我的学校生活看建国前的利津教育》，中国人民政治协商会议东营市委员会文史资料委员会《东营文史资料》第5辑，1990年版，第169页。

育内容总体上仍以四书五经为主。1915—1917 年、1922 年的教育视察报告中多处涉及山东地方国民学校所存在的问题。总结起来有如下几点：一是师资问题。“沂水县科午国民学校教员黄殿才人极腐败、难以胜任”；“汶上县抽查各校，凡乡间国民教员未剪发辫者十居八九，其思想腐败、办理懈弛可见一斑”；二是课程设置问题。“黄县火神庙国民学校，复习国文令各生于讲案前背诵，尚未脱私塾习气”；“临沂后岗头小学校内部组织纯系私塾办法，功课惟国文一门”，“曲阜第十六国民学校所诵读者无非私塾课本，教科书已束之高阁。第四十二国民学校学生在教室内高声朗读私塾旧本。乡村学校强半私塾，即稍有学校形式者，教法亦多不良，教科更属缺略。如南陶洛一校教室窄狭，学生二十余人，甚形拥挤，设备情形俨如私塾，学生多读四子书、经鉴略诸书，而教科书反甚缺略；张羊村一校，纯系私塾，学生案上多列五经、千家诗、二论典故之类，并不按章教授；三是教学环境问题”。“蓬莱县城立第三国民学校桌凳排列俨然私塾，功课亦不完整”，“武城县九女集国民学校一切布置全类私塾，案间尚有八股”。上述这些问题虽各有不同，但以一言概之，就是“学校其名私塾其实者居多”。①

客观来说，尽管民初新式教育在山东推行的效果并不理想，但在 20 世纪 20 年代之前，山东初等教育体系总体还是朝着近代化改良的方向前进，特别是在 1915—1917 年间，省、道两级教育行政机构频繁视察各地学务，对私塾改良、新建小学等工作很是重视，山东初等教育体系亦因此有很大程度的发展。但到了 1923 年以后，由于兵匪频患，战乱不断，山东省对普及初等教育，基本上就没有什么作为了，各项工作也基本处于停顿状态。1926—1928 年，张宗昌督鲁，他思想极其保守，认为：“近代来世风日下，人心不古，道德二字，几至沦亡……近来各校添设讲经，实所以挽已倒之狂澜”。② 他任用思想极为保守的清末状元王寿彭为山东省教育厅长，通令全省自小学三年级至高中毕业，一律添加读经讲经课程，并且拟定了具体的课程设置。为了推行尊孔读经，张宗昌、王寿彭倡导农村大办私塾。李雨亭记载，张宗昌“用前清末代状元王寿彭老先生任教育

---

① 王翠红：《近代山东私塾改良研究》，山东师范大学硕士学位论文，2007 年，第 19—21 页。

② 《戴季陶之道不孤矣》，《响导周报》第 134 期，转引自中国社会科学院近代史研究所中华民国史组《中华民国史资料丛稿特刊》第 1 辑，第 54 页。

厅长，王厅长素爱经学，下令开放四书五经作教材。因此各地学堂都变成了私塾，一般的塾师又出来任教，学生每日只有读书写字背书，其他什么科目也没有了”。[①] 这种倒退的复古政策致使民间的私塾又重新增多，山东近代教育改革遭受到沉重打击，新式学校数量锐减。以历城县为例，1928 年该县小学数量骤减百所，在校生也由 11932 减至 7954 人。[②] 可以说，民初基础教育改革在山东地方的那点成果就这样被基本抵消了。

概言之，民国前期，以改良私塾和新建国民学校为主要措施的基础教育体制改革在山东的推行虽较前清有所发展，但整体上与民初所提出的新“五德”（包括军国民教育、实利主义教育、公民道德教育、世界观教育和美育五个组成部分）教育宗旨还相差甚远。初等教育体系的教学内容、教学形式，要么没有脱离传统教育的掣肘，要么根本就与私塾相同。而教育教学观虽有更新，但却在这些客观存在的外在形式下“名新实旧”。孔子儒学，在山东初等教育体系中依然存续。

2. “尊孔复古”思想在山东中高等学校的动摇

改革中高等学校以及设立专科学校是清末教育体制改革的重要一环。与初等教育的改革性质类似的是，清末中高等学校的设立与改革依然未能摆脱“中学为体，西学为用”的窠臼，大都被打上了“忠君”“尊孔”的烙印。但与初等学校不同的是，中高等学校大多设立于城市之中且数量较少，[③] 且中高等学校的设立和改革为万众所瞩目，具有相当的示范作用，这使得中央及地方政府对它们的管理显得更加便利、严格和有效。以山东大学堂为例，1901 年山东大学堂成立，首任总办为有留美背景的唐绍仪，首任总教习为美国人 W. M. Hays。尽管在学堂条规中明确规定学堂内应恭嗣孔子暨诸先贤先儒，教学内容仍以中国经史为主，但与地方小学堂有所不同的是，山东大学堂敢于担当，在课程设置方面做了有效的改革，特别是开设了较多的西学课程，聘请了专门的西学教习，使得西学课程不但能够落实到位，满足了当时社会发展向西方学习的需要，而且实实

---

① 李雨亭：《忆民初胶东社会概况》，山东文献杂志社编《山东文献》第 20 卷第 3 期，山东文献杂志社 2000 年版，第 80 页。

② 济南市地方史志编纂委员会编：《济南史志》第 6 册，中华书局 1997 年版，第 18 页。

③ 1900—1911 年，山东共设立中高等学堂、师范学堂共计 51 所，各式小学堂共计 1356 处，私塾不计其数。参见张玉法《中国现代化的区域研究 · 山东省 · 1860—1916》，台北“中央研究院”近代史研究所 1987 年版，第 403 页。

在在地削弱了孔子及“儒学”在教学内容和教学过程中的独尊地位。以山东大学堂为范本，山东各地成立了很多中等学堂和实业学堂，使得中学生也能比较全面地接收到了西方文化和科学。

至辛亥革命前后，中国社会、经济、文化领域的新变化和新气象，使得越来越多的知识分子“舍孔孟之学而学西人之学”。[①] 而教育总长蔡元培“以民主精神和思想自由打扫封建教育的‘马厩’”更涤荡了不少知识分子的价值观和文化观。[②] 思想文化领域空前的自由气氛和价值观的多元化也逐渐影响到了教育领域，尤其是中高等学校。以江苏一师为例，民国二年，该校曾作过一次特殊的测验，考题是列举自己的偶像人物，参加考试的是300多名普通中学生。其中“列举崇拜孔子者157人，孟子61人，孙文17人，颜渊11人，诸葛亮、范文正8人，岳飞7人，王守仁、黎元洪6人，大禹、陶侃、朱熹、华盛顿4人，程德全3人，苏轼、康有为、袁世凯、屠元博2人，伯夷、周公、仲田、苏秦、张仪、秦始皇、张良、萧何、韩信、司马迁、马援、班超、陆九龄、韩愈、司马光、程颐、徐光启、顾宪成、史可法、曾纪泽、苏格拉底、亚里士多德、马丁·路德、培根、卢梭、梁启超、武训、杨斯盛、安重根、蔡普成……各一人，此外23人则无所崇拜者也”。[③] 不难看出，儒家代表人物特别是“至圣”孔子和“亚圣”孟子，在民国初年的学生群体中的偶像地位仍然存续，但是他们的地位并非不可撼动，随着民主政体的建立和西学影响力的日益扩大，孙文、黎元洪、梁启超等近代人物以及华盛顿、亚里士多德等西方名人也开始成为部分普通学子的偶像，学生群体的偶像观开始发生分裂。

而清末民初中高等学校西学课程的落实、思想领域的新气象以及文化价值观的多元化等都毫无例外地影响到了山东中高等学校学生群体的文化观，部分学生开始滋生叛逆性的思想苗头和自主性的文化选择。甚至在儒家圣地曲阜的普通中学——曲阜师范学校，也开始有学生轻视和亵渎祀孔事件的发生：“1912年左右，一次依例至孔庙大成殿前祭孔时，学生们一反常态，非但不恭敬肃穆，在行礼时有的直着腰不跪，有的甚至‘反跪’，后来祭孔仪式未结束，学生便一哄而散，使当时的曲阜各阶层大为

① 刘大鹏：《退想斋日记》，第126页。

② 李华兴：《民国教育史》，上海教育出版社1997年版，第99页。

③ 《考师范之笑话》，《时报》1913年7月1日。

震动。更有甚者，一次学生祭孔典礼正按部就班地进行，一个学生借看究竟为名，走上前去晃倒了杏坛前的金代石香炉，以此‘亵渎’圣人，结果被孔氏家族当场抓走。当天，学生们便自动集聚起来到孔府前逼迫孔府放人，不得已孔府只得放人息事宁人。”① 孔子是传统教育中的“至圣先师”，例行的祭孔活动也是神圣而不可亵渎的，而在民初曲阜的祭祀仪式上却发生如此之事，这在传统教育中是不可想象的，曲阜师范学生的“价值逆反”心理可见一斑。曲阜师范学校学生“亵渎”祭孔的文化事件，表明儒家思想的权威地位在民初山东教育界受到了极大地撼动，但如果以点带面地认为这是山东教育界普遍的情况，则是一种不客观和不准确的认识。毕竟作为儒家思想的发源地，儒家传统教育基础和观念根深蒂固，“尊师重道”的思想是古代山东学子心目中亘古不变的真理。短短几年之间，就会出现大范围亵渎和轻视孔子的现象是不符合历史发展规律和学生身心发展规律的，所以，亵渎孔子事件在民初是典型案件，更是偶然事件，在笔者所接触到的材料中，山东境内未有类似“亵渎”祭孔的事件发生。

1915 年，新文化之风在京沪等地尽吹，不久便开始浸染和影响到山东教育界和山东学子。文化的传播需要适宜的客观环境和知识分子的摇旗呐喊。当时位于省会并云集大批知识分子的省立一中和省立一师便具备接受新文化的条件，《新青年》等新文化刊物在校内被师生广泛传阅，并得到部分师生的认可。如在省立一中读书的王统照，就与《新青年》建立了直接联系。1916 年，他给《新青年》写信说：“校课余暇，获读贵志。说理新颖，内容精美，洵为最有益青年之读物。”杂志的编者在《新青年》第二卷第四号上专门给他回信：“来书疾世愤俗，热忱可感。中学校有此青年，颇足动人，中国未必沦亡……”②

新文化运动在山东教育界的传播，靠几本杂志是远远不够的。在新文化运动和五四运动中，山东教育界还涌现出不少批判旧教育，宣传新文化的新式教员。以被学生尊称为“山东胡适之”的王祝晨为代表，这批新式教员不但在教学过程中引进新思想、鼓吹新文化，而且还利用学校资源，出版新文化刊物，在山东教育界引起了极大轰动。以王祝晨为例，他

① 宋思伟：《山东省曲阜师范学校百年史》，中国出版社 2005 年版，第 19 页。

② 吕立宁：《新文化运动在山东的开展》，《春秋》2014 年第 2 期。

被聘为济南省立第一师范教员兼附小主任后，在教学过程中向学生宣传“民主”“科学”的新文化精神，一扫孔孟之道对于普通学生的桎梏。为研究时政，革新思想，1919年王祝晨与鞠承颖等发起组织“尚学会”，由他主编会刊《新文化介绍》。该会刊先后推出文学、教育、哲学等号，其中文学号不仅风行全省各地，还流传到外省，“凡有革新思想的山东青年，几乎都受过启示”。[①] 正是在这时，他被青年学生尊为“山东的胡适之”，从中可以看出他对山东新文化运动的影响之大。王祝晨出任一师校长后，更是不遗余力地宣传新文化，他亲自主编了《一师周刊》，自1923年9月起至1926年1月止，共出刊95期，该刊对学生进行科学与民主的宣传，后来由于政府的查禁才被迫停刊。《一师周刊》遍销山东各县，许多青年都受到过影响。

新文化在山东教育界的传播与流行，使山东中高等教育界的师生们在文化观和价值观方面产生了分裂和对立。山东省立一师、省立一中、私立正谊中学、曲阜山东省立第二师范（简称“二师”）等部分接受新文化运动的师生们表现为反孔的倾向和对五四运动的理解和支持，而以曲阜明德中学为代表的私立学校及不认同新文化的公立学校师生则仍是尊孔和敌视五四新文化运动的。五四前后，从校际到校内，两派就文化选择、孔子评价等问题上产生了激烈的争论。即便在孔教圣地曲阜，中高等学校之间的争论和冲突也愈演愈烈，其中，以私立明德中学和曲阜师范学校的冲突最为典型。私立明德中学是由孔氏族人开办，明文规定以“尊崇孔教，阐扬礼乐，注重道德，完足普通教育，造成健全国民为宗旨”。[②] 该校极尽尊孔之能事，在校舍明伦堂正面屏风两旁高悬康有为书写的“天不变道亦不变，学向尝师亦何尝”的对联；[③] 学校每逢春秋丁祭校长都要率学生入孔庙行跪拜礼。此外，学校对学生运动非常敌视，对于“加入政党者”“在外滋事端致巡警干涉者”都要除名。[④] 与之相反，曲阜师范学校自成

① 张秀英：《山东的胡适之——王祝晨在山东新文化运动中》，《山东青年干部管理学院学报》2001年第3期。

② 刘志奇：《曲阜私立明德中学》，曲阜县文史资料研究委员会编《曲阜文史》第7辑，第48页。

③ 同上。

④ 于梅、朱福平、葛成凤：《阙里孔氏私立明德中学创建始末》，《中国档案报》2004年12月24日。

立之初就因为学生亵渎祭孔事项而名声大噪，校长孔祥桐虽是“圣人家”代理人，但他深受戊戌变法影响，主张维新应以教育为始基，教育必须注重物质学科，给“二师”营造出相对自由的校园环境，致使校内反传统思想不断滋生发展，最先接受了新文化的洗礼。由于双方在对孔子态度方面的对立，使得两校摩擦不断，互相指责。特别是当五四学生运动在济南、青岛等地爆发之时，曲阜师范学校学生还在孔府门前示威游行，鼓动孔府的佃户、庙户起义，两校学生遂由摩擦转为冲突，并引起了上层的高度重视。几年后，孙中山先生灵柩路过曲阜姚村车站时，明德中学和一部分小学的学生也前往参加迎送，但为避免抵牾，“明德”和“二师”两校校方还特意把各自来去的时间互相错开。

明德中学虽极尽尊孔之能事，但毕竟时移势易，守旧难敌开新之势已成不可逆转的历史潮流。随着新文化力量的壮大，明德中学逐渐接受进步势力的影响，学校面貌也开始有所改观。北洋军阀统治后期，“明德”主动与“二师”接触，通过文体活动进行文化交流，不久，“明德”开始聘请“二师”名师任教，在课程设置上也与“二师”趋向一致了。孔教圣地、孔家私学尚且如此，就不必说各类知识分子云集的济南和思想较为开放的公立中学了，济南的省立一中、私立正谊中学、省立一师等学校，都是新文化盛行之地。时人评价说：“济南有了一件很可观的事情，就是有了所谓的新旧之争，而第一师范就是争的场所。教员师生分为两派，持新主义的人数少而力量多。”①

新文化运动在师生群体中广泛传播，持“新主义”的队伍不断壮大，校内“学习空气浓厚，师生倾向进步”，尤其是高等知识分子已经对新文化有了较准确和透彻的把握，价值观基本转向。张宗昌对此惊呼道：“我国学生自沾染新文化后，日趋日下。”② 为巩固其封建统治基础，张宗昌要求各校重新恢复尊孔读经。为了对抗革命潮流和加强对学生的控制，他还下令将六大专科学校合并为省立山东大学，以便管理。他认为山东大学应“管理训练，尤以尊德性，明人伦，拒邪说为依归，”③ 并要求校长王

① 孟真：《济南一瞥记》，《晨报》1919年12月23日。

② 《戴季陶之道不孤矣》，《响导周报》第134期，转引自毛礼锐、沈灌群主编《中国教育通史》第5卷，山东教育出版社2005年版，第127页。

③ 褚成志：《督办大学》，全国政协、山东省政协文史资料委员会《土匪军阀张宗昌》，1991年，第210页。

寿彭带领全校学生恢复祀孔活动。一时间，位于济南的山东六大专门学校被合并，私立青岛大学被撤销，复古势力看似在山东高校界占得上风。但此时高等教育界已被新文化熏陶良久，新文化健将们对这种尊孔复古的政策自然嗤之以鼻，他们不但没有被校方的倒退政策所钳制，反而给予有力的反制和打击，结果首任校长王寿彭不到一年就被进步师生赶跑，而张宗昌代理校长时更受到各种讽刺和挖苦，张宗昌所领导的山东大学也被讽刺为“亚洲历城山东大学”。①

四　普通民众对“尊孔”“反孔”的回应

民国前期尊孔与反孔的论争主要发生在政治与思想层面，对民间或者说对基层社会民众的影响不是很大。无论在城镇还是乡村，普通民众还是一如既往地生活在儒家缔造的世界中，其思维观念、价值系统、伦常道德都是儒学那一套。但当人们以“旁观者”的身份耳濡目染了近代以来儒教中国从内部危机到最终终结，以及传统势力“托庇帝制”极力恢复儒学地位和新文化干将激而诋孔的全部过程之后，心里不免会激起一阵涟漪，对儒学尊崇的态度，也在此过程中，发生了微妙的变化。

（一）“尊孔”与“敬孔”：民国普通民众的文化选择

民国前期是中国晚近以来思想文化变动最为激烈的一个时期。儒家在不可逆转的社会近代化进程下步步式微，其在政治、经济和文化等领域的影响力逐渐衰弱。但毕竟儒家思想浸染传统社会有两千年之久，它的某些观念和理想已经演化成民间的习惯、习俗或普通民众的行为倾向。故儒家思想官学地位的消除可以凭一纸命令实现，但儒家思想在人们心中的消除却不会如此简单。作为孔子故里的山东，受儒家思想的影响自然比其他区域要更加深切且持久。当出现多重的文化选择时，长期以生于孔子桑梓而自豪的山东普通民众自然对儒家思想偏爱有加，他们在思想意识上依然尊崇孔子，生活方式上也没有完全摆脱儒家思想框架的束缚。

山东作为较早与西方文明冲突和交流的区域之一，其社会转型的进程基本上与全国同步，区别就在于儒家传统文化精神的强大及其所引发的齐鲁士子之守成心态的坚执远非其他地区可比。时人评价“山东虽是中国

---

① 吕伟俊：《民国山东史》，山东人民出版社 1995 年版，第 298 页。

旧文化发源地，但讲到现代的新文化，却是幼稚的很”。[①] “五四”前后，早已在京沪地区传播流行的新文化运动开始在山东传播，一批接受新文化熏陶的本土新式知识分子登上了历史舞台。起初，他们和京沪激进学子一样，主张“以欧为是”“全盘西化”。但很快，他们便在儒家的文化底蕴和维护国本、捍卫传统思想的驱动下，开始越来越多地亲近和护持儒家传统文化。“五四”代表傅斯年如是，“山东胡适之”王祝晨亦如是。新文化人士如此，更不必说自始至终基本上没有受到新文化直接熏陶的普通民众了，他们在深厚的传统文化的心理积淀的影响和儒家乡土社会的行为惯性的支配下，无形中成了儒学在民间的“守门人”。普通民众尊孔抑或反孔的文化倾向，不能像当政者、文化精英通过发布政令、组织活动、发表文章来表达，但我们依然可以从基层民众的某些行为表现之中，管窥出他们尊孔、敬孔的趋向。

其一，在民国初期的一系列改革中，教育改革是对儒家冲击最大，也最能体现普通民众对近代文化的选择程度的改革之一。新式教育在理念上基本扫除了儒家文化在教育领域的影响力，总体趋向是“反孔”的。由此，我们可以从民众在新“旧”教育的选择中，透视出民众的思想倾向。前已详述，新式教育在山东的推行并不理想。究其根本，既有新式教育自身的原因，也有民初特殊客观环境的因素，但广大民众对传统教育的热衷，对新式教育的冷漠也是造就民初新式教育，尤其是初等教育在山东施行不尽人意的主要原因之一。首先，教育基层工作者对新式教育持保留态度。刘沛然在《山东巡行讲演笔记》中记载道：在他们与某地的教员绅董的一次谈话中，当谈及“取缔私塾，停止读经之理由，在座者唯诺之外莫赞一词焉”。[②] 1916 年 12 月济南道视学视察惠民县学务时，发现该县“乡民近以地方官终年不到学校，每借口曰国家不重视教育，故乡校陆续停办，私塾渐次成立”。[③] 由此可以看出，山东地方新式教育的发展多是上级政令所致，基层教育工作者始终是倾向以私塾为主要形式的传统教育。其次，学生家长也多对教育改革不以为然。很多人认为“在洋学堂

① 《山东新文化与齐鲁书社》，《晨报》1920 年 10 月 7 日。

② 《山东教育公报》1916 年 11 月，第 80 册，附录第 89 页。

③ 《山东教育公报》1916 年 12 月，第 84 册，调查报告第 549 页。

里哪里是念书，蹦蹦跳跳，糟蹋孩子，简直是胡闹”,[1]“学堂不是好孩子去的地方”，甚至盼望政府重开科举，捞个“一官半职”。[2]人们对传统教育的偏爱，客观上表明了新式初等教育在山东的实施不力，但更说明了普通民众在新“旧”文化的选择上偏向了后者。

其二，普通民众“尊孔崇儒”的思想依然厚重，民初的几个案例清晰地反映出山东人对孔子的敬重之心：1. 尊孔文人王锡蕃发起组织民国时期最早的尊孔团体——孔道会，并于1912年12月22日在济南举行正式成立大会。据当时的报纸报道，山东孔教会成立之日，“唯时天寒雪飞冻指裂肤，而到会者云集，亦足见人心之未忘孔教”;[3] 2. 1919年巴黎和会决议将德国在山东权益转交日本，引发全国人民的不满。山东各界自发组织了一个80余人的请愿团，要求大总统徐世昌拒签对德和约，其中申述的一个重要理由就是山东“为我至圣先师桑梓故里”，决不能沦陷;[4] 3. 尽管新文化运动产生了大量批判孔子的文章，但在山东人王乐平等人筹办的、被舆论界称为山东“新文化曙光”的齐鲁书社却从未出版过批评孔子的文章，此举既暴露了齐鲁书社编辑们敬孔的倾向，又有不引众怒之意；4. 1917年后，山东境内匪患严重，各大报刊不断惊呼“鲁省已成匪世界”。[5]但就在这个兵匪猖獗的时期，孔庙、孔府却没有遭到一次抢掠。据孔德懋《孔府内宅轶事》记载，有一次孔府向山东省政府借银元，派小车队运回途中被一帮大盗劫掠，银元全被抢走。正当孔府一筹莫展之际，银元又被送回。后来得知，“他们把银元抢走后，一打听是孔府的钱，他们说不能抢圣人家的钱，又把银子原封不动地送到孔府”。[6]以上案例，足以表明在民国前期山东普通民众的敬孔之心是客观存在的。近百岁老人王兴泉的回忆也印证了这一点，他认为：“民国初年以及五四时期的反孔运动，主要发生在精英层面，对一般老百姓而言，没有触及他们的利益，也没有影响到他们的国计民生，所以一般民众只是抱着一种看热闹

---

① 褚承志：《褚承志先生自订年谱》，《山东文献》（台北）第13卷第1期，1987年6月30日。

② 柳西铭：《洋秀才、洋举人》，《山东文献》（台北）第7卷第2期，1981年9月30日。

③ 《山东孔教会成立》，《申报》1912年12月27日。

④ 胡汶本、田克深：《五四运动在山东资料选辑》，山东人民出版社1980年版，第309页。

⑤ 《鲁省已成匪世界》，《申报》1928年7月24日。

⑥ 孔德懋：《孔府内宅轶事》，天津人民出版社1983年版，第115页。

的心态来看待民国以来的反孔运动，他们从内心里还是尊孔的，从当时老百姓称呼孔子为“‘孔圣人’可见一般”。[①]

（二）背离儒家：新文化运动后山东民众伦理道德观的缓慢变迁

民国前期，经过辛亥革命、民初教育改革和五四新文化运动等一系列重大事件之后，山东普通民众尊孔、敬孔的倾向并没有随着辛亥革命的枪响，中华民国的肇建和儒学官学地位的消除而发生根本性的改变。但如果说这些“反孔”事件对他们的传统观念和价值取向没有起到一点作用的话，也是不客观、不准确的。毕竟民国建立后，政治、经济和社会等方面的一系列变化呈现出现代化的趋势，与之相应，“弃旧立新”的社会思潮也逐渐削弱了儒家在社会生活层面的影响力，其具体表现就在于普通民众伦理道德观开始逐渐背离儒家伦理范畴。特别是爆发于1917年的新文化运动，将批判的矛头直指儒家的伦理道德，致使普通民众伦理道德观的变迁开始加速。

其一，“孝”“悌”观的变迁。“孝”“悌”是儒家关于家庭成员关系的最基本的伦理道德规范。它规定了父是一家之主，具有掌管家政和代表家庭的权力，而母、子女及其他家庭成员都要服从父的意志和指挥。当父母年迈、失去劳动能力时，子女必须承担赡养义务，父母死后，子女必须守墓。如果父无法行使家长权力时，则由兄长代行，“有父从父，无父从兄”。在前近现代社会里，关于“孝”“悌”的道德规范在山东乃至全国，都是必须恪守的行为准则，如有破坏者，既要遭到严厉的惩罚。但随着地方商品经济的发展和儒学的衰落，原有的许多家庭义务逐渐瓦解。特别是民国成立后，随着现代化社会生产方式的发展，家庭与经济的社会职能相互分离，导致大家庭的解体和小家庭的独立，这样的家庭环境，使得“孝”简化为对父母的赡养，而“悌”基本不复存在。如20世纪20年代在东昌地区，“兄弟们多的家庭，和睦的等到父母死后折居，不好的父母在着也就分开，给父母留下几亩‘养老地’，请到亲属立分单，个人过个人的去。感情坏的，就有‘老死不相往来’的样子”。[②]

“孝”“悌”还是关于族内成员关系的道德规范。它规定族内由族长

① 2007年5月15日笔者于曲阜县委老家属院对王兴泉的访谈笔录。王兴泉，男，现年94岁，曲阜市委退休干部。

② 《晨报》1921年5月7日。

承担本族事务、掌管族内权力。族内成员必须服从族长，否则亦是不孝。19 世纪中叶之后，族内成员关系开始松动，到辛亥革命后，族长权力明显松动。如在潍县，“族长的权势渐差，族众已不像从前俯首帖耳的服从，起而争辩”。① 此后，族长的职责仅限主持祭祀、调解纠纷和操办红白喜事等，特权已不复存在。

“父母之命，媒妁之言”，是儒家伦理道德关于“孝”的重要内容。即子女的婚姻大事必须服从父母决定，对于父母选择的配偶，子女即使不同意，也得服从，否则即是不孝。辛亥革命后，子女婚姻观念出现较大转变，婚姻自主的要求开始流行。1917 年，一位山东女学生在报纸上刊登招亲广告，“凡有年龄相当，身家清洁，欲娶妻妾者，请至趵突泉内宝文斋书店商议可也”。② 婚姻观念变迁，可见一斑。

当然，在民国前期，“孝”“悌”的儒家伦理道德观念在山东的变迁是十分缓慢和有限的。绝大多数山东人还是崇尚儒家的家庭制度，并将子从父、弟从兄视为美德。如在章丘，“家庭制度，颇有伦序，家人对家长绝对服从，族众对族长极为敬重，若父慈子孝兄友弟恭诸美德，尤为章人所素尚”。③ 而在婚姻大事上，大多数子女还是选择听命于父母。20 世纪 20 年代，济南仍把“父母之命”“媒妁之言”奉作金科玉律。前述登报招亲的山东学生，当时就曾遭受舆论谴责，认为此举“世风日下，廉耻道丧”，“光怪离奇之事实”。④

其二，妇女道德观的变迁。儒家对于妇女的道德规范，经过充实和完善之后，形成了一套完整的道德体系，简单来说就是“三从四德”。所谓“三从”，为未嫁从父，即嫁从夫，夫死从子；“四德”即是妇德、妇言、妇容、妇功。“三从四德”虽严重迫害和束缚妇女的封建礼教，但在传统社会却被看作天经地义的道德律令，恪守不悖。辛亥革命，尤其是五四运动之后，“三从四德”的封建礼教出现了瓦解的迹象。其表现就是：女子学校开始在山东创办，当地女子越来越多的有了受教育权，并逐步走向社

---

① 于沅泊：《辛亥革命后群众思想意识的转变》，中国人民政治协商会议山东省潍坊市政协文史资料研究会编《潍坊文史资料选辑》第 7 辑，1991 年，第 304 页。

② 《山东某报竟有学生登广告招亲矣》，《晨钟报》1917 年 6 月 8 日。转引自汪寿松、周俊旗《老新闻——民国旧事（1916—1919）》，第 101 页。

③ 张育曾编：《山东政俗视察记》（上），山东印刷局 1934 年版，第 27 页。

④ 《山东某报竟有学生登广告招亲矣》，《晨钟报》1917 年 6 月 8 日。

会，承担相关社会工作。女性意识开始觉醒，五四运动后，山东妇女自发地组织团体，发表政见。1922 年 12 月，女权运动同盟会山东支部在济南召开成立大会。到会女性百余名，会上发表宣言书，提出要“争回已失权利，维持人类的平等”。[①] 1925 年 3 月 8 日，济南妇女学术协进会举行国际妇女节纪念会，会上发表宣言书，号召妇女发扬妇女节精神，去做切切实实的妇女运动，破除一切压迫女子的社会制度，争取自己的解放。[②]

但是，民国前期的妇女伦理道德变迁仍不容乐观。被舆论承认的妇女权力少之又少且限于大中城镇，广大农村妇女仍束缚在“三从四德”之中。尤其“从一而终，一女不事二夫”的观念尤为牢固。北洋政府时期，政府还在旌表节妇烈女，“贞节坊”“节孝坊”仍矗立于各城镇，仅潍县一地，就存在节孝坊达 150 十余处。[③] 另据陈志让《军绅政权》中记载，1924 年，兖州镇守使唐天喜的三儿子订了潘鸿钧的女儿为妻，不幸唐公子病死，潘女儿遂决定遵照儒家传统，抱灵牌跟死鬼结婚，过门之后两天仰药自尽。即使在城市中，一些有关妇女的封建伦理道德观念也顽固地存在着。济南女子师范学校在出现女生非婚生子的情况后，宣布请医生检验女学生贞操，如“非处女，立即开除”。[④]

此外，儒家其他文化质数诸如“忠”“义”等伦理道德规范也在民国前期发生变化。但由于政治上的“中学为体”，经济上资本主义发展缓慢，山东小农经济仍占主导，地方制度上宗法制亦顽固存在，导致了儒家伦理道德在民间的变化极为缓慢，人们的许多观念和行为都还基本维持原有的状态，儒家伦理道德观依旧是山东基层社会主要的道德规范。

---

① 《山东女权同盟会成立》，《申报》1922 年 12 月 26 日，转引自山东省妇联宣传部编《山东妇运资料选》（内部资料），1983 年，第 2 页。

② 《济南妇女学术协进会宣言》，《平民日报》1925 年 1 月 10 日。

③ 张玉法：《中国现代化的区域研究山东省 1860—1916》，第 134 页。

④ 隋灵璧等：《五四时期济南女师学生运动片段》，中国社会科学院近代史研究所《五四运动回忆录》（下），中国社会科学出版社 1979 年版，第 691 页。

第四章

南京国民政府尊孔读经的文化建构与山东的实践表达

20 世纪二三十年代的中国正处于时局动荡之际，新成立的南京国民政府为了排解内忧外患和巩固其专制统治，开始在思想文化领域大肆恢复孔孟之道。由此，全国各地开始大规模开展尊孔读经的活动。作为孔孟之乡的山东，社会上“拥孔”与“反孔”的力量迅速在这里发生了正面交锋——1929 年《子见南子》案的发生，在社会上引起轩然大波。南京政府对《子见南子》案保守性的处理结果极大助长了尊孔人士的热情，至 30 年代韩复榘主政山东后，山东开展了一系列尊孔读经的活动。山东社会各界包括政府官员、文化教育界、地方士绅，还有广大普通民众对此做出了不同的文化选择。从整体上看，尊孔读经毕竟与时代主题不符，因此没有深入山东各县市，更没有深入贯彻到基层民众的具体生活中，但不可避免地也给山东带来了一些不利影响，诸如阻碍山东文化教育事业的发展，迟滞山东文化的近代化进程等等。

一　尊孔读经：政治变迁中的文化重建

1927 年 4 月，南京国民政府正式宣告成立。经过“宁汉合流”和“二次北伐”，南京国民政府在形式上完成了对全国的统一。但其时内忧外患的形势并未根本改变，初掌政权的南京国民政府亟须寻找和重建新的文化资本来维持统一和巩固统治，于是作为权势的“敲门砖”——孔圣人再次被搬上了舞台，一如既往地发挥其政治宣化功能。自 1928 年开始，南京国民政府即开始大力恢复孔孟之道，并在社会中积极倡导读经教育，以借助其道德教化的作用来抚慰民心，争取民意，最终达到确立南京国民政府独裁统治的目的。

（一）混乱格局下蒋介石对孔子的工具性利用

尊孔读经作为我国延续了两千多年的文化传统，一直是古代知识分子追逐名利仕途的重要途径，而且也是历朝历代封建统治者用来规范人心、整合社会力量，以建立对全国合法性统治的政治工具，在我国政治、思想、学术、教育史上具有重要地位。尽管中华民国建立后，废除了旧有的国家机器，革除了旧的社会风俗，近代社会所必需的自由、平等意识得到了一定的提倡和初步认同，但是思想革命和政治革命并没有实现真正的同步，政府虽然宣布停止学校读经，但并没有公开宣布废除尊孔祀孔。故读经在学校基本停止，但是尊孔、祀孔活动无论是在学校还是在民间从来没有真正停止过。

南京国民政府建立后，作为掌管全国教育大权的新派人物——大学院院长蔡元培，一直对“尊孔读经”的文教政策持有较为强烈的批判态度，他反对把孔子定为一尊，主张思想自由。为革新社会思想、改善教育状况，1928 年 2 月 18 日，蔡元培发布了《废止春秋祀孔旧典的通令》，指出：“查我国学制，每届春秋上丁，例有祀孔之举。孔子生于周代，布衣讲学，其人格学问，自为后世推崇。惟因尊王忠君一点，历代专制帝王，资为师表，祀以太牢，用以牢笼士子，实与现代思想自由原则，及本党主义，大相悖谬。若不亟行废止，何足以昭示国民。为此令仰该厅校局长，转饬所属，若将春秋祀孔旧典，一律废止，勿违此令”。① 这是民国历史上第一次真正公开明令废止祀孔。嗣后，以蔡元培为首的部分国民党议员又呈请“取消衍圣公袭爵，收孔庙祀田为国有。”②

《废止春秋祀孔旧典的通令》一经发布，即在全国掀起了轩然大波，支持者与反对者，均大有人在，但反对的声音更为强烈。各省大员、地方军阀如湖南省主席何键、福建省主席杨树庄、广东省主席陈济棠等纷纷向南京国民政府致电抗议，要求国民政府恢复祀孔典礼。各军队主要将领如国民革命军第二十一军第七师师长蓝天彬、副师长饶国华等也致电南京政府，他们在对国民政府的致电中写道：“废止祀孔，其所据要点则谓孔子尊王忠君，与现代思想自由原则及本党主义大相悖谬等语。此讯传来，各界人士莫不惊讶惶骇，为人心世道忧，为党国前途俱，……对于集大成师万世之孔子，宜如何尊崇，如何倾仰，明其道以申其义，显其微而阐其

① 《四川省东川道儒教分会要求读经崇圣反对废止春秋祀孔电》，中国第二历史档案馆编：《中华民国史档案资料汇编第 5 辑第 1 编文化 2》，江苏古籍出版社 1994 年版，第 519 页。

② 中国社会科学院近代史研究所中华民国史研究室等编：《孔府档案选编》（下），中华书局 1982 年版，第 716 页。

幽，庶几足以拯浇漓、扶正气、纳斯世于万物，挽狂澜于既倒，本正源清，一任邪说横行，乃不致使人心陷溺，为患胡底。若倡言废孔，异说悖兴，则孔子素所崇尚之信义，彝伦廉耻，种种道德，势必皆随之以俱亡！是不啻自撤藩篱，让敌人以阔步，无入不得，无求不遂矣。"① 1928 年 4 月，中华总商会在致电南京国民政府的电文中也反对废止祀孔，认为"废止祀孔与信仰自由相冲突"。② 同年 11 月，孔教总会更是不遗余力的对大学院的废止祀孔令进行了猛烈攻击，并致电要求"在全国学校添习经学，以正人心，而存国脉"。③ 对于蔡元培等人提议的请废祀田充为国有一论，孔氏家族及部分议员也坚决反对，并借孔祥熙的"臂助"等来反对蔡元培的提案。

面对如此之多的反对意见，势单力薄的大学院难以抵挡，蔡元培被迫辞去了大学院院长的职务。与此同时，南京国民政府为了平息舆论，一方面撤销了大学院，成立教育部；另一方面责成新成立的教育部妥善处理祀孔问题。经教育部征求各方面的意见，以每年夏历 8 月 27 日为孔子诞辰纪念日，仅演述事迹，不事仪式。这一提议于 1929 年经行政院第一次会议批准，通令全国实行。这一变通办法，使得民国政府时期举行纪念孔子诞辰纪念合法化，也为后来全国大规模的尊孔读经活动的开展埋下了伏笔。

南京国民政府固然暂停了国家祀孔问题，表面上是要刷新政治，与北洋政府采取不同的统治方式。但废止祀孔旧典和国家祀孔传统的断裂并不意味着南京国民政府从意识形态上抛弃了孔子及其儒学传统，事实上在大学院明令废止春秋祀孔旧典不久，南京国民政府即下令恢复旧道德，把"忠、孝、仁、爱、信义、和平"和"格物、致知、正心、诚意，修身、齐家、治国、平天下"作为道德标准，这可以说是南京国民政府倡导尊孔读经活动的开端。而国民革命军北伐进入山东后，蒋介石又特意到孔庙参观，并发布尊孔布告，称誉孔子是"千秋仁义之师"，"万古人伦之

① 《蓝文彬、饶国华等要求国民政府通电全国取消大学院废止祀孔令的快邮代电》，中国第二历史档案馆编《中华民国史档案资料汇编第 5 辑第 1 编文化 2》，第 516 页。

② 《中华总商会反对废止祀孔电》，中国第二历史档案馆编《中华民国史档案资料汇编第 5 辑第 1 编文化 2》，第 521 页。

③ 《孔教总会要求学校添习经学呈与教育部复函》，中国第二历史档案馆编《中华民国史档案资料汇编第 5 辑第 1 编文化 2》，第 522 页。

表”，“欲为共产主义之根本之铲除”，“非提倡固有道德智能，不足以辟邪说而正人心”。[①] 南京政府的上述做法完全彰显了其试图通过尊孔读经、恢复固有道德的方式来维护统一和巩固专制统治的目的。

客观地来说，蒋介石之所以会主张尊孔读经，首先与其文化民族主义思想有关。20 世纪 20 年代开始，日本帝国主义加紧了对中国的侵略步伐，中华民族危机日渐加深。为了排解外患、维持统治，以蒋介石为代表的南京国民政府试图以传统文化为中介，通过恢复“固有道德智慧”来建立新的官方信仰以及民族自信的方式来实现这一目的，因此，作为中国传统文化的象征、中华民族固有的精神图腾——孔子儒学便成为蒋介石的利用工具。蒋介石对此说得明白：“简单一句话，如果中国人能保存其固有的道德文化，相信自己有能力，不靠外国人，不怕外国人，我们自信有力量可以实行总理的三民主义，我们民族便一定可以复兴与独立，民权可以普及，民生可以发展。”[②] 基于这一思路，蒋介石在他最为看重的教育和军事领域对孔孟道德进行了大力宣传。

在教育领域，国民党政府采取了一系列提倡“旧有道德”的政策。1929 年 4 月 26 日南京政府颁布的《中华民国教育宗旨及实施方针》中明确规定，应将儒家倡导的“忠孝仁爱信义和平”八德作为普通教育的主要培养目标。1931 年 7 月 18 日教育部发出各级学校应将“忠孝仁爱信义和平”八字制匾悬挂的训令。训令认为“人民非经训迪，难期至善，道德亦非提倡，无以久存，况经明令煌煌，允资表率，若不恃为揭示，何以启发民心？且恐事过境迁，漫不经意，殊失制成匾额，恭录十七年四月十九日明令，悬诸礼堂或公共场所，以资申儆而期共喻。庶几奉行尽力，可无缅规越矩之虞，造次弗忘，永作怵目警心之助”。[③] 1932 年 6 月 22 日教育部颁发今后中小学训育工作应特别注意之事项，在训练目标上“应发

① 《蒋介石尊孔布告》，中国社会科学院中华民国史研究室：《孔府档案选编》（上），中华书局 1982 年版，第 39 页。

② 蒋介石：《军人的精神教育》，高军编《中国现代政治思想史资料选辑》（上），四川人民出版社 1986 年版，第 593 页。

③ 《教育部关于各级学校应将“忠孝仁爱信义和平”八字制匾悬挂的训令》（1931 年 7 月 18 日），中国第二历史档案馆编《中华民国史档案资料汇编第 5 辑第 1 编教育 1》，江苏古籍出版社 1994 年版，第 76 页。

扬我民族固有美德，忠孝仁义和平等”。[①] 1933 年 7 月国民政府军委会南昌行营制订的《剿匪区内实施教育方案》之“教材标准”中规定“教以礼义廉耻仁爱和平”。[②] 1934 年 9 月赣闽皖鄂豫五省推行特种教育计划，规定：儿童班“国语”课上“注重宣扬三民主义，……提倡固有道德，启发民族意识”；成人班“公民”课上教以礼、义、廉、耻与忠、孝、仁、爱、信、义、和、平等美德。[③]

在军事领域，自 1932 年以后，蒋介石相继发表《自述研究革命哲学经过的阶段》《革命哲学的重要性》《中国的立国精神》《中国魂》《进德修业与革命之途径》《革命的心法一诚》《革命军人的哲学提要》等一系列文章和演说，要求军队认真学习，试图以此来影响国民党党员、军人和民众，建立新的道德规范。所谓新的道德规范就是蒋介石所说的“几千年遗留下来固有的民族道德，以阳明‘知行合一’动的精神，再加上总理‘知难行易’行的哲学来阐明，融会贯通为一种新的民族精神”。[④] 所谓“固有的民族道德”就是儒家传统中的忠、孝、礼、义、廉耻道德。蒋介石无论是在对军队的演说还是在军事会议中，都竭力宣传、灌输儒家伦理道德。如蒋介石在第三次南岳军事会议上的训词中，先是历数国民党将领在抗战中的缺点：第一、怯懦：与敌接触，挨日退走，不知廉耻，不守纪律，不服从命令。第二、虚伪：报告不确实，蒙蔽军情，欺骗上官。第三、贪污：走私营利，荒淫无度。最后提出“希望各位激发忠良，知耻负责，今后我全军上下，人人都要讲求礼、义、廉、耻的四维，与仁、义、礼、智、信的五德，来发扬我们民族的正气，奠立最后胜利的基础。”[⑤]

其次，蒋介石倡导尊孔读经，也是基于摆脱个人权威危机、巩固其专

---

① 《教育部颁发今后中小学训育工作应特别注意之事项》，中国第二历史档案馆编：《中华民国史档案资料汇编第 5 辑第 1 编教育 2》，江苏古籍出版社 1994 年版，第 1063 页。

② 《剿匪区内实施教育方案》（1933 年 7 月），《中华民国史档案资料汇编第 5 辑第 1 编教育 2》，第 1070 页。

③ 《国民政府军委会检发特种教育计划及其纲要的训令》（1934 年 9 月），中国第二历史档案馆编《中华民国史档案资料汇编第 5 辑第 1 编教育 2》，第 1149—1150 页。

④ 蒋介石：《力行哲学》，蒋介石著、张其昀编《先总统蒋公全集》第 2 卷，台北中国文化大学出版社 1984 年版，第 639 页。

⑤ 宋仲福、赵吉惠、裴大洋主编：《儒学在现代中国》，中州古籍出版社 1991 年版，第 206 页。

制统治的考虑。南京国民政府虽然在形式上完成了对全国的统一，但实质上中央内部派系和地方割据现实依然十分严重，各个派系为了争求各自的利益，都纷纷表示自己继承了孙中山三民主义的正统思想和衣钵，以此来对抗蒋介石的独裁统治，此时的蒋介石可以说是“有权无威”。此外，国民党蒋介石在全国确立统治的同时，中国共产党在全国各地发动了武装起义，并创建了红军和农村革命根据地。在革命根据地，土地革命轰轰烈烈的开展以及共产主义思想的传播进一步从政治理论和实践层面上消解了国民党存在的基础。而蒋介石面对日本帝国主义的侵略一意孤行实施所谓的“攘外必先安内”政策，则进一步加剧了广大人民群众同南京国民政府的离心力，削弱了国民党的统治基础。为树立政治权威和强化自己的统治基础，表明自己是中华民族唯一一脉相传的正统，蒋介石在加大军事、政治攻势的同时，在文化思想上便开始借助孔子儒学这个象征性符号，对孙中山的三民主义重新进行解释，把孙中山孔子化、三民主义儒家化，大力推行孔孟道德，使儒学在实际上成为中华民国的统治思想之一。蒋介石宣称，以孔子为中心的儒家学说是“几千年来中国思想界的大动脉”；三民主义是“使儒家思想大放光明，而成为现代中国思潮的主流”，① 孙中山就是中国封建传统即儒家道统的继承者，“中山先生的思想，完全是中国正统思想，就是继承尧舜以至孔孟而中绝的仁义道德的思想”。② 蒋介石认为孙中山思想以及三民主义学说完全来源于中国的传统文化，他在《三民主义之体系及其实行程序》中说道：总理的基本思想，渊源于中国正统的政治思想和伦理思想；三民主义就是中国固有的道德文化的结晶。③ 蒋介石为了阐释他将三民主义儒学化的正确性，又宣传儒学是维系中国社会组织、中华民族的纽带。社会组织与儒学相结合，便能达到修身、齐家、治国的实效。他认为中国历史上固有的“四维”、“八德”，即“忠孝仁爱信义和平与礼义廉耻”才使得中华民族能形成密切关系。在“四维八德”中，蒋介石最重视“忠孝”，而“四维八德”又以“忠孝”为根本。他要求人们要为他及其专制主义“尽全忠”，“尽大孝”；并要求

① 张其昀：《党史概要》第2册，中央文物供应社1979年版，第617页。

② 蒋介石：《中国教育的思想问题》（1931年2月），蒋介石著、张其昀编《先总统蒋公全集》第2卷，第617页。

③ 蒋介石：《三民主义之体系及其实行程序》（1939年5月7日），蒋介石著、张其昀编《先总统蒋公全集》第2卷，第1277页。

人们为此作出牺牲："每一个尽忠尽孝的国民，必敢任他人所不敢任的任务，受他人所不能受的痛苦。"[①] 1932 年，他在《革命哲学的重要》讲演中，把儒学的伦理道德、修身方法说成是中国的国魂、民族精神、立国的精神和基础。他还说道：现在要恢复民族精神，要中国的国家民族复兴，就先要恢复中国固有的忠孝仁爱信义和平的民族道德……。蒋介石认为要"救国"必先"昭苏国魂"；而"全民族历史文化之传统的根本精神"，就是"中国魂"。他还认为，以孔孟为代表的"中国固有的人生哲学"，"比之世界上任何派别的哲学有过之而无不及"。因此他批判西洋文明，特别是共产主义思想与民主主义思想，认为这些思想都不适合中国，只有孔孟之道才是现代中国应发扬的思想。[②] 这样，为了重新建立官方的意识形态，使地方各派以及社会各界民众能够接受和服从他的统治，蒋介石把经过他改造了的三民主义作为全党的指导思想，在各种正式或非正式的场合大力宣传儒家道德，希图通过在思想文化上的控制实现对全党的控制，进而应对地方势力的挑战。同时通过对孔孟之道的推崇，有针对性的贬低共产主义思想，给三民主义思想披上了"道统"的外衣，希望借道德的重建来获取民众的拥护，以树立新的政治权威。

（二）全国大规模尊孔读经活动的开展

在南京国民政府颁布明令恢复孔孟道德之前，蒋介石、阎锡山等就到处发表演说，宣扬孔孟道德，为尊孔活动造势。随着尊孔祀孔活动的开展，国民党军政大员、各省市政府主席响应国民政府的号召，开展了大规模的尊孔读经活动。

1. 各地开展孔子诞辰纪念活动

全国大规模的尊孔活动，在 1934 年达到高潮。1934 年 6 月 15 日，在国民党中央执行委员会第 123 次常务会议上，蒋介石、戴季陶、汪精卫、叶楚伧等联名提议："以八月二十七日为先师孔子诞辰纪念日"。当经决议通过，定为国定纪念日，交国民政府明令公布，并交宣传委员会拟定纪念办法。旋由宣传委员会会同内政部拟具先师孔子诞辰纪念办法，经中央常委会第 128 次会议决议修正通过，由中央党部国民政府分别令行遵

① 蒋介石：《中国之命运》，重庆中正书局 1943 年版，第 133 页。

② 同上书，第 69 页。

照。[①] 8 月 27 日这一天，南京国民政府在山东曲阜举行了民国建立以来第一次由政府出面组织的规模宏大的祀孔活动，参加祭祀人员共计约五千余人，备极隆重盛大整肃之致。根据国民党中央常委会决定，除派要人在孔子圣地曲阜致祭外，全国从中央到地方各党政军文机关、各大城市皆在该日举行了声势浩大的孔子诞辰纪念活动。

在中央机关，国民党中央与国民政府、考试院、教育部于该日举行了纪念孔子诞辰活动，各机关代表都作了重要讲话，报告纪念孔子诞辰之意义，讲演孔子事略。除中央各部门外，各地亦举行了不同形式的祭孔活动。在国民政府首都南京，市党部于该日上午在大礼堂举行了孔子诞辰纪念大会，各委员以及各下级党部各民众团体代表共计两百余人参加了该会，汪精卫、孔祥熙在孔子纪念大会上，发表演讲赞美孔子学说，推崇儒家道德。在北平，社会各界在孔庙大成殿举行祭孔盛典，各机关学校均休假一天派员参加，市府并通知凡公务人员一律着长袍马褂，学生则着各校制服，以示齐整。市长袁良代表黄孚主祭，并向党国旗、总理遗像、孔子神位行三鞠躬礼。在天津，省市当局于上午九时在东门内文庙举行纪念大会。参加纪念会官员因人数过多，均在殿外天井中依次站立，各级机关共约千余人参加，颇极一时之盛。上海在文庙路民众教育馆大成殿举行了纪念大会，各党政军机关及工商学界代表两千余人，礼节极为隆重，首由吴铁城报告纪念之意义，次由童行白、潘功展演讲孔子之事迹，至午始散。其他如安庆、杭州、南昌、太原、威海卫、张家口、长沙、汉口、镇江、青岛、开封、徐州、香港等也举行了大致类似的纪念大会。[②]

之后，纪念孔子诞辰成为定例，届时南京政府每年都要举行隆重仪式，直至 1949 年 8 月 27 日，逃亡政府在广州举行了“孔子 2500 年诞辰纪念典礼”后败退台湾，方结束了其在大陆 16 年之久的孔子诞辰纪念活动。

2. 开展“以礼义廉耻为鹄”的“新生活运动”

1934 年 2 月，蒋介石在南昌例行扩大总理纪念周上发表《新生活运动之要义》。随后，国民党中央常委会和南京政府通令全国推行新生活运

① 《国民党中央执行委员会转请国民政府明令公布祀孔办法函》，中国第二历史档案馆编《中华民国史档案资料汇编第 5 辑第 1 编文化 2》，第 530 页。

② 《各地举行先师孔子诞辰纪念》，《中央日报》1934 年 8 月 28 日。

动。新生活运动虽然在要求国民矫正陋习，提倡健康文明的生活方式上，诸如讲究卫生，注意礼貌，反对奢侈、懒惰、嫖娼等，有值得肯定之处，但新生活运动是“恢复民族固有道德，以整齐简朴为规律，以礼义廉耻为鹄”，这实际上是试图以强调传统道德的自我约束以实现社会秩序的稳定和独裁权力的巩固，加强对人民的思想统治。从这个角度来说，与其说是“新生活运动”，不如说是旧道德运动。蒋介石的谋士杨永泰对于新生活运动和“固有道德”的关系及其作用，曾经作过如下概括：“礼义廉耻确是对症下药，确是救国的万应灵丹，并且是中国的独步丹方。所以礼义廉耻的昌明，乃是中国固有道德的恢复。以礼义廉耻为准则之新生活运动，乃是中国固有文化的复兴运动。”① 很显然，新生活运动与尊孔复古有着密切的内在联系，它虽然标榜“新”生活，但运动内容却是“旧”的儒家伦理思想。

由于蒋介石和国民党政府的大力造势，新生活运动在刚出台时热闹了一阵子，但没过多久就冷却了下来，弄成了一个虎头蛇尾的结局。新生活运动是一场自上而下的运动，从开展范围来看，其影响仅限于一些大中城市，而广大的农村和边远地区却很少实行；从参与者来看，只有军队、政府机关和个别群众团体参与，而一般的社会大众却并没有参加的兴趣。新生活运动的宗旨和目的本身就决定了它失败的下场，得不到广大群众的支持和拥护。它所提倡的内容主要是围绕日常生活中各项行为的极其具体的、广泛的、细小的规定，如“常常要洗澡”“纽扣要扣好”“说话态度要和气”“拾到东西要交还原人”“不要到处吐痰”等，这些与当时人们的实际生活环境是相差甚远的。在当时广大群众处在衣不蔽体、食不果腹的生存状态下，新生活运动的这些细致要求完全远离了劳动人民的实际生存需要。因此，这一运动“有退无进”，成绩一年不如一年，连国民党人“推行的热诚也一天不如一天”，最后以失败而告终。

3. 开展读经教育

尊孔必读经。南京国民政府成立之后，特别是蒋介石发起新生活运动后，南京政府以恢复固有道德为名，在恢复祭孔祀典的同时，大力提倡读经。1934 年 10 月，国民政府考试院长戴季陶在政府纪念周上号召读经，说“经书为我国一切文明之胚胎”，“读经实为急宜注意之问题”，“希望

① 杨永泰：《新生活运动与礼义廉耻》，《新生活运动促进总会会刊》1934 年第 2 期。

全国人士，从速研究，以发扬光大吾国之固有文化”。[①] 蒋介石则说：“中国固有政治哲学的典籍是什么呢？就是‘四书’‘五经’。‘四书’‘五经’是中国的政治学，其中所讲的三纲、八目、九经，可说就是为政的基本要道……。这些道理，都是永久不变的原则”。[②] 南京国民政府要人倡导读经的讲话，鼓舞了尊孔派人士读经的热情，尊孔读经活动自此迅速在全国展开。

全国各地开展的尊孔读经活动，当属广东、湖南开展的最早。早在1933年，粤系军阀陈济棠即命令该军第一军团燕塘军事政治学校实行读经，同时又向西南政务委员会提议，令广东各学校恢复读经课，“以读经为主要科目，每周授课六小时”，“以扶正风”。[③] 1934年广东省政府，秉承陈济棠的旨意，令咨各有关机关学校，以《孝经新诂》为中小学教材，出版《经训课本》为读本。10月13日公布《中小学经训实施办法》，规定：小学每周经训时间九十分钟，以《孝经》及《经训读本》为课本；中学每周两小时，以《四书》为课本。[④] 但是随着陈济棠的垮台，广东的读经很快也就结束了。湖南的尊孔读经活动，在全国各省市是持续时间最长的、也是影响最为深远的。何键作为湖南省政府主席是推动湖南读经开展的狂热鼓吹者和推行者，他从1928年开始便极力倡导尊孔祀孔，积极参与民间祭祀活动。1933年何键在湖南长沙以古礼仪式祀孔，宣称“发扬国粹，从根本上救危亡”。[⑤] 在按例进行一年一度的尊孔祀孔活动的同时，何键受到了1934年全国大规模的尊孔祀孔活动的鼓舞，便公开倡导读经。何键将读经作为湖南教育界的一件大事，采取了积极的措施来推动读经在湖南全省的开展。首先，是将读经纳入省推进教育行政计划，逼迫省教育厅同意读经，使学校读经合法化。1934年10月，湖南省教育厅制定推进教育行政三年计划，明确规定，要“整饬学风恢复固有道德”，

---

① 韩达编：《评孔纪年》，第223页。

② 谢天培：《“新生活运动”见闻》，中国人民政治协商会议全国委员会文史资料委员会编：《文史资料选辑》第40卷，中国文史出版社1990年版，第125页。

③ 韩达编：《评孔纪年》，第201页。

④ 广东省档案馆编：《陈济棠研究资料（1928—1936）》，1985年编印，第313页。

⑤ 韩达编：《评孔纪年》，第198页。

“采取经书之菁英，使学生童而习之，不使有荡检逾闲之行动”。[①] 是年，湖南省教育厅根据何键关于“《四书》《五经》为国学根本，欲讲八德，必须读经”的指示，召集各校国文教员会议，规定各级学校将读经编入课程。[②] 其次，何键到处发表演说，推动湖南的读经。何键从 1934 年到 1937 年 7 月所作的关于宣传读经的讲演有 39 次之多。何键所极力推动的读经活动，虽得到了一部分传统士绅的支持，但自始至终都遭到了各方面的抵制和反对，并没有深入推行至全省。

在江苏，章太炎倡导以研究国学为旗号的读经运动，他试图以其国学大师的声望号召读经，以期在社会上产生较大推动作用。他在江苏成立国学讲习所，由“中央拨款助成之”，定期举行讲演。1933 年 3 月，章太炎在无锡国学专门学校讲演《国学之统宗》，认为“社会腐败，至今而极，救之之道，首须宗尚气节”；“今欲卓然自立，余以为非提倡儒行不可。《孝经》《大学》《儒行》之外，在今日未亡将亡，而吾辈亟须保存者，厥惟《仪礼》中之《丧服》，此事于人情厚薄至有关系，中华之异于他族，亦即在此”。[③] 章太炎的主张得到了蒋介石的大力支持，使得章太炎极为“欢悦殆异恒情”。1935 年 4 月，他又在苏州作《论读经有利而无弊》的讲演，6 月又在天津《大公报》上发表讲稿，极力渲染读经对民族大有益处。章太炎在江苏倡导以国学为号召的读经运动曾经一度掀起一番读经的热潮，但是广大知识分子和民众在经过五四运动和新文化运动的洗礼之后，面对深重的民族危机，几乎很难对读经可以救国报以希望，所以江苏轰轰烈烈的读经运动也随着章太炎在 1936 年的去世而中断了。

在河北、察哈尔两省，统治这两个地区的宋哲元也积极主张和推行读经。他设立了河北莲池讲学院，在多个通令中“将孝悌忠信礼仪廉耻八德，垂为信条，通令尊行”，并拨款 10 万元，为讲学购置图书，修建讲堂宿舍，并招收大学毕业生，入院钻研经学；在机关和部队中开展读经活动，“特聘请前清翰林、汉学家梁式堂为省府顾问，使其为众人读经。每逢星期三、六晚 7 时至 9 时，省府大礼堂红烛高烧，气氛肃穆，讲师高坐

① 《湖南国民日报》，1934 年 11 月 1 日，转引自罗玉明《湖湘文化与二十世纪三十年代湖南的尊孔读经》，湖南人民出版社 2004 年版，第 69 页。

② 湖南省志编纂委员会编：《湖南省志第十七卷教育志》上册，湖南教育出版社 1995 年版，第 358 页。

③ 章太炎：《国学之统宗》，《制言》第 54 期，1939 年 7 月 25 日。

首席，省府各厅处局长，驻军团长以上官长，皆环坐听讲，宋哲元本人也安坐师右，持书静听。读经遂蔚然成风”。[①] 宋哲元虽极力在这两省倡导读经，但由于两省面临的特殊形势，其读经活动的开展受到很大限制。

除上述省份积极响应和开展尊孔读经活动之外，其他省份也都不同程度地参与进来，其中，孔子故里，儒家发祥地——山东的尊孔读经活动无疑最为引人瞩目。

二　山东反孔与拥孔的颉颃：以1929年曲阜的“子见南子”案为例

自南京政府训令全国恢复孔孟道德后，世人众说纷纭。如以胡适为代表的反孔者敏锐地指出：“国民党美化孔孟道德，将三民主义孔子化是要求建立一种意识形态，对其独裁政治服务。这是与新文化运动为敌，是对寻求思想解放的新文化运动的背叛。”[②] 拥孔者则认为尊孔可以“奋起国民之精神，恢复民族自信心”。“全国人民如果读了孔子的书，蒙以养正，明白做人的道理，往诚正修齐治平的一条大路上走，为真正的爱国心打好了基础，那么一定可以运用科学救国的”。[③] 反孔者与拥孔者各执一词，互不让步。作为孔孟之乡、有着特殊文化背景的山东，社会上反孔与拥孔的不同力量在这里迅速发生了正面交锋。1929年圣地曲阜发生的《子见南子》案，便是山东反孔派与拥孔派颉颃的一个焦点性事件。[④]

（一）权势更易与《子见南子》剧的上演

孔氏家族被尊称为“天下第一家”，得到历届封建王朝的尊崇。1912年，最后一个封建王朝寿终正寝，孔子学说赖以存在的政治体制及社会基础开始发生质的变化，几千年来的正统思想开始失去其在中国文化中的主导地位。相应地，随着社会环境的急剧变迁、儒学地位的边缘化以及反孔思潮的发展，孔氏家族的文化世家地位日渐式微。

---

① 山东省乐陵市文史资料委员会编：《宋哲元》，山东大学出版社1989年版，第121页。

② 胡适：《为生活运动进一解》，《独立评论》1934年第95号。

③ 程育：《历代尊孔记孔教外论合刻第十三版成书感言》，程育编《历代尊孔记孔教外论合刻》，上海东方读经会1938年版，第71页。

④ 1929年，在社会急剧转型、新旧力量此消彼长的背景下，山东省立第二师范的学生在曲阜孔府门前公演了戏谑孔子的话剧“子见南子”，孔氏族人不甘心“宗祖受污”，遂以越级控告、争取舆论、司法诉讼及武力威胁等形式表达抗争，但结果并不理想。孔氏家族因应社会潮流，做出了新的文化抉择。

民国初建时，临时政府教育总长蔡元培宣布废止忠君尊孔的教育宗旨，废止中小学读经。北洋政府受此影响，一度没收孔氏祀田，一律豁免孔府林、庙等户之丁银，撤销公府内旧设随朝伴官等官职，并且最终拒绝了孔教人士所提“定孔教为国教”的请求。[①] 1927 年南京国民政府成立后，大学院院长蔡元培“以孔子思想与现代思想自由原则及三民主义理论大相悖缪”[②]，通令全国教育机关一律废止春秋祀孔，并提议取消“衍圣公圣爵”和孔府“祀田升科归国家征收。”[③] 取消孔府全部祀田的提议，后因孔祥熙从中阻碍未能实现，但是迫于全国反孔思潮的形势，孔德成不得不于 1928 年 8 月呈请取消衍圣公爵封号。

政府政策的变化，以及社会上持续掀起的反孔风潮，使孔氏家族的地位逐渐趋于式微。尤其进入 20 世纪 20 年代之后，千年文化世家孔府竟出现了前所未有的生存危机，《孔府内宅轶事》一文曾记载，这一时期，孔府的最大特点是“穷”，当时孔府几乎毫无现金收入，只靠田庄上的粮食租子，而地租又很难收上来。账房里经常分文没有，“有时来个客人需要到外面打二两酒都拿不出钱来，要打酒的当差的先自己垫上”，“收不上地租的原因很多，天灾、战事、反孔运动的影响，管事人员的贪污克扣，土地管理混乱等”。[④] 1927 年，孔令贻的长女孔德齐出嫁时，陶氏多方筹措，也只勉强凑足了 3000 元的嫁妆，其他事宜全由夫家操办。[⑤] 从中可见孔府的经济已十分困难。随着经济上的衰败，孔氏家族的社会地位也是“一落千丈”。清代时，曲阜知县由衍圣公会同山东巡抚从孔氏族人中选任，知县审案要按衍圣公送来的帖子所写的意见办事。而到 20 世纪 20 年代，孔府在地方政权中已有意或无意地不被看重了。比如很多原属于孔府的香火院被地方政府占用。“有一个县教育局局长竟吞占了曲阜城外孔府祀田三百亩，庙田二十多亩”。[⑥]

---

① 孔社本部呈文（1913 年 4 月 25 日），中国第二历史档案馆藏，北洋政府档案 1001—1662。

② 《四川省东川道儒教分会要求读经崇圣反对废止春秋祀孔电》，中国第二历史档案馆编《中华民国史档案资料汇编第 5 辑第 1 编文化 2)》，第 519 页。

③ 中国社会科学院近代史研究所中华民国史研究室等编《孔府档案选编》（下），中华书局 1982 年版，第 716 页。

④ 孔德懋：《孔府内宅轶事》，第 111 页。

⑤ 孔德懋：《孔子家族全书——家族春秋》，辽海出版社 2000 年版，第 321 页。

⑥ 孔德懋：《孔府内宅轶事》，第 115 页。

在反孔运动不断高涨，孔氏家族地位日渐式微的同时，以山东省立二师为中心的新文化运动蓬勃开展起来。山东省立二师居于孔府东侧，阙里街旁。学校源于曲阜四氏师范学堂，于清政府实行“新政”时所建。该校在历任校长较为开明的办学方针下，经历了新文化运动、五四运动的洗礼后，初步完成了从旧时私学到初步现代的师范学校的演变。曲阜二师学生思想一直较为激进，早在辛亥革命时期，该校学生就有反封建之举。新文化运动之后，宣传新思想的情绪日益高涨。五四运动时期，该校学生就曾在孔府门前举行游行，喊出“打倒孔家店”“解放百户”的口号，并组织孔府户人上街游行示威。因此，不可避免的，孔氏家族与曲阜二师的矛盾日益尖锐起来。孔府几次试图要将二师赶出曲阜，但均未得逞。1928年南京国民政府要求在全国大力恢复孔孟道德。6月，蒋介石赴曲阜谒孔，发表尊孔布告，要以“孔孟之道的传播”，达到“共产主义根本之铲除”。[①] 在剧烈变化的政治环境中，国民党此举使孔府、孔氏家族气势大增。以孔氏家族为代表的传统势力与深受新文化熏陶的山东省立二师的矛盾由此开始加剧。

南京政府的尊孔行为和孔府敌视态度的增强，激起了二师进步学生的愤怒。1929年春，二师学生会中的共产党员马宗俊和张凤来两人首倡演出话剧《子见南子》，以此更有力地向孔府传统势力反击。同年6月，曲阜二师学生在校长宋还吾的支持下，在曲阜二师礼堂公演了《子见南子》剧。

二师学生公演的话剧《子见南子》取材于《论语 · 雍也》，系林语堂于1928年10月创作，描写的是孔子见卫灵公夫人南子的历史故事。该剧发表在鲁迅和郁达夫主编的《奔流》月刊1卷6号上，刊出后大受欢迎，南京、上海各地竞相排演。而身处孔孟故乡的曲阜二师经过半年多的排练，于1929年6月8日也在学校礼堂正式上演。二师礼堂当时观者如潮，被挤得水泄不通。《子见南子》的戏剧情节大体是这样：孔子谨肃庄严地坐在卫国卫灵公的延宾室里，约有50多岁，身材魁伟，高额宽颐，目光炯炯，下巴留着一点胡须，身穿黑色的衣袍，头戴礼冠。孔子周游列国，意在得到一官半职，以实现他兴乐复礼的政治理想。剧中所展现的是孔子正在求职于卫国。然而，孔子是否能如愿以偿不在于卫灵公，而在于他的

① 魏建、唐志勇主编：《齐鲁文化通史 · 近现代卷》，中华书局2004年版，第211页。

夫人南子，于是，孔子便拜会南子。年轻美丽的南子生性潇洒，举止言行与孔子所推崇的周公之礼多有不合。在交谈中，南子对孔子的复古思想不感兴趣，而热衷于请孔子与她一起创办一个“六艺研究社”，男女在一起不拘形式地讨论国术和游戏，以实践她的“男女交际之礼”。这样就产生了两人的戏剧冲突。孔子非但未能说服南子，反倒被南子关于“饮食男女”人生真义的宏论所折服，被迫对南子的要求“暂时敷衍一下”。但是，当南子亲自与歌女们一起弹唱《诗经》，翩翩起舞时，“孔子、子路都目不暇接，心神向往，但又是一种悒郁不安之状”。最后，南子与歌女们合舞，将孔子师徒等人包围起来。舞毕，子路赞叹道：“夫人曲舞这样的好，真是天才，佩服之至。”孔子也如梦初醒：“想不到乐舞有好到这样的！”他自言自语地说：“行年五十六，到今日才明白艺术与认识人生”。然而，南子的“唯性”之礼与孔子所信的周公礼是互相矛盾的，这又使孔子感到迷惘而不知所措。最终，孔子还是离开卫国他去。[①]

在圣府门前上演孔子，可谓亘古未有，不合乎传统礼法，属大不敬。自唐代开始，便有坊间不准饰演孔子的习俗，《旧唐书》十七记载：“己丑，寒食节，上宴群臣于麟德殿。是日，杂戏人弄孔子，帝曰“孔子，古今之师，安得侮渎，亟命驱出”。[②] 宋代也曾有“清戒乐部，无得以六经圣为戏”的规定。元代有一条法律非常令人感叹：“但有亵渎帝王，圣贤之词曲，骂头杂剧，非律法所该裁者”，“拿送法司究治”，如有窝藏干犯者，“全家杀了”。明朝则规定了对装扮孔子表演者的惩处细则。有清一代，虽然时有孔夫子粉墨登场的戏剧出现，但装扮孔子者皆战战兢兢，唯恐犯了渎圣大罪。[③] 但在《子见南子》一剧中，孔子以一个圣人之尊，到了卫国竟然走起内线来了，这本来就有伤圣人体统，以致“子路不悦”。而剧中的南子说出的一些反封建的话，竟使孔子由无可奈何到倾心叹服，就更是“圣人”生命史上极不光彩的一页。“孔子为历代的圣人，他的故事有很多，为什么单单演这戏呢”？《子见南子》的演出，深深激怒了孔府“圣裔”们。他们认为“孔子被抹作丑末脚色”南子“冶艳出

---

① 孔红霞：《曲阜二师子见南子案始末》，《文史精华》2006年第9期。

② 刘昫等：《旧唐书》卷17，中华书局1975年版，第544页。

③ 宋思伟、刘振佳：《衍圣公府与曲阜师范》，中国文联出版社2007年版，第87—88页。

神”子路“有绿林气概”，整个演出“丑态百出，亵渎备至”。[①] 作为孔子后裔，孔氏家族历来受惠于宗祖的庇佑，所以无论从情感上还是从利益上考虑，他们都不能容忍侮辱宗祖孔子的事项发生。

适逢此时，国民党人为孙中山先生举办奉安大典，日本前首相犬养毅也来华送葬。不久，国民党西山会议派骨干分子张继陪同犬养毅来曲阜谒孔，并住在孔府里。孔府殷勤接待，馈赠古玩，并趁机进言。于是犬养毅、张继遂借演讲之名，到二师威胁广大师生。张继在讲演时指责二师师生的演剧行动侮辱圣贤，并宣扬“孔子是万世不倒的圣人，旧礼教不能反对，孔夫子不能污蔑！”犬养毅则叫嚷“孔子的仁是治国之根本”，二人威胁学生要“安分守己”“严防赤色分子活动”。接受过新思想洗礼的二师学生根本听不进去这些陈词滥调，当时台下一片喧嚣，议论纷纷。二人勉强演讲了一个半小时，就在一片“打倒日本帝国主义”“打倒张继”的口号中悻悻离去。[②] 犬、张二人的讲演给孔府极大的撑了腰、鼓了气。孔氏族人在经受了反孔运动的屡次打击之后，最终决定结交当世，对二师学生进行回击，以扩大自己的生存空间。

（二）“反孔”与“拥孔”：《子见南子》案中的颉颃

犬养毅和张继离开曲阜不久，衍圣公府便会同孔氏家族推举孔教会会长孔繁璞、孔氏族长孔传堉、孔庙首领执事官孔继伦等出面，以“以孔氏60户族人”名义，以“侮辱祖亲孔子”“反对日宾”罪名，具呈越级向南京国民政府教育部、内政部控告二师校长宋还吾。呈文先述原由及矢敌之罪，尔后便是直斥宋还吾主校以来对孔夫子大不敬的数种行止，接下来便是义愤填膺叙述演出《子见南子》情状，最后是所谓侮辱日宾事件的前后经过。[③]

孔府向南京政府状告后，时任国民党中央研究院院长的蔡元培和教育部部长蒋梦麟均表示支持二师师生。他们认为学生排演话剧，未有侮辱孔子，孔氏家族不应该小题大做。对此表态，曲阜孔氏家族甚为不满。随之，孔府又通过国民政府工商部部长孔祥熙转呈蒋介石控告二师进步学

---

① 《教育部训令第八八五号》，鲁迅《集外集拾遗补编》，人民文学出版社2006年版，第316页。

② 《子见南子案始末》，张奎明主编《打开尘封的记忆：细说档案里的故事》，中国档案出版社2006年版，第242页。

③ 宋思伟、刘振佳：《衍圣公府与曲阜师范》，第91—93页。

生，并同时到曲阜县政府状告二师进步学生。蒋介石接到孔府的控告后，立即命令教育部“严办”。教育部迫于压力，于6月26日向山东教育厅发出了第八五五号训令，内称“原呈所称各节，如果属实，殊与院部纪念孔子本旨大相违反”，“仰令行山东教育厅查明，核办，具办”。①

但是，蒋介石、孔祥熙的压力也并未使二师进步学生所屈服。7月8日，二师校长宋还吾就孔府的控告和教育部的查办，向报界发表了数千言的答辩书，对孔繁璞、孔传堉等人的控告据理力争。宋还吾在《为辱孔问题答〈大公报〉记者》答辩书中指出：“本校所以排演此剧者，在使观众明了礼教与艺术之冲突，在艺术之中，任取人生真义。……所泳歌词，均系三百篇旧文，亦原剧本所有。……六十户者，实孔氏特殊之封建组织，俨然专制时代小朝廷。……总观原呈，满纸谎言，毫无实据。谓为‘侮辱孔子’，欲加之罪，何患无辞。”② 宋还吾的文章道出了孔氏族人状告的真正缘由是并非“侮辱孔子”，而在于其未将孔子尊为至高无上的圣人，未屈服于以孔氏家族为代表的封建势力。为了支持宋还吾的答辩书，二师学生会还向全国各级国民党党部、各级政府、各民众团体、各级学校、各报馆发出报告实情的通电，表示对“腐恶封建势力绝不低首降伏”，呼吁全国人民以及各界人士给予声援。③

（三）社会各界对《子见南子》案的反应

对于曲阜二师学生排演的《子见南子》一剧引起的风波，以保守传统势力为代表的拥孔一方与开放激进的反孔一方一直相持不下，互不让步，引起了社会各界的广泛关注。

在政治界，对于如何处理《子见南子》案，初成立的南京国民政府内部存有较大分歧。对孔子倍加推崇、认为孔子学说为“几千年来中国思想界的大动脉”的蒋介石以及新兴实权派人物孔祥熙，主张严厉惩办二师学生及校长宋还吾，以此来压制山东的进步思潮。而国民政府教育部部长蒋梦麟、监察院院长蔡元培等，他们一直倾向于传播、推动新文化和新思潮，因此对代表新式文化省立二师进步师生表示认同与支持，主张打击封建势力，鼓励发展新思潮。就山东地方而言，山东教育厅厅长何思

① 《教育部训令第八八五号》，鲁迅《集外集拾遗补编》，第316页。

② 《山东省立第二师范校长宋还吾答辩书》，鲁迅《集外集拾遗补编》，第319页。

③ 《山东省立第二师范学生会通电》，中共济宁市委党史资料征集研究委员会编《济宁地区党史资料》第4辑，1984年，第48页。

源，与二师校长宋还吾是菏泽同乡，在菏泽六中和北京大学读书时都是同学，私交甚好，因此对宋还吾和二师师生给予袒护，对蒋介石的命令拖而不行，支持二师学生。

在新闻界，全国各大报纸争相报道，纷纷发表社论，表示对《子见南子》案的不同认识和看法。在媒介有着相当影响力的《大公报》发表了《丑化孔子》《丑扮孔子引起风波——曲阜二师学生排演〈子见南子〉教育部据孔氏族人控告派员查办》、《近日曲阜之“辱孔问题”》等一系列报道文章，认为二师排演《子见南子》，确有“丑化”之嫌，强调批评孔子要持适当之态度，不能太过偏激。济南《民国日报》有署名“觉吾”的人，撰文推崇孔子的崇高伟大，对二师演《子见南子》剧予以非议。天津有一自称是“孔氏七十一世传”孔鼎治的人，以洋洋数千言快电呈教育部，提出关于处理“子案”的七条意见，首要一条即追究宋还吾和编剧人上海北新书局林语堂的法律责任。[①] 在《子见南子》案这个问题上，批评和非议二师的声音尽管不在少数，但绝大多数媒体都站在新文化派的立场上，支持和赞同二师的“壮举”。7 月 15 日，《市民日报》撰文赞扬“二师学生能以大无畏之精神，排演此剧于封建势力之穴，实为壮举”，并抨击国民党政府是“为孔氏张目”。[②] 7 月 16 日，《济南党报》强调，“山东自古以来，即为封建势力之大本营，而曲阜孔氏复为封建思想发出之中心”，“二师学生处此艰苦环境而犹能孤军奋斗，与反动势力相抗衡，吾人表示无限之同情”。[③] 7 月 18 日，《金刚钻》发表《衍圣公府陪要人大嚼，青皮讼棍为祖宗争光》一文，揭露孔府势力与国民党反动派、日本帝国主义分子相互勾结，密谋迫害进步师生的丑恶内幕。指出：“原告廿一人等，并非六十户首，似尚不足以代表孔氏，盖此不过青皮讼棍之流，且又未必悉皆知情。据闻幕后系孔祥藻，孔繁璞等所主使，此案始因此而扩大。孔祥藻为曲阜之著名大青皮，孔繁璞是孔教会会长。彼欲扩张孔教会势力，非将二师迁移他处，实无良法，则此次之乘机而起，自

① 杨政：《政治变迁与文化重建——以 1929 年“〈子见南子〉案”为中心的研究》，山东大学硕士学位论文，2006 年，第 29 页。

② 李先明：《〈子见南子〉案：一场震动全国的演剧风波》，《中国档案报》2006 年 4 月 14 日。

③ 《曲阜二师第一个中共支部的建立及其活动》，中共曲阜市委党史资料征集研究委员会《鲁都星火》，山东人民出版社 1988 年版，第 13 页。

地。至于其拉拢青皮讼棍，
国日报》连续发表了《关
的权威足以摧毁封建势力，
学说以及封建势力进行了
《关于曲阜二师排演〈子
部为了这件演剧琐事，却
”。②

寺，而且赢得了曲阜各机
、教育局、农民协会、妇
，都对二师学生的遭遇抱

理的交代，蒋介石责成教
督学张郁光一起，赶赴曲
师学生进行了认真细致的
告，均无实据，于是联名
告的理由予以反驳：“该
校教员学生根无故意侮辱孔子事实，只因地居阙里，数千年来，曾无人敢在该地，对于孔子有出乎敬礼崇拜之外者，一旦编入剧曲，摹拟容声，骇诧愤激，亦无足怪。”④ 对这样的报告结果，孔氏后裔非常不满，他们很快就向教育部写了一个呈文，将二师连同朱、张二人一并控告，提出应将二师师生法办。二师师生“深恐各界不明真相，受其蒙蔽，代孔氏宣传”，⑤ 遂向全国发表通电。

随后，教育部向山东省教育厅发出第九五二号训令，公布了处理意见：“查山东省立第二师范校长宋还吾，既据该参事厅长等会同查明，尚无侮辱孔子情事，自应免予置议。惟该校校长以后须对学生严加训诰，并

① 《衍圣公府陪要人大嚼，青皮讼棍为祖宗争光》，《金刚钻》1929 年 7 月 18 日。

② 《关于曲阜二师排演〈子见南子〉引起的风波》，鲁迅《集外集拾遗补编》，第 327 页。

③ 《衍圣公府陪要人大嚼，青皮讼棍为祖宗争光》，《金刚钻》1929 年 7 月 18 日。

④ 中共济宁市党史资料征集研究委员会编：《鲁都星火》，第 47 页。

⑤ 《山东省立第二师范学生会通电》，中共济宁市委党史资料征集研究委员会编《济宁地区党史资料》第 4 辑，1988 年，第 48 页。

对孔子极端尊崇，以符政府纪念及尊崇孔子本旨。”① 从这个训令中我们能够看出教育部是在努力权衡双方的利益之后，做出的折中的处理结果：一方面教育部为了获得新兴知识分子的支持，表示对新思想、新人物的保护，对宋还吾免予置议；另一方面，为了抚慰象征着中国数千年传统文化命脉的孔氏家族，要求二师校长以后对学生“严加训诰，并对孔子极端尊崇”。至此，《子见南子》案风波暂时得到了平息。但是对这样的处理结果，双方都不满意。在训令公布的当天，宋还吾即上书教育厅，指出：孔子的学说主要以明君臣为大义，这让我们今后怎么教育学生呢？“如不阐明孔子尊君之义，则训诰不严，难免违犯部令之罪，如阐明孔子尊君之义，则又抵触国体，将违犯刑法第一百零三条，及第一百六十条”。② 上书言辞极为犀利，语气十分尖锐。而事件的另一方孔氏后裔则极力怂恿孔祥熙力主法办宋还吾，恰巧这时媒体纷纷报道宋还吾的“上书”，孔祥熙则以宋还吾仍“不思悔改”为由，借机再次向教育部施加压力。

在强大的社会舆论支持下，何思源依然暗中支持二师学生及宋还吾。于是，孔祥熙、张继又在国民党中央常委会上，对何思源提出了弹劾。经过几次折冲，山东当局权衡利弊，最终还是选择了对二师进步学生进行查办。8 月 1 日，山东省教育厅发布了第九五二号训令，宣布“省立第二师范校长宋还吾调厅另有任用，遗缺以张敦讷接充”。③ 这样的处理结果引起了社会巨大的争议，舆论界大部分人认为此事是孔府“小题大做”。鲁迅听闻对该案的结案后，气愤地说“这其实就‘撤差’也矣。这即所谓‘息事宁人’之举，也还是‘强宗大姓’的完全胜利也”。④ 9 月 9 日，二师学生会会长刘子衡、学术部部长王宗珮被开除学籍。《子见南子》案最终以二师进步学生的失败而告终。

《子见南子》案作为一个轰动一时的文化事件，受到南京国民政府与山东地方当局以及国内众多媒体的关注，其一波三折的处理过程及其结案结果对参与此事的各方产生了直接或间接的影响。

对于曲阜二师而言，将孔子形象搬上舞台，通过戏剧的形式来表达自

① 《教育部训令第九五二号 · 令山东教育厅》，《鲁迅全集》第 6 卷，人民文学出版社 1998 年版，第 4479 页。

② 《曲阜二师校长呈山东教育厅呈文》，鲁迅《集外集拾遗补编》，第 332 页。

③ 《山东教育厅训令一二零四号》，鲁迅《集外集拾遗补编》，第 333 页。

④ 《结语》，鲁迅《集外集拾遗补编》，第 334 页。

己的新思想和反孔主张，是一种新的尝试。这在全国舆论界引起了广泛的争论，激发了社会各界对孔子的毁誉之争，同时形成了“五四”运动以来一次新的如何看待孔子、孔学和孔府地位的争论。虽然在与旧势力的较量中，二师付出了校长调任、骨干学生被开除的代价，但是正是因为有着像二师学生对新文化、新思想积极追求的这种精神，才使得旧势力不敢为所欲为，社会上的进步思潮才能进一步活跃起来。

比之二师学生所受到的惩罚，可以说，孔氏家族所遭受的精神打击想必更为沉重一些。作为孔子后裔，孔氏家族历来受惠于宗祖的庇佑，所以无论从情感上还是从利益上考虑，他们绝不能容忍侮辱宗祖孔子的事项发生。《子见南子》案本是在轰轰烈烈的反孔思潮中一件并不起眼的事件，却因为孔氏族人急欲扭转境遇而闹得天下皆知。对于孔府而言，孔府虽在表面上打赢了官司，得到了教育部“对孔子极端推崇”的抚慰，并且对手曲阜二师也得到了相应的惩罚。但是从深层来看，曲阜二师并没有受到重大的打击，相反却得到了广大民众团体和社会舆论的支持。孔府意在通过诉讼来恢复孔氏家族地位，反击反孔思潮，但事与愿违，即便是打赢了官司，却已偏离了主题。先祖“丑事”闹得沸沸扬扬，暴露在广大舆论之下。社会各界议论纷纷，更多的是对孔府行为的批判。孔府和孔氏宗族意识到时代潮流毕竟难以逆转，为走出困境，他们从两个方面采取措施加以应对。

首先，重修孔氏家谱，加强自身团结。1930 年，在孔繁璞等人的倡议下，孔氏家族在“缵绪翼教，导民正轨”的名义下，重修家谱。这次重修孔氏家谱的主要目的是整合孔氏后裔力量，集合全国的孔氏族人支持曲阜孔家。在孔氏族人看来，正是由于孔祥熙的鼎力相助，教育部没收祭田的提案才被否决，“《子见南子》案”才得以赢得胜利。新谱除将范围扩展到孔氏六十户以外的所有支派外，严格按照旧制操作，如规定“凡不用行辈命名者、异姓养子、僧道下贱等俱不准入谱”等。[①] 这次修谱历时七年，全国各地有些孔姓人家因年代久远或生活迁徙没能续上谱，这次都续了谱。孔祥熙就是在这次修谱时正式续上家谱的。

其次，为了适应社会环境的变化，孔氏族人从故步自封中走了出来，做出了新的文化选择。在教育方式上，曲阜孔氏族人渐渐开始接受新式教

---

① 孔德成：《孔子世家谱》（一），山东友谊出版社 1990 年版，第 36—38 页。

育，而并不完全局限于四书五经、私塾、书院等传统教育。曲阜孔氏家族中很多族人都接受了近代高等教育，甚至衍圣公孔德成也在时代影响下开始学习数学和英语，并聘请了专门教读现代科学的老师。[①] 1924 年以维护和弘扬儒学为宗旨建立的明德中学，到 1931 年后也取消经学课，增加了英语、自然、算术等新式课程。

孔氏家族在社会急剧转型过程中的衰落与抗争在某种程度上是传统与现代博弈的一个缩影，《子见南子》案作为其中的一个的焦点性事件，受到国民政府与山东地方当局以及国内众多媒体的关注。孔府因应时局变化，努力进行抗争，尽管表面上取得了胜利，但是这种胜利，与其说是孔氏家族努力抗争的结果，不如说是南京国民政府政治变迁与文化重建过程中，迎合了新形势的需要。孔氏家族意识到他所担当的角色，顺应历史潮流，做出了新的文化抉择。但时代潮流毕竟难以逆转。1935 年 1 月 18 日，国民政府下令改封孔德成为“大成至圣先师奉祀官”，终止了使用 800 多年的“衍圣公”封号，家族特权从此烟消云散，“天下第一家”的辉煌也成为历史。

三　山东尊孔读经活动的开展与当地民众的文化选择

《子见南子》案的处置，彰显了南京国民政府对于孔府的些许偏袒，从而极大鼓舞了山东尊孔人士倡导尊孔读经的热情。恰逢此时，韩复榘入主山东，他囿于山东的政情和舆情，为加强思想统治，在其主政山东七年时间里，大力推动尊孔读经活动的开展。

（一）山东尊孔读经活动的开展

1. 修复孔庙

曲阜孔庙在中原大战中受到一定程度的损坏，1931 年年初，韩复榘发起修复孔庙活动的倡议，南京政府及各省要员听闻后纷纷致电响应。是年 4 月 18 日，韩复榘在山东省府西花厅召集修复孔庙发起人茶话会，国民政府代表蒋伯诚、山东省政府审判长张苇村等人出席了这次会议。会议决议成立修复孔庙筹备会，推选韩复榘为会长，国民党省党部、省府各委员及各发起人为委员。这次会议之后，孔庙得到了一定程度的修复。1934 年，南京方面“尊孔读经”呼声甚高，掀起了尊孔高潮，韩复榘为了向

① 孔繁银：《衍圣公府见闻》，齐鲁书社 1992 年版，第 96 页。

中央政府继续表达其深入开展尊孔读经的诚心，于9月27日致电南京行政院院长汪精卫，说“现在道德沦丧，风俗日偷，非发扬孔教，实无以约束人心，非修复孔庙，实无以昭示诚敬”。① 10月2日，戴季陶电复韩复榘，中央修复孔庙各庙最少募百万元，优待后裔建设文化事业均有计划。

1934年孔诞纪念活动后，南京政府试图将该纪念活动推向全国并形成定例，一方面要求由中央拨款20万维修孔庙，各省市按照总理陵园维修经费分担费用；另一方面向全国募捐，并通令凡属孔庙之文化事业，由中央政府、山东省政府、曲阜县政府及孔子后裔共同组织一委员会保管经营，孔氏财产由其后裔自行整理，如其后裔有需政府协助时，政府应协助之。② 在某种程度上，正是韩复榘的大力呼吁，促使南京政府募捐费用修理孔庙，并于该年10月，正式组织了以戴季陶为委员长，韩复榘为副委员长的“修复孔庙委员会”，开始对孔庙进行修复。1935年3月12日蒋介石正式发布了保护孔庙明令，内称：“孔子之道，昭垂二千余年，为我国民族一切文化之中心，凡忠孝仁爱礼义廉耻之各种固有美德，莫不秉其渊源，受其化育。后世建庙崇索，理宜永矢勿替。”并规定：所有各省市之孔庙，一律严禁军队驻扎；如有损毁，尤应设法修葺，以“砥砺醇风，立国化民”。③ 这样，全国特别是山东曲阜孔庙得到了更大程度的修缮和保护。

2. 开展祀孔活动

1934年孔子诞辰纪念日，是国民党和国民政府举行的第一个国定孔子诞辰纪念日，可谓相当正式和隆重。是年8月27日，曲阜举行了民国建立以来第一次由政府出面组织的规模宏大的祀孔活动。当天早上7时，祭孔典礼在曲阜孔庙大成殿举行。南京政府特派秘书长叶楚伧以及五院和教育部代表百余人乘汽车赴曲阜孔庙。车抵曲阜时，天方破晓，曲阜县举办十数年来未有之盛典，观者万人空巷，各街均悬旗贴标语。曲阜各界及

---

① 《山东民国日报》（1934年10月2日），转引自吕伟俊《民国山东史》，第513页。

② 《修理维持曲阜陵庙办法》（1934年10月13日），中国第二历史档案馆编《中华民国史档案资料汇编第5辑第1编文化2》，第548页。

③ 《中央日报》（1935年3月15日），转引自韩达《评孔纪年》，第235页。

孔氏族人约五千余人，均于事前在庙前等候，备极隆重盛大整肃之致。[①]山东省政府主席韩复榘原本想亲自参加祀孔典礼，后因脚疾复发，特派政务厅厅长李树春、教育厅厅长何思源等代表参加。祭孔典礼仪式为：首先奏乐，唱国歌，由叶楚伧献花圈，中央典礼局股长柴祖荫读祝文，继行三鞠躬礼，奏古乐，奏乐毕，再行一鞠躬礼，礼成摄影。时为 7 点 20 分。祀典隆重尊严，实为最近二十年来所未有。[②] 在同一天，济南、青岛等地也举行了规模比较大的祀孔典礼。在济南文庙举行的纪念大会上，韩复榘大力宣讲尊孔的效用及孔子的事迹。他说道：“今日恢复祀孔典礼，提倡我们中国固有的旧道德，一新天下人耳目，这是我们中国拨乱反正的一大转机，因此我们对于国家前途非常庆幸。我们既崇祀孔子，就要读孔子的书，信孔子的道，学孔子的为人行事。……现在各国名流，皆知崇拜孔子，将来孔子之道是要通行全球。在我国今日，以旧道德作新生活，用以挽回人心风格，尤其是非笃行孔子之道不可。昔日汉高祖过鲁，以太牢祀孔子，识者说是汉家四百年基业，其精神命脉即在于此。是则我们党国所以培千万世之精神命脉者，殆将于今日祀孔卜之矣！”[③]

1935 年孔子诞辰纪念，由于受到来自各方面反孔舆论的压力，中央政府不再直接出面到曲阜祀孔，而是直接委派山东省政府主席韩复榘到曲阜主祭，教育厅厅长何思源、奉祀官孔德成等陪祭。从纪念仪式操演和各方情况来看，南京方面未派员往曲阜祭孔，而是由地方行政长官代祭。1936 年的孔子诞辰纪念与 1935 年类似，曲阜祭孔大典还是由韩复榘代祭，纪念仪式呈现形式化和固定化的特点。1937 年孔子诞辰纪念日时，韩复榘代表南京政府前往曲阜举行祭孔大典。1937 年 9 月，日本侵入山东境内，蒋介石命令韩复榘在日本进犯曲阜前将孔德成护送到安全的地方，免遭日本人的挟持。后孔德成被护送到武汉，在武汉发表了抗日宣言，随后又被辗转护送到了重庆。曲阜的沦陷，使得之后每年的孔诞纪念祀孔大典无法在孔子圣地曲阜正常进行，意味着国家祀孔的中断。

3. 成立文化建设协会山东分会

1934 年，国民党发起了“文化建设运动”，并成立了中国文化建设协

① 《国民政府各部院会代表曲阜祭孔纪实》（1934 年 8 月 27 日），中国第二历史档案馆编《中华民国史档案资料汇编第 5 辑第 1 编文化 2)》，第 534—535 页。

② 《孔子诞辰曲阜祭典》，《时事月报》第 11 卷第 4 期，1934 年 10 月。

③ 《山东民国日报》（1934 年 8 月 28 日），转自吕伟俊《韩复榘》，第 285 页。

会。该协会实质上旨在宣传儒家传统道德，它提出要把世界现代科学和中国固有道德结合起来，建设中国文化，并且强调必须先复兴中国固有道德，把科学建立在道德基础之上。该协会由陈立夫任理事长，并主办《文化建设》等刊物，大肆肯定和褒扬旧道德，试图控制中国的文化阵地。对此，韩复榘极力拥护，于同年9月1日在济南成立了文化建设协会山东分会。山东分会以“努力维护提倡中国固有的文化精神”为宗旨，推选韩复榘为名誉干事长，李树椿为副名誉干事长，何思源为干事长，设名誉干事30人，干事254人，有会员300多人，省府委员、厅长、秘书长、省党部各委员、总部参谋长、师长及地方团体领袖均为该会名誉干事或干事。在该会成立大会上，韩复榘到会致辞，他先讲历史，之后便说：“一个国家独立在世界上，必须有其独立精神，不外乎文化是第一层表现，也可以说文化便是立国精神。近几年来，虽有一部分人，是最少数的，努力维护提倡中国固有的文化精神，但觉得还抵不住半新式的欧美文化。于是文化一衰落，国家也随之衰落下来。近几年已渐有转机，几乎全国的知识分子都起来努力了。”① 山东成立文化建设协会分会之后，定期召开会议讲授儒家传统文化，韩复榘在每次会议上都做大篇幅的讲演，力图通过文化建设协会的召开促进儒家传统道德的恢复。

4. 礼待孔孟后裔

从1920年到1934年，孔德成一直袭封“衍圣公”的封号，1935年南京国民政府决定将其封号改为“大成至圣先师奉祀官”，享受中央官员中级别最高的特任官待遇，月俸800元，办公费400元；以颜子、曾子、子思、孟子嫡系为“复圣”“宗圣”“述圣”“亚圣”奉祀官，这四裔为简任官待遇。“至圣”及四简任官后裔由国家资给培植至大学毕业；国家特设小学校于曲阜优待孔颜孟后裔。② 对于南京政府礼待孔孟后裔的文化政策，山东省政府主席韩复榘积极响应，并主动加强与孔德成的来往。1936年10月韩复榘之长子韩嗣燮结婚时，韩特邀了孔德成来济南参加婚礼；而同年12月份孔德成与前清状元孙家鼐之孙女孙琪芳在曲阜举行结婚典礼时，韩复榘作为孔德成的证婚人因有公务在身，乃派何思源代表他

① 吕伟俊：《民国山东史》，第516—517页。

② 《国民党中央关于修理维持曲阜孔子陵庙办法及先师奉祀官待遇等问题致国民政府函》，中国第二历史档案馆编《中华民国史档案资料汇编第5辑第1编文化2》，第548页。

去参加了孔氏婚礼。

5. 成立“进德会”，开展读经教育

自1928年南京政府下令恢复旧道德后，读经的声音又开始出现。在这些声音中，不乏国民党一些军政大员，如陈济棠、何键、宋哲元等，他们作为各省的政府主席，竭力推动各省的尊孔读经活动。韩复榘作为山东省政府主席，亦不例外，他在主政山东期间，大力推动山东读经教育活动的开展。

1932年8月韩复榘在济南建立了山东省进德会。进德会的宗旨规定为“砥砺德行，促进文化，戒除一切恶习，养成健全人格”。[①] 所谓砥砺德行，即是要所有会员都以儒家伦理道德修养磨炼自己，要求会员读四书五经，并要经常讲述儒家伦理道德。进德会下设国剧研究社、鲁声话剧社、《进德月刊》社、进德小学、图书馆、博物馆等各种文教团体，开展各种文化活动。韩复榘要求所有在济南的公务员，每星期都要在进德会举行一次朝会，即总理纪念周。在总理纪念周上，要求进德会成员认真聆听韩复榘以及各厅厅长的训话，或者是省内外政治文化名人，如韩复榘身边的尊孔派人士沙月坡，还有梁漱溟、蕲云鹏、陈立夫、陶希圣等，教育界的齐鲁大学校长刘书铭、北师大教授江亢虎、天主教红衣主教于斌等人的讲演，以加强对政府人员儒家传统文化的教育，砥砺德行。与此同时，韩复榘还要求和督促各县成立进德分会，据统计，全省成立的进德分会有100余处，在各县的进德分会还专请清末儒生来定期讲授四书五经。如临沂县进德会就请清末拔贡、曾做过七品京官的李静斋，讲授四书五经，每星期一次。[②] 但是，此一时期山东的读经教育还并没有完全展开，只是局限于个别地方。1934年南京政府开展纪念孔诞活动后，逐渐演化成全国范围内的大规模祀孔活动。是年10月15日，南京政府考试院院长又在政府纪念周上公开号召学校读经，他说：“经书为我国一切文明之胚胎”，“读经实为急宜注意之问题”，“希望全国人士，从速研究，以发扬光大吾国之固有文化。”[③] 这使得坚持尊孔读经的守旧人士开始更加活跃起来。韩复榘受此影响，开始试图将读经教育推向山东各县市。

① 魏建、唐志勇主编：《齐鲁文化通史·近现代卷》，第170页。

② 临沂市政协委员会主编：《临沂文史集萃》第3册，山东人民出版社1997年版，第88页。

③ 程淯：《历代尊孔记孔教外论合刻》，韩达《评孔纪年》，第223页。

首先，韩复榘在山东各地发表演说，竭力宣传读经教育。韩复榘每次演讲的内容大体分为两个方面：第一是讲经，灌输四书五经的基本知识，尽管韩复榘受教育程度并不高，但其早年接受的私塾教育以及受身边尊孔人士的熏陶，为其演讲奠定了一定基础；另一方面即是强调孔孟之道的重要性，以此说明读经的意义和重要性。韩复榘讲演的对象主要是面向学生团体，他试图在学生群体中获取支持读经的力量，从而推动整个山东省的读经。如1934年11月10日，韩复榘在私立建国中学成立两周年纪念会上发表训词说：“‘总理说的忠孝仁爱信义和平八字’：忠，无论求学办事，忠诚最要紧。孝，是要紧的。信，也要紧。……孔子说，‘民无信不立’，孔子又说，‘人而无信不知其可也’。……再有义，义者宜也，只要心存义字，任何危险都不怕，只知大义所在，不知个人生死，革命史人人知道危险的，但为大众谋福利，所以不顾一切。人不成好人便是坏人，断不能居中，必须要力争上游，故希望各位努力，一天一天向上。”①

其次，韩复榘除了在山东各地进行读经演说，他还授意省教育厅，责令在全省各学校一律恢复读经。为了保证“读经从小学开始”，1934年韩复榘训令各县市对初中以下学生进行童子军训练，并在山东组织了全省童子军理事会，来负责童子军训练事宜。对于童子军的训练，在术科方面主要是学习军事知识，在学科方面则是灌输传统道德、四书五经等儒家传统文化。1934年8月31日，济南市长闻承烈召集各学校校长训话，“阐述孔子道德之宏大，颇为详尽，并令各学长嗣后对于讲授学庸尤应注意，如有停辍，即予以相当之惩罚云”，强令各学校尊孔读经。② 济南作为山东的省会城市，先行倡导各学校读经，各县也紧随其步伐，在各自辖区倡导读经教育。在青岛，市政府为了响应省政府的号召，1934年重新修订了全市训育方案，在小学部分的主要教育内容中，修改了对学生的训育目标，包括：（1）善良习惯之养成，整洁、守纪律、有礼貌、重信约、勤工作、喜运动、习劳役、尽职责、爱朴素、不诳语。（2）德性培植，爱国、义勇、奉公、合作、诚实、俭朴、仁爱、笃学、力行、知耻。（3）能力培养，健全体魄、服务能力、敏捷身手、耐劳精神。③ 为了实现

---

① 《山东民国日报》（1934年11月11日），转引自吕伟俊《韩复榘传》，山东人民出版社1997年版，第243页。

② 徐在斌：《浅析1934年山东祭孔活动》，《黑龙江史志》2010年第5期。

③ 青岛市史志办公室编：《青岛市志·教育志》，新华出版社1994年版，第112—113页。

这些目标，青岛各校特设训育处和训育主任来执行一切训育事宜，并要求五六年级组织童子军。韩复榘除了强化对小学阶段普及读经教育外，对高中阶段也不松懈，如也对高中以上学生实行暑期军事训练，并组织成立“山东学生暑期军训委员会”来监督训练，规定军事教育为高中以上各级各类学校的必修课，每周3学时，修习两年，暑期在济南、益都、兖州等地集中军训，除了让他们学习军事知识，重点是灌输“礼义廉耻”“忠孝仁爱信义和平”的封建伦理道德。①

（二）山东各界的文化选择

1. 尊孔祀圣：政府官员和地方士绅

无论是省政府官员还是地方县市官员，当韩复榘在山东开展大规模尊孔读经活动时，他们大都给予了积极支持和响应。如每年的孔诞纪念日，省政府官员都会跟随韩复榘亲临祀孔现场，韩复榘遇有公务在身，也会让李树椿等人代为主持祀孔大会。在平日，省政府各要员也要在韩复榘的训令下研读四书五经。在地方各县市政府，政府官员一般也都是紧跟省政府的政策，听从省政府的训令。可以说，在韩复榘统辖下的各级政府官员大多都依照省政府的指示来训令其辖区开展尊孔读经的活动，即便对推行尊孔读经有异议者，也为数不多，且往往敢怒不敢言。

除了政府官员比较积极的响应尊孔读经的文化政策之外，山东大多数地方士绅也是亦步亦趋，强烈希望国家能够再续儒家传统。晚清以来，由于科举制度的废除，士绅阶层逐渐弱化，特别是在民国建立以后，封建帝制被彻底废除，这使得士绅阶层的生存环境发生了很大变化。在社会急剧变迁的进程中，一部分传统士绅或留学国外，或参加国家、省、县举办的师范院校的学习或培训，接受现代教育，接受新知识和新的教育方式。其中大力倡导尊孔读经的沙明远堪称这部分士绅中的典型代表。

沙明远（1879—1950），字月坡，山东临清人。晚清时应试县考，名列榜首。清末废科举后，考入济南省立优级师范学堂，毕业后曾任聊城省立第三师范学校教员、北京国会议员。后转至冯玉祥部下，成为该部重要顾问，有“沙老师”之称。韩复榘主鲁期间，沙明远被聘为省政府参议，并任国民政府编译馆编审、中山文化教育馆特邀委员等职。沙明远精通文史，推崇传统文化，对韩复榘在山东的尊孔读经的开展可以说是起到了关

① 吕伟俊主编：《民国山东史》，第518—519页。

键作用。1931 年，国民政府和山东省政府决议修复曲阜孔庙时，沙明远借机发表了《呈请恢复丁祭并拟个人私祭意见书》，阐发了关于尊孔和以儒家伦理道德治国的主张。他在意见书中写道："孔子之学如日月经天，无私而不照，孔子之道如江河行地，无往而不宜。两千年来人类所以生存，国本所以巩固，其故盖在乎是。"他反驳批判者关于尊孔为愚民政策、孔子思想是尊君、尊孔之说乃封建思想等观点，认为愚民政策不在尊孔而在科举。他认为孔子思想是尊君，为断章取义，孔子一生未言过封建，封建之制在孔子时也早已不能复兴。因此他强调"欲光华我神农华胄，发扬我文明古国，莫如尚道德，尚道德莫如崇礼教，其本源即在于尊孔。至今日尊孔之制已破坏殆尽，求其告朔只有丁祭"，而且"我齐鲁文化最古之地，尤有不可不重视之定理存其中乎"。[①] 他呈请山东省政府"转呈中央政府恢复祭祀以存礼教，藉培民气而维国本，或即先就山东礼教发源地令行各县举办丁祭以为矜式"。他宣布自己拟于每年八月上丁之日，集合同志对孔子举行私祭，"以为士林倡"。[②]

以沙明远为代表的地方士绅群体，尽管接受了新式教育并效命于新的国家政权，但是早年受到的传统教育以及接受的传统思想早已内化于心。另一部分未能成功转型的地方士绅对于传统文化情结更为深厚，他们在新的社会环境下失去了上升的路径，很难被新的社会结构所吸纳，他们更渴望恢复旧的传统伦理道德、传统文化。所以，尽管时代前进了，士绅群体的思想、政治态度、文化教育方面的主张等依然没有随着时代的前进而有所改变，依然坚持尊孔读经。因之，当以韩复榘为代表的国民党政权重走文化复古之路时，他们纷纷著书立说，创办刊物，支持尊孔读经活动。1934 年 8 月 19 日，秦冠一、易孔英等呈请山东省政府"请以太牢祭孔"，尽管未能得到省府批复，但从中我们就能看出山东地方士绅对于恢复祭孔的热切盼望。[③] 这些地方士绅对于尊孔读经的强烈呼吁，很大程度上为韩复榘在全省开展尊孔读经活动提供了依靠力量，推动了山东的尊孔读经活动的开展。

2. 文化教育界的因应与抵制

按照国民党与南京国民政府的政治逻辑，"尊孔读经"运动作为文化

① 魏建、唐志勇主编：《齐鲁文化通史·近现代卷》，第 223 页。

② 张树梅等：《临清县志二、三》，台湾成文出版社 1934 年版，第 1495—1498 页。

③ 徐在斌：《浅析 1934 年山东祭孔活动》，《黑龙江史志》2010 年第 5 期。

民族主义与权威政治的宏大叙事，理应受到文化教育界广泛的响应与支持。令其始料不及的是，事实情况却与党国的政治企图大不相同。除国民党知识分子竭力表白尊孔读经运动的正当性之外，无党无派的知识分子中虽不乏帮腔者，但更多的还是从各种角度和立论点来驳斥尊孔读经的不可行性。如傅斯年通过考证，认为历朝历代提倡经学的反而国力衰弱，故而读经无法救国；胡适则借用了傅的部分论述，认为经对于经学家而言，也难以解释，所以不配读经；曹聚仁也是类似意见，认为十三经自身也是含混不清，糊涂官司打了上千年也没有解决；李麦麦则讲经与今日之社会生活没有什么关系，是“经不配我们读”，而不是“我们不配读经”，与胡适意见相左；蔡元培是从教育原理的角度出发论证读经不合适；而唯明则是下了预言，认为这种潮流必定会被社会所淘汰。①

整体上来说，山东的文化教育界与上述基调有所不同。就笔者目力所及，在韩复榘主政山东的七年时间里，在山东文化教育界竟找不到一例公开批判或讽刺尊孔读经运动的文章。显而易见，这是韩复榘对山东的文化教育实施严密统治的结果。在韩复榘统治山东期间，文化教育界里的中国共产党人和进步人士被捕、被迫害现象时有发生。如 1931 年春，胡也频和丁玲夫妇经冯沅君之介绍，到济南高中任教。胡到校后，传播新文化、新思想，很受学生欢迎，结果引起统治者的注意，险遭逮捕，后被迫远走上海。② 为了禁锢人们的舆论、思想，韩复榘还竭力控制新闻报纸，他曾经将报社、通讯社及外报驻济记者召至省府训话：说什么在济之言论机关，均须听他的命令，倘有违抗，即严惩不贷。③ 正是在韩复榘的严密控制和高压下，文化教育界出现了一种明显的倾向，即迎合统治者的要求，发表一些歌颂“德政”或颂扬孔学的文章。其中最具有代表性的当属新儒家代表梁漱溟。梁漱溟在 1930 年被韩复榘邀请来山东从事乡村建设运动。1934 年他在孔子诞辰纪念会上发表《孔子学说之重光》的演讲，认为中国近百年来遭遇西方文化的打击，此时孔子被怀疑，是应有的现象；但是在怀疑之后，要重新认识，重新找回来，将晦暗的孔子发扬光大，重新透露其新面目。梁漱溟认为重新发扬光大孔子学说需要心理学的功夫，

---

① 张礼永：《读经之史读经之实读经之死——对 1904 年至 1949 年历次读经争议的考察》，《华东师范大学学报》（教育版）2009 年第 2 期。

② 吕伟俊主编：《民国山东史》，第 519 页。

③ 同上书，第 515 页。

以现代科学的方法，研究生物学、生理学、心理学；另外还要对于中国的古籍，或关于孔子的书，要有方法的作一番整理功夫。在他看来，西洋人和西洋文化注重物质而轻视精神，是注定要失败的，相反以孔子学说为代表注重精神层面的中国传统儒家文化在与重物质的西方文明融会贯通后一定会重新发扬光大。[①]

需要指出的是，山东文化教育界对尊孔特别读经问题上的因应认同大都是表面的。因为五四新文化运动以来，山东的文化教育无论是在教学内容、教学方法或是在师资构成上，都发生了极大的变化，现代教育思想已经占据了山东教育界的主导地位，读经无疑有悖于现代教育思想；另外，活跃于山东教育界的各学校校长和绝大部分教师都是接受新式教育，少有或根本没有受过传统教育的熏陶，读经不仅对学生是一件难事，对他们来说也是一件困难的事，他们对韩复榘的读经主张难以产生共鸣。因而各学校对韩复榘将读经推向各级学校的企图，尽管不能公开抵制，但大都阳奉阴违或拖而不行，尊孔读经在山东各级学校未有开展起来，便是最为有力的明证。

3. 背离与因袭：普通民众的思想态度

20 世纪 30 年代，山东绝大多数普通民众对于尊孔读经活动的反应是迷茫的和冷漠的，因之，韩复榘尽管多次训令各县市，要求“各校设立经学课程”并要求“读经从小学开始”，但是读经教育开展的并不顺利。广大民众所以对读经运动不感兴趣有着多方面的原因：一是因为尊孔读经违背了历史潮流，违背了大多数人民的意志，与当时救亡图存的时代主题不符。“九一八事变”之后，山东民众在政治上日益清醒，纷纷起来反抗日本的军事侵略。山东各地媒体也竞相刊载控诉日本侵华罪行的文章，文教机关、民众团体纷纷编排反日剧目，呼吁国人奋起自救。一些救亡团体还创办了许多抗日救亡刊物，报道抗日爱国的新闻，揭露工农疾苦的山东社会的黑暗。正如时人所评价的那样，“反日运动于学校、于民间皆风起云涌，不可复遏矣！”[②] 1935 年“一二·九”学生抗日爱国运动发生，山东各地学生联合罢课、示威游行以示响应；1936 年 11 月，青岛 10 余家日资工厂的 24000 余工人响应上海工人号召，举行反日罢工等等。抗日爱

① 梁漱溟：《梁漱溟先生论儒佛道》，广西师范大学出版社 2004 年版，第 9—11 页。

② 魏懋杰：《黄县三十年闻见录》（下），《山东文献》第 5 卷第 2 期，1979 年 9 月。

国组织大量出现；各地学生普遍成立抗日救国会；农民救国会、教职员救国会、妇女救国会、抗日自卫团、抗战后援会等组织陆续建立。在中华民族的危难时刻，山东进步民众清楚地认识到通过读经的方式固然能够保存和发扬中国传统文化，但是对于迫在眉睫的民族救亡问题毫无作用，不仅起不到救国的作用，反而会加速中国的危机。所谓读经只能是通过灌输“礼义廉耻、传统忠孝观念来愚化民众，只能使民众的思想更加落后，“假如读经可救国，那么，‘戊戌维新’‘辛亥革命’全是多事了”。① 二是因为六经文字晦涩，义理深奥，枯燥无味，就连成年人甚至是专家也要细致琢磨。郭沫若曾说过：“不希望年轻人读经，而希望成年的社会人或专家读经，更有其希望提倡读经的人认真读经。”“经书的难懂，也并不是它的思想内容是怎样的艰深，而是古代离我们太远，一切生活习惯，风俗制度，思想情感，以至文法语法，字音字义，都和我们的迥然不同，再加上流传既久，有不少的讹传伪托淆乱其间，更加使人棘手，所以要想读懂经书就得先克服这些困难，而这些困难并不是容易克服的。”② 三是和民众的文化素质有关。民国以来，在帝国主义侵略、封建军阀混战不断的背景下，山东民众饱受战乱之苦。1927 年南京国民政府成立，饱受北洋军阀黑暗统治的山东人民，曾对国民党寄予希望，但是国民党给山东人民带来的与北洋军阀的黑暗统治并无多少不同，时局依然是动荡不安，人们仍然生活在极度困苦的生活中。食不饱腹、衣不遮体，终日在水深火热中挣扎的大多数普通民众大抵都没有受过教育，多数处于无文化或很少有文化的文盲、半文盲状态，甚至鲁中、鲁南等偏远山区方圆百里没有一所学校，这些地方的许多村庄，竟找不到一个会写信、记账的人。③ 广大普通民众有限的文化水平和低下的社会地位使得他们在黑暗的统治下整日忙于生计，没有能力也没有时间和精力去顾及政府的尊孔读经运动。

大多数普通民众对于尊孔读经活动反应是迷茫的和冷漠的，但是在日常生活层面仍然践行着儒家的伦理要求。这是因为山东是孔孟之乡，生于斯、长于斯的山东人自古以来就对儒家文化有着强烈的认同感和优越感。五四新文化运动号召“打倒孔家店”，儒家思想作为主流意识形态逐渐弱

① 柳亚子：《我们对于文化运动的意见》，《新生》1935 年第 2 卷。

② 郭沫若：《论读经》，《学习生活》1943 年第 4 卷。

③ 张玉玲编著：《山东抗日根据地的教育》，中共党史出版社 2005 年版，第 4 页。

化，但儒家传统赖以存在的经济基础和生活方式没有发生本质的变化，儒家思想对于山东民众的精神支配力量和道德约束依然存在，或是以风俗形式传承，或在日常生活中渗透。也就是说，儒家学说尽管在近代以来不再作为主流意识形态的统治思想存在，但在山东民间它依然是无以替代的精神需要和道德支撑。即便是近代之后西方文化强势输入，民众感受到了其文明优势，抑或是五四新文化运动之后新思想的传播，这些都不能动摇山东部分民众对于传统儒家文化的认同感，传统的心理积淀和文化心态仍在顽强地发挥着作用，因此他们对于象征中国传统文化的至圣孔子及其儒家伦理道德的尊崇从未变更过，也就是说民众的思想仍然是传统的，尽管有很多时候是集体无意识的。所以当南京政府要在全国恢复旧的伦理道德、韩复榘在30年代的山东开展尊孔读经活动时，山东的一部分民众，特别是一些受过私塾教育的传统人士还是有所呼应的。现年近80岁高龄的孔庆庄老先生在回忆新中国成立前人们对孔子的态度时说：那个时候，老百姓对孔子都是非常尊敬的，平常提到孔子，都说孔圣人，上学、放学都要先给孔子的牌位敬礼，平常家家户户都摆着孔子像。[①] 或许最能说明民众思想态度的，是当时许多人把孩子送进私塾去接受教育的事实。韩复榘统治时期，山东的私塾有增无减，如1933年历城“全县有300余所小学，有900多处私塾，恰成一与三之比。农村文化的中心推动者、维持者仍是旧教育不是新教育”。[②] 省城济南尚且如此，更不用说山东其他地方的教育布局了。在私塾里，老师教的仍然是《百家姓》《三字经》《千字文》《弟子规》“四书五经”及唐诗宋词等，向学生灌输的仍然是儒家伦理道德。

总之，韩复榘所倡导的尊孔读经活动在最广大的普通民众中只获得了有限度的支持，但绝大多数普通民众对于这一活动漠不关心，这就决定了韩复榘在山东竭力推行的尊孔读经活动不可能在地方各县市深入贯彻下去，只能是虎头蛇尾，难以贯彻始终。

---

① 2013年5月16日，笔者于曲阜民族公园对孔庆庄的访谈笔录。孔庆庄，男，现年79岁，曲阜市委退休干部。

② 济南市天桥区教育志编纂委员会编：《济南市天桥区教育志》，山东人民出版社1999年版，第21页。

第五章

新中国成立后（1949—1966年）山东社会各界对孔学的批判与传承

中华人民共和国成立之后的十七年间，马克思主义成为全社会的指导思想，儒学在封建社会那种被“独尊”、被“崇拜”的历史地位完全丧失。与此同时，由于政治性的曲解以及对于唯物史观的片面理解，山东文化教育界对儒学的批判逐步占据支配地位，[①] 并为“文化大革命”时期山东的“讨孔”与“批孔”运动的开展做了文化和思想上的准备。但需要指出的是，由于儒学在中国传统文化中的特殊地位、特殊影响，它对广大普通民众的道德观念、价值观念、思维方式、心理结构等仍存在着不可忽视的影响。

一　新中国成立后马克思主义指导思想的确立和儒学统治思想地位的丧失

意识形态是社会经济与政治的反应。新中国成立后，中国共产党成为执政党，它所奉行的马克思主义无可挑战地成为占据统治地位的意识形态，马克思主义、社会主义思想体系无可置疑地替代儒学一跃成为国家的主导思想。与此相对应，儒学丧失了作为社会主导性意识形态的历史地位，绝大多数民众不再奉儒学为正宗，不再把儒学作为指导自己思想、行为的准则，儒学统治思想的地位完全丧失。应该说，新中国成立后的一段时间内，党和人民政府虽然在政治上打破了孔子和儒学的权威，却仍然具有保护传统文化的敬意和意识，把孔子和儒学作为历史文化遗产加以继

---

① 自20世纪50年代到60年代上半期，学术界尽管对孔子儒学的批判占据支配地位，但随着政治形势的或明或暗，讨论的气氛还会间或出现，人们也可以在一定限度内表达些微不同的观点，不过，这种观点很快就会遭到批判。

承、保护和完善。但是，随着国家政治、文化生活的左转，特别是在 1962 年全国性的“孔子讨论会”之后，在“发扬五四传统”的口号下，在“以阶级斗争为纲”的思想指导下，儒学被视为“封建反动学说”不断受到批判，且日趋严厉。

（一）马克思主义指导思想的确立

新中国成立之初，全国人民迫切要求摆脱原有的封建专制统治建立一个崭新的国家。新中国之“新”，表现在思想文化领域就是通过对马克思主义的学习与对非马克思主义的清算，扫清封建主义和资产阶级旧思想的影响，确立和巩固马克思主义在意识形态领域的主导地位。马克思主义指导思想在意识形态领域的确立和巩固是通过以下措施实现的。

一是大力宣传和学习马克思主义哲学。早在新中国成立前夕，中共中央就曾号召全党学习社会发展史和历史唯物主义常识。新中国成立后，中国共产党继续开展在全党、全民中宣传和普及社会发展史和历史唯物主义常识的启蒙运动，借以消除存在于人们头脑中的资产阶级旧习气、旧观念，使广大民众树立马克思主义的世界观、发展观和国家观。其间，于光泽的《从猿到人》（即恩格斯的《劳动在猿到人转变过程中的作用》）以及艾思奇写的《历史唯物论—社会发展史》等著作成为这场启蒙运动学习的教材。通过这场启蒙运动的开展，广大干部群众，特别是广大知识分子，受到了一次历史唯物主义基本常识的生动教育，为清除唯心主义等各种错误思想，确立马克思主义在意识形态的指导地位，创造了一个良好的开端。①

为了进一步深化普及和传播马克思主义，从 1950 年年底开始到 1952 年大约两年的时间里，中国共产党在全国范围内掀起了宣传和学习毛泽东的哲学著作《实践论》《矛盾论》的热潮。通过这次学习，全国广大干部群众比较系统地掌握了辩证唯物主义认识论和唯物辩证法的基本观点，使马克思主义哲学成为人们手中的有力武器，并且在思想文化学术界引起了深刻的思想变革。② 在此基础上，1955 年 1 月，中共中央发出了《关于在干部、知识分子中组织宣传唯物主义思想、批判唯心主义思想的通知》，

① 王先俊：《新中国成立初期的马克思主义学习运动》，《中国浦东干部学院学报》2011 年第 2 期。

② 同上。

《通知》指出“向人民群众宣传马克思主义和唯物主义，以提高人民群众的觉悟，是党的一项最基本的经常的任务”。“必须对干部和知识分子进行唯物主义世界观的教育，使他们通过具体生动的思想斗争认识到唯心主义思想的反动性，学会鉴别唯心主义思想，从而较深切地认识唯物主义思想的正确性。”[①] 同年3月，中共中央又号召全体人民树立唯物主义思想，批判唯心主义思想，使得学习运动全面展开。与之相配合，全国各级党校和各高等院校都陆续开设有关马克思主义、毛泽东思想的课程，使“全国范围内很快掀起了一个在任何时代任何国度都还不曾有过的极其广泛的学哲学、用哲学、进行唯物主义普及教育的思想运动”。[②]

二是翻译、出版和发行马克思主义经典著作。新中国成立后，为了进一步宣传和普及马克思主义思想，满足人民群众了解和学习马克思主义思想的愿望。中共中央授权人民出版社、三联书店等国家出版部门有计划地再版或新出版了一大批马克思、恩格斯、列宁以及斯大林的经典著作。其中，郭大力翻译出版的《剩余价值学说史》，郭大力、王亚南合译的《资本论》修订版，吴黎平翻译的《社会主义从空想到科学的发展》和《反杜林论》，张仲实翻译的《家庭、私有制和国家的起源》，博古校译的《共产党宣言》以及何思敬翻译的《哲学的贫困》等影响较大。这些译本在水平和质量上较新中国成立前都有了不同程度的提高，这有利于人们更好地学习和了解马克思主义。特别值得一提的是这一时期我国正式翻译出版了《马克思恩格斯全集》21卷、《列宁文集》2卷、《斯大林全集》13卷、《毛泽东选集》1—3卷等。同时，人民出版社还相继出版了《马克思论印度》《国民经济学批判大纲》《政治经济学批判》《黑格尔法哲学批判导言》《英国工人阶级状况》等马克思、恩格斯的经典著作单行本。另外，尤金、古谢辽夫、凯利、科洛尼茨基等一批苏联学者应邀来华讲学，这大大促进了我国的马克思主义学习，并进一步促进了国内学者们撰写马克思主义哲学作品的创作。如艾思奇的《历史唯物论》《社会发展史》，杨献珍的《什么是唯物主义》，华岗的《辩证唯物论大纲》（上、下册），莫乃群的《历史唯物论浅说》，胡绳、于光远等著的《历史唯物主义的基本观点》等都是这一时期受苏联学者的启发创作而成。这些马

① 杨春贵：《中国哲学四十年》，中共中央党校出版社1989年版，第10页。

② 樊瑞平、要兴磊：《中国当代哲学》，石油大学出版社1990年版，第10页。

克思主义经典著作书籍的翻译、出版和发行大大满足了广大干部群众学习马克思主义思想的热情，对于广大民众了解、认知和接受马克思主义，确立马克思主义在意识形态领域里的指导地位有着极其重大作用。

三是对知识分子进行思想改造。新中国成立初期，马克思主义指导思想确立的又一项重要措施是对知识分子进行思想改造运动。新中国成立初期，服务于各行各业的知识分子和高层次人才的主体都是从旧社会延续过来的。应该说，新中国成立之初，很大一部分知识分子是衷心拥护中国共产党的，因为他们讨厌国民党，他们珍视中共有统一国家的能力。但同时，他们中的大多数人又都有某种程度的资产阶级唯心主义和个人主义以及“超阶级”“超政治”思想；他们当中很多人具有西方自由主义倾向，对马克思主义不能充分了解，甚至个别的怀有敌意；有个别知识分子对党和人民政府存有偏见和疑虑，对于党提出的一些政策与主张也难免不能理解；更有甚者存在对帝国主义，尤其是对美帝国主义的崇拜心理，而对党和人民政府采取敌视的态度。① 鉴于这种情况，党和国家出于团结和教育广大知识分子“为人民服务”的目的发起了对知识分子的思想改造运动。

从 1951 年夏秋开始，中共中央制订了各种方针和政策，号召广大知识分子进行自我教育和自我改造运动。大批知识分子因此根据自身的情况纷纷进入了自我教育、自我改造的浪潮之中。从同年秋开始，全国有两百万知识分子投入学习，努力开展自我批评与教育，进行态度、立场、思想的根本改造。至 1952 年秋，知识分子思想改造运动进入尾声。经过这场改造运动，知识分子的思想认识发生了很大变化，相当一部分知识分子清除了帝国主义、封建主义和官僚资本主义的影响，树立了马克思主义的世界观，对中共的性质和方针政策有了进一步的认识。但是也应该认识到由于受到当时政治环境和政治压力的影响，知识分子思想改造运动中的一些做法是粗暴、过火的，这不仅不利于知识分子的思想改造，反而伤害了他们的感情，并在一定程度上造成了他们同中共的隔膜。②

四是在意识形态领域对非马克思主义进行清算。新中国成立初期，党和政府在塑造马克思主义成为意识形态主流的过程中，一方面出台了上面

---

① 赵子林：《建国初期知识分子思想状况与党的知识分子政策的回顾与思考》，《兰州学刊》2007 年第 1 期。

② 郑师渠主编：《中国共产党文化思想史研究》，中共中央党校出版社 2007 年版，第 214 页。

提到过的从正面进行宣传和教育的措施；与此同时在另一方面又展开了对非马克思主义的清算和批判。其一是对电影《武训传》的批判。电影《武训传》讲的是山东人武训行乞办义学的故事，电影放映后曾一度受到社会各界的广泛赞扬。然而，电影《武训传》的反响并没有得到毛泽东的肯定和认同。在毛泽东看来，褒扬武训的精神与马克思主义历史观的宣传是对立的。1951 年 5 月 20 日，毛泽东在《人民日报》上发表《应当重视电影〈武训传〉的讨论》的社论，社论尖锐地指出：“像武训那样的人，处在清朝末年中国人民反对外国侵略者和反对国内的反动封建统治者的伟大斗争的年代，根本不去触动封建经济基础及其上层建筑的一根毫毛，反而狂热的宣传封建文化，并为了取得自己所没有的宣传封建文化的地位，就对反动统治者竭尽奴颜婢膝之能事。这种丑恶的行为，难道是我们所应当歌颂的吗？……承认或者容忍这种歌颂，就是承认或者容忍污蔑农民革命斗争，污蔑中国历史，污蔑中国民族的反动宣传为正当的宣传”① 社论发表之后，关于《武训传》的批判性大讨论像风暴一样刮起，人们纷纷撰文对电影《武训传》及其有关武训的著作进行批判。可以说关于《武训传》的批判和讨论算得上是一场唯物主义教育运动，其中包含一些如何对待中国传统文化的正确观点，值得我们借鉴。然而我们也应该认识到，这次批判运动，以政治标准第一的原则衡量艺术、以政治手段解决学术问题的先例，对后来的文化建设和发展产生了极其不好的影响。

其二是对俞平伯红学思想的批判。对俞平伯红学思想的批判开始于李希凡和蓝翔撰写文章抨击著名红学大家俞平伯创立的“新红学”是反现实主义的唯心论观点。毛泽东赞同了两位“小人物”的观点，并于 1952 年 10 月 16 日给中央政治局和其他有关同志写了一封《关于〈红楼梦〉研究问题的信》批评“大人物”压制“小人物”的现象，自此展开了文学领域大规模的批判唯心主义的斗争。面对强大的批判浪潮，俞平伯不得不屈服。1955 年 2 月俞平伯在《文艺报》第 5 号上公开发表言论作思想检讨，指出自己在《红楼梦》研究工作中使用了资产阶级唯心论的方法论。这场文艺领域的争论以政治思想批判的胜利而宣告结束。

其三对胡适思想的批判。继对俞平伯红学思想的批判后，1954 年年底，对胡适思想的批判在全国范围内全面展开。这次批判以批判胡适的实

① 毛泽东：《应当重视电影〈武训传〉的讨论》，《人民日报》1951 年 5 月 20 日。

用主义哲学为中心，认为其实用主义哲学的实质是唯心主义，是反科学的，而这与唯物主义辩证法是根本对立的。这场批判对清算胡适的资产阶级唯心主义思想，有一定的积极作用。但是在批判过程中已经有把学术问题当做政治斗争并加以尖锐化的倾向，因而有其消极的方面。①

其四是对胡风文艺思想的批判。胡风是 20 世纪 30 年代我国文艺界著名的作家和评论家，曾发表多篇文艺评论。新中国成立后，有人发表文章批评胡风的文艺思想，并尖锐地指出了他的文艺思想的唯心主义倾向，认为是反党反社会主义的。为此，胡风于 1954 年 7 月写了《关于解放以来文艺实践情况的报告》一文为自己辩解，这就是所谓“三十万言书”。当时的中共中央宣传部认为这是“有系统的坚决的宣传他的资产阶级唯心论，他的反党反人民的文艺思想”。② 随后全国范围内展开了对胡风文艺思想的批判。由于混淆了不同性质的矛盾，这场批判愈演愈烈，以致最后被错误定性为严重的政治斗争。

其五是对梁漱溟思想的批判。从 1951 年开始就不断有人发表文章对梁漱溟的思想展开批判和讨论，对此，梁漱溟本人也针对其中的观点作过一些解释和反驳，但其时并未形成大规模的运动。1953 年 9 月在全国的政协会议上梁漱溟与毛泽东在对待工人与农民的生活问题上发生了严重的意见分歧，并在此后发生多次争执，受到毛泽东的严厉批评，这就成为后来批判梁漱溟的前奏。1955 年 5 月《人民日报》发表了冯友兰的《批判梁漱溟先生的文化观和“村治”理论》，文章指出梁漱溟所宣扬的思想是封建复古主义的，从而揭开了批判梁漱溟思想的序幕。此后，学术界、理论界纷纷展开了对梁漱溟思想，即梁漱溟的哲学观、历史观、直觉主义的文化观以及相对应的乡村建设理论的全面大批判。这场运动一直持续了半年直到 1955 年年底才宣告结束。

新中国成立初期这五次大的批判在一定程度上扫清了唯心主义等错误思想在意识形态领域里的地位，从而使得马克思主义通过这种批判在意识形态领域里的地位得以巩固。马克思主义从此更加深入广大知识分子和人民群众的思想中去，这对于新中国成立初期构建主流文化意识形态的任务

① 郑师渠主编：《中国共产党文化思想史研究》，第 221 页。

② 《中共中央宣传部关于开展批判胡风思想的报告》（一九五五年一月二十日），中共中央文献研究室编：《建国以来重要文献选编》第 6 册，中央文献出版社 1993 年版，第 28 页。

而言毫无疑问是值得肯定的。但是也应该注意到在批判的过程中把本应是学术上的讨论、批判演变成了政治批判、政治斗争，出现了许多错误的以偏概全、打击过重的现象，严重影响了学术自由的气氛和学术讨论的繁荣，为后来的学术思想的发展留下了隐患。事实也正是如此，在思想史的意义上来看，从 1957 年开始，中国马克思主义的发展出现了两种趋向：一个发展趋向是正确的和比较正确的发展趋向；另一个发展趋向是“左”倾错误的发展趋向，包括反右派斗争的严重扩大化、“大跃进”、庐山会议、八届十中全会重提阶级斗争等。①

（二）儒学统治思想地位的完全丧失

新中国成立后，伴随着马克思主义成为国家的主流意识形态，国家的政治生活、社会生活和文化学术领域都将马克思主义作为指导思想，一时间中国出现了唯马克思主义为尊的局面。在此背景下，传统儒学彻底丧失了其统治思想的地位，其表现就是：国家在政治生活中祭奠革命英烈，孔子诞辰纪念则退出了历史舞台；国民党统治时期利用孔子权威大肆倡导“尊孔读经”、祭祀孔子的旧习也被彻底废止；儒家思想中的四书五经、伦理纲常、尊卑教化等旧思想、旧教育观念彻底退出教育舞台；在学术层面上，儒学不再独尊而成为诸子百家中的一家被作为历史文化遗产同其他传统文化一起被加以研究、探讨、改造和利用。

1. 政治生活中孔子权威被打破

在中国两千多年的前现代社会里，历代统治阶级竞相利用孔子儒学的制度化建构作为巩固其统治的手段。近代以来，随着西学东渐，制度化儒家逐渐消解，并最终在 1912 年随着中华帝国的崩解而解体。但在新旧交替的社会转型时期，袁世凯、北洋军阀政府以及南京国民政府为维护和巩固其政治统治，都拼命抓住孔子儒学这根救命稻草不放。延至新中国成立，中国共产党在国家政权建设中，完全以马克思主义、毛泽东思想为指导，对孔子儒学采取了批判继承但重在批判的文化政策。在此背景下，孔子儒学不再被视为治国平天下的“利器”，历代儒家、孔庙也不再被国家法定奉祀；“衍圣公”的世袭封爵和孔府的封建剥削制度被彻底废除；国家在政治生活中祭奠革命英烈，孔子诞辰纪念则退出了历史舞台；人们在社会政治生活中，言必称马列、毛泽东思想，孔子儒学从“语法”变为

---

① 陆剑杰：《新中国思想史概观》，《学术研究》2009 年第 10 期。

一种“词汇”。不惟如此，从1957年开始，在“发扬五四传统”的口号下，在“以阶级斗争为纲”的思想指导下，在一个个持续不断的政治运动中，儒学作为“封建反动学说”不断受到批判，且日趋严厉，孔子儒学的权威被彻底打破了。

2. 四书五经退出教育舞台

四书、五经等儒家经典向来是古代社会士人知识分子加强自身修养的必修内容，也是历朝历代统治者选拔人才的主要的教育课程。但随着西方势力侵入中国以及洋务运动的开展，西方的一些思想与学说逐步进入中国，并融入中国的学校教育中，打破了儒学一统天下的局面。1905年科举废止，延续一千多年的以儒学为标准的诠选制度走向了终结。1912年民国建立后的教育改革，取消了小学到大学的经科设置，四书五经等儒家典籍自此丧失了其在学校教育中的特殊地位，只是作为中国历史上有影响力的一个学派和学术思想被学习和研究。受此影响，许多地方把文庙改为学校，将庙产作为教学经费建立现代化的教学机构。随后发生的五四新文化运动对儒家经典的冲击更大，在科学和民主思潮的影响之下，四书、五经等传统经典被视为“粪土”“毒药”，人们纷纷要求将线装书扔进历史的垃圾堆。然而，即使经历了这样的冲击，“尊孔读经”的习惯也未有完全退出教育舞台，甚至在很长一段时间内大有繁荣之势。1915年袁世凯借助保守派的力量复辟帝制的同时，又在初级学校教育中恢复了旧有的儒学课程。南京国民政府统治时期，更是大肆宣扬儒学为立国之本，从而使得“礼义廉耻”“忠孝仁爱信义和平”备受推崇，儒学教学也再次回到课堂。新中国成立后，《中国人民政治协商会议共同纲领》规定：“人民政府的文化教育工作，应以提高人民文化水平，培养国家建设人才，肃清封建的、买办的、法西斯主义的思想，发展为人民服务的思想为主要任务。”① 据此逻辑，国家的教育系统不再提四书五经，传统的深受儒家思想影响的旧的教育制度、教育内容和方法被彻底的推翻，代之以马克思主义思想为指导的新的教育制度、教育内容和方法。四书、五经等传统儒家经典以及儒家思想中的伦理纲常、尊卑教化等旧思想、旧教育观念，在外显的意识形态层面彻底退出教育舞台。

3. 学术上儒学被作为历史文化遗产加以研究

毫无疑问，孔子和儒学在旧社会被长期的尊奉不衰是有着深刻的历史

① 《中国人民政治协商会议共同纲领》，人民出版社1952年版，第7页。

渊源和广泛的社会基础的。它是封建小农经济意识形态的基础，忠孝仁爱信义和平是其政治伦理的核心，纲常尊卑等级制度是其治国的基本原则。它强调“仁爱”，以民为本，具有强大的民众基础，是一个具有丰富内涵的理论、文化体系。因此，孔子和儒学之所以几千年来一直被推崇备至，经久不衰，自然有其存在的道理。一方面它符合统治阶级长期统治思想的需要，在一定程度上起着麻痹广大民众以巩固其统治的作用；另一方面儒学又在一定程度上迎合了广大民众自我修身养性、追求理想美好生活的愿望。可以说儒学中既有精华也有糟粕。那么应该如何对待儒学呢？早在新中国成立之前毛泽东和中国共产党就已经提出了对待传统文化的基本态度。即既要反对无原则的颂古非今，赞扬封建毒素的复古主义错误倾向，又要反对全部否定民族文化遗产的“全盘西化论”的错误倾向。新中国成立后，这种对待传统文化的正确态度和方法同样适应学术上对儒学的研究。

新中国成立之初的儒学研究摆脱了以往将儒学作为统治思想被长期尊奉和崇拜的局面而是将其作为历史文化遗产，承续了新中国成立前的“批判地继承”的原则加以研究。一方面，对于那些有利于社会主义现代化，有助于社会主义文化建设的精华部分要加以继承和吸收；另一方面，对于那些在历史上起消极作用长期毒害人民的思想糟粕要果断的批判和消除。既反对那种以古为荣，以古为佳，言必周秦，文必汉唐的复古主义，又不赞成那种一切以西方为标准，言必希腊罗马，文必“文艺复兴”的“全盘西化”思想。对儒学应当采取分析、批判、选择的态度。因为任何有价值的文化都是人类文化遗产的一部分，而儒家文化更是人类文化遗产中最为珍贵和重要的一部分。应该说新中国成立之初这种在学术上对待儒学的态度在当时是正确的，也是难能可贵的。但遗憾的是，随着越来越频繁的政治斗争、阶级斗争以及“左”倾错误指导方针的影响，学术上“批判继承”这一方针政策并没有得到很好地贯彻和执行，以至于在后来的儒学研究中错误的混淆了批判与继承的关系，对于以儒家为主干的传统文化为什么要批判，批判什么，没有相对准确的概念只有简单地定性，动不动就贴上阶级的标签，打上阶级的烙印。由于在批判儒家文化的过程中片面简单地理解马克思主义的原则，从而给中国社会主义文化建设带来极其负面的影响。

二　儒学命运转换中山东知识分子的孔子观及其演进

中华人民共和国成立后，随着社会制度的变化，马克思主义、社会主义学说毫无悬念的代替儒学成为国家的主导思想。广大知识分子特别是儒学研究者，少有人继续奉儒学为正宗、为指导自己思想行为的准则。他们视儒学为文化遗产，普遍开始从马克思主义唯物史观的角度看待儒学。而随着政治形势的渐趋严重和“左”倾思潮的干扰，绝大多数学者对儒学的认知倾向越来越简单化和教条化，儒学研究充斥着政治性的曲解和批判，不过，此一时期政治形势的或明或暗，仍然使得讨论的气氛间或存在，特别是在 1962 年的“孔子讨论会”上，学者们在一定程度上得以畅所欲言充分表达自己对儒学的看法。但此后，随着政治形势的渐趋严重，人们对儒学的批判与攻击也大肆袭来。从此，儒学研究失去了其可能存在和发展的空间而陷入了悲惨的境地。

（一）“批判继承”：新中国成立后知识分子的儒学认知

新中国成立之初，经过一系列马克思主义学习运动和对非马克思主义思想的清算，绝大多数知识分子主动或被动地接受了马克思主义，在对孔子儒学问题上也必然自觉或不自觉地开始运用唯物史观研究孔子儒学。1951 年郭沫若再版的《十批判书》在当时的思想文化界产生了广泛的影响，该书认为：“孔子的基本立场是顺应着当时的社会变革的潮流的，因而他的思想和言论也就可以获得清算的标准。大体上他是站在代表人民利益的方面的，他很想积极地利用文化的力量来增进人民的幸福。对于过去的文化于部分整理接受之外，也部分地批判改造，企图建立一个新的体系，以为新来的封建社会的韧带。”[①] 范文澜在 1949 年重新修订的《中国通史简编》第一编第四章专设一节论述“孔子及其所创儒家学说”，认为孔子学说妥协性多于反抗性，保守性多于进步性，主张把孔子学说分解为“精华”和“糟粕”两部分，然后排泄其糟粕，吸收其精华。[②] 杨荣国在 1954 年出版的《中国古代思想史》系统地反映了他关于儒学的学术观点，他认为孔子和孟子都是为了挽救没落奴隶制国家的颓势而宣扬“仁”或“仁政”学说的，基于这种判断，杨荣国对孔子儒学持相当严厉的批判和

---

① 郭沫若：《十批判书》，上海新文艺出版社 1954 年版，第 74 页。

② 范文澜：《中国通史简编》第 1 册，人民出版社 1949 年版，第 201—207 页。

否定的态度。[①] 1954 年冯友兰发表了《孔子思想研究》一文，以阶级观点和阶级分析的方法把孔子的思想“一分为二”，对孔子一方面进行否定性的批判，同时也有相当程度地肯定。[②] 1957 年杨向奎在《文史哲》上发表了《孔子思想及其学派》，文章肯定了孔子是个伟大的人物，全面探讨了孔子的教育思想、礼治思想和天道观，赞扬了孔子对中国历史所发挥的巨大作用。[③] 1957 年侯外庐主编出版的《中国思想通史》第一卷第六章“孔墨显学和前期儒学思想”中认为，孔子是一位改良主义者，但他的改良的进步意义是有限的，特别是他的人类性的观点值得肯定。[④]

与全国其他知识分子一样，20 世纪 50 年代山东的大部分学者，如童书业、王仲荦、高亨、安作璋等也自觉或不自觉地套用马克思主义的研究方法对孔子儒学进行定性评判。但与全国其他知识分子有所不同的是，新中国成立初期，山东少有学者表达对孔子的认知与态度，直到 1960 年之后，党的“激进”方针和政策有所调整、政治氛围有所宽松之后，这种沉闷的局面才大为改善。最先表达对孔子的认知与态度的是童书业，他在 1960 年《山东大学学报》第 1 期上发表《孔子思想研究》，认为孔子的思想既有唯物主义的倾向，又有唯心论的观点，但从孔子的整个思想来考察，唯心论是主导地位的；孔子的伦理思想是有阶级性的，他代表贵族、士大夫（包括上升的庶人）的伦理；孔子的政治思想是宗法封建的保守思想，但也有不少较进步的民主思想；孔子的教育思想是较进步的，诸如“性（才性）相近”“有教无类”“学思并重”“因材施教”等，当然也有局限性。[⑤] 1961 年童书业在《文史哲》上发表《论孔子政治思想的进步面》，对已发表的《孔子思想研究》一文进行了矫正和补充，认为：“从孔子的政治实践、政治理论和对教育、宗教的看法，证明孔子在政治上有进步的一面。举凡后来儒家的‘非世卿’‘大一统’‘王道’政策、民主主义等思想，在孔子思想中都已有萌芽。便是后来墨家的‘尚贤’‘尚同’思想，法家的中央集权政策，也都可说是导源于孔子的。当然，我们绝不否认孔子政治思想有落后的一面，但在后世起作用的，乃是他思想

① 杨荣国：《中国思想史》，人民出版社 1954 年版，第 101 页。

② 冯友兰：《孔子思想研究》，《新建设》1954 年第 4 期。

③ 杨向奎：《孔子思想及其学派》，《文史哲》1957 年第 5 期。

④ 侯外庐等：《中国思想通史》第 1 卷，人民出版社 1957 年版，第 141 页。

⑤ 童书业：《孔子思想研究》，《山东大学学报》1960 年第 1 期。

中的进步一面。我们要认识一个思想家的思想实质，主要应从他的言行的客观效果方面观察，而不应只看他的言论表面。生在春秋末年的下层贵族孔子，不可能不称述文武、周公，依托‘周道’来发表自己改革社会、政治的见解。他的见解的实质，乃是当时社会、政治现实及他适应这种现实的反映。认清楚了这点，我们就能分辨孔子思想中的精华和糟粕，肯定他的好的东西，而批判他的坏的东西。”①

1961 年王仲荦在《光明日报》上发表《从孔子对历史人物的评价看他的基本思想》，集中表达了他对于孔子的认知与态度，他认为：孔子的思想，是有时代进步意义的，孔子基本上可以算作是一个进步的人物。孔子的政治态度也倾向于改革。尽管孔子所处的时代，社会变化还刚刚开端，新的东西还不明显，孔子所处的鲁国，又是比较趋向保守的一个地区，从而又限制了孔子的政治作为，但是这都不足以掩盖孔子进步的一面。② 1962 年，王仲荦在《文史哲》上发表《孔子在当时是进步人物》进一步阐释了他的观点，认为孔子是属于进步阶级，在当时走着进步的方向，对社会发展起进步的作用。孔子有其保守的一面，但进步是他的主流。③

高亨认为：“从孔子的阶级属性看，他本是士阶层的人物。士阶层具有其两面性。一方面维护统治阶级利益，一方面对人民抱一定的同情。孔子又做过短时间的大官。平生又多在公侯大夫之间进行政治活动，所以他的思想一部分代表了人民的某些利益，一部分又代表贵族领主的利益，是毫不足怪的。”④ 安作璋则通过对孔子与季氏的思想观点对比充分肯定了孔子的思想价值，他认为：“不论季氏是代表什么势力？是代表奴隶主阶级或是地主阶级？进步的或是反动的？孔子和季氏比较起来，终究是进步的，因为他反对季氏也好，赞成季氏也好，几乎所有的意见，在当时来说都是值得肯定的。”⑤ 王先进的《孔子在中国历史上的地位》一文认为，孔子正处在奴隶社会向封建社会的过渡时期，孔子的思想和行动都是站在

① 童书业：《论孔子政治思想的进步面》，《文史哲》1961 年第 2 期。

② 王仲荦：《从孔子对历史人物的评价看他的基本思想》，《光明日报》1961 年 11 月 17 日。

③ 王仲荦：《孔子在当时是进步人物》，《大众日报》1962 年 11 月 3 日。

④ 高亨：《孔子思想三论》，《哲学研究》1962 年第 1 期。

⑤ 安作璋：《略谈孔子与季氏》，《文史哲》1962 年第 5 期。

新兴地主阶级的立场上向奴隶主阶级进行斗争的，从而肯定孔子是中国历史上杰出的政治活动家、伟大的思想家、教育家和封建社会的圣人。孔子主张社会变革，希望建立一个“仁者爱人”的理想社会，其思想反映了社会发展的规律，因而是进步的。①

除上述学者之外，此一时期还有诸多山东学者，如李启谦、葛懋春、刘乃昌、郭克煜、高赞非等也都结合自己的研究对孔子做出一分为二的评价，普遍肯定了孔子的进步性。总体来看，1961 年前后，山东学者主要围绕着孔子所处的时代及其代表的阶级以及孔子思想在当时所起的作用两个大的问题展开，其中，对孔子肯定的成分更多，否定的成分则相对较少，这说明该地域知识分子在一定程度上对孔子的认同与接受。

（二）“百家争鸣”：1962 年山东的“孔子讨论会”

20 世纪 60 年代初期，在党的文化政策有所调整，政治氛围又有所宽松的背景下，学术界对孔子的讨论出现了新的热潮。截至 1962 年年底，广东省哲学社会科学研究所、广东省历史研究所、中国哲学学会、北京哲学学会、新乡师范学院、四川大学历史系、中山大学哲学系、吉林哲学学会、吉林历史学会、吉林大学历史系、吉林大学哲学系、山东大学历史系、曲阜师范学院、广东省历史学会和黑龙江历史学会、上海历史学会等单位纷纷组织和举办孔子学术讨论会、座谈会，多达 30 多次。其中影响最大的当属 1962 年 11 月 6—12 日由山东省历史学会、山东省历史研究所在济南主办的孔子学术讨论会影响最大。颜炳罡将这次会议称为“新中国成立后首次全国性孔子学术会议”。② 这次讨论会规模宏大，集结了全国 16 个省市的 160 余名老年和青年学者参加。全国的史学界、哲学界、文学界所有有名望的学者和思想工作者几乎都应邀出席。与会学者包括冯友兰、周予同、于省吾、吕振羽、赵纪彬、吴泽、蔡尚思、唐兰、刘节、李青田、赵一民、高亨、高赞非、关锋、林聿时等，他们都根据自己的研究在大会上“畅所欲言，百家争鸣”。会议期间，山东省副省长余修，中国科学院哲学社会科学部副主任刘导生在会上讲话。本次大会主要围绕孔子思想的核心、孔子的阶级属性、孔子的世界观和方法论、孔子在历史上

① 王先进：《孔子在中国历史上的地位》，孔子研究所编《曲阜师范学院孔孟学研究成果汇编 · 孔子研究》，1984 年，第 16—46 页。

② 颜炳罡：《五十年来孔子研究的回顾与展望》，《山东大学学报》1999 年第 3 期。

的地位和作用等问题展开讨论。特别是关于如何继承孔子儒学的方针和方法问题，成为会议论争的中心议题。

冯友兰认为，评价孔子，要看看孔子在当时究竟拥护那一种剥削方式。不过这样做确有实际的困难，因为在现在的材料中找不出孔子直接关于剥削方式的言论。孔子所说的“仁”虽然有很大的阶级局限性，但是，在一定程度上，反映当时奴隶得到解放的社会事实，反映新的生产关系的产生。孔子对于“仁”的重视，表示他对于这个新的生产关系是拥护的。孔子是以普遍形式提出“仁”的学说，作为当时地主阶级向奴隶主争取劳动人民的一种武器。在这普遍形式之中的“仁”，在阶级社会中，是不可能施行的空话。不过，这些空话在当时也反映一定阶级斗争的情况，也有其进步的意义。至于这个思想在孔子的全部思想中究竟占多大的比重，是一个可讨论的问题。但是，只要承认孔子有这种思想，即使认为这种思想占的比重比较小，也必须承认孔子在当时是一个进步思想家，因为他提出了一些新的东西。在历史发展过程中，凡是新的东西，即使是个萌芽，也是可贵的。①

刘节在《孔子的“唯仁论”》一文中指出，孔子的最大长处就在于能够憧憬到封建制度的前途，用最概括而又系统的思想把这种社会的基本精神和实践的次第开示给后学，其所以能够为中国几千年来的封建统治阶级所欢迎的缘故在此。其所以能“一以贯之”的道理就在这“仁”字上。……孔子的处世哲学其根本出发点是“仁”。《论语》中说到“仁”的地方重要的凡数十处之多、而含义很少相同的。我们现在就从这几十条名言中融会贯通，觉得孔子对于“仁”之一义发挥得非常丰富深刻，而且平易近情。孔子的时代是宗法社会，对于家族，非常之重视；当时的国家，事实上是从许多家族作单位组织起来的；爱家就是爱国，与后代的资本主义时代的社会不同，与我们现代社会主义时代更加不同，但是不能说我们的时代和社会不需要“仁”。刘节认为，孔丘的学问很切实近情，虽然是封建社会上升时期的思想，其中也很有许多优良的成分，足以批判地保存下来，作为社会主义时代的有用之物。孔丘教人从个人的修养入手，然后由教人进而治国，一步一步深入，提高人类的文化水平。他的学问，以怎样应付人事做主体，所以也是兼政治和教育而言的，不能说他在政治方面

① 冯友兰：《关于孔子讨论中的一些方法论上的问题》，《文汇报》1962 年 11 月 3 日。

的讲法和做法都是反动的。①

特别需要指出的是，在这次全国性的讨论会上，山东学者表现得非常活跃，高赞非、高亨、李青田、赵一民等纷纷提交论文，并相继发言。如高赞非在《孔子思想的核心——仁》一文中指出：“仁”的思想一般的意义是“爱人”，是封建的人道主义；“仁”的思想的特殊的意义，乃是一种忘我的、无私的、积极奋发的精神，是孔子所指的最高的道德标准；而“仁”的更本质的含义，乃在于它又是孔子世界观的重要组成部分，是他一切思想的出发点与归宿点。他认为，“仁”的思想在中国可以说是久经考验的思想，它的斗争精神和现实态度，在中国社会可以说是深入人心的。我国历史上避免了像欧洲封建社会有一个为宗教所统治的漫长的黑暗时期，这里面虽然有许多客观因素，主要的是政治和经济的因素，但孔子思想特别是“仁”的思想，使我国人民得以免除迷信的障蔽，不能不说是内在的原因之一。因此也就更有条件在新的时代比较顺利地接受马列主义。孔子“仁”的思想诚然不愧为我们祖国最伟大的思想之一，我们应该以此而自豪。在我们肯定“仁”的积极意义之后，还须分析另一方面的情况。由于“仁”的思想不能是一个抽象的孤立的思想，他必须与其所表现的形式相结合，而其所表现的形式，又不能不与封建社会的典章制度特别是与“礼”“义”相结合，不能不为封建的生产关系特别为“士”即“君子”来服务，就不能不带有很大的局限性与封建性。如孔子虽然讲要爱人，但却又把劳动者看做“小人”；虽然主张“求仁”要通过“六艺”，但却又鄙视劳动；虽然提倡忘我的无私的精神，却又为其阶级利益，而栖栖惶惶求得个人权势来实行他的政治主张；虽然要求改变社会的制度，但却又在羡慕过时的周礼。这些都存在着很多的矛盾。也就使孔子虽然基本上站在时代的前面，顺应时代的潮流，但又不能不表现了一定程度的复古和保守。高赞非在这篇文章的最后部分，发出了大胆地呼吁：“文化是有继承性的，民族传统思想，尤其有继承性”。“我们不能如像五四运动时期某些资产阶级左派学者加以全盘否定，而应该按照毛泽东同志的指示，剔出其封建的糟粕，吸收民主的精华，把这些宝贵的历史财富，用马克思列宁主义的方法加以整理和提高，来为社会主义建设服务。”②

---

① 刘节：《孔子的“唯仁论”》，《学术研究》1962 年第 3 期。

② 高赞非：《孔子思想的核心——仁》，《文史哲》1962 年第 5 期。

仅从上述事实来看，“这次孔子学术讨论会，集全国各地的老年、青年史学、哲学工作者于一堂，大家都心情舒畅地发表的自己的意见和进行了‘争鸣’”。[①] 然而，也就是在这场看似繁荣的儒学盛会背后却隐藏着汹涌的政治斗争的危机。会上以关锋、林聿时为代表的所谓的“马列主义权威”“左派新秀”起到了兴风作浪的作用。他们从极“左”的观点出发，运用所谓的阶级分析方法对孔子和儒学进行了重新评价。他们认为，在某些同志的文章中、小组讨论的某些发言中，表现出了三种值得注意的倾向：（一）把孔子现代化，甚至把孔子的思想说得和马克思主义差不多；（二）超时代、超阶级的抽象分析；（三）认为继承孔子思想遗产的方针，应该是“整理、充实和提高”的方针。这三种倾向的实质是一个，即：离开了马克思主义的阶级分析和历史主义。[②] 关锋等人强调指出，马克思列宁主义的阶级分析方法，是我们一切社会科学研究工作的根本方法。对于研究孔子说来，当然也不能例外。由此而论，无论孔子在历史上发挥过多大的作用，在整体上他也是代表剥削阶级的利益的，因此无产阶级要无条件的对其进行批判而不是继承。同时关锋还明确表示，“那些试图‘古为今用’，对孔子思想作现代解释的，都是‘含沙射影’、‘右派言论’、‘借古人之口攻击社会主义’”。[③] 关锋等人由此对与会的诸多对孔子和儒学主张批判地继承的学者发起了猛烈地攻击，极力将阶级斗争的理论强加到各位学者头上，任意的无限制的上纲上线，将原本属于正常学术讨论的大会彻底地改变了航向，成了一次阶级斗争的批斗大会。从此以后，新中国成立以来曾经一度“繁荣”的孔子和儒学讨论再也不复存在，直到“改革开放”之前孔子和儒学讨论学术的环境再也没有出现过，取而代之的是日益严峻的政治斗争形势和一次次对孔子和儒学的批判和声讨。伴随着孔子和儒学的这种命运转换，知识分子的“孔子观”也开始了转变。如果说之前，当政治的干预还没有那么强烈时，学者们在一定程度上还能“畅所欲言”，表达自己的观点。那么在这之后，大部分学者也不得不迫于形势转而分析自己的“孔子观”，甚至在政治的压力下违心批判自己的观点，更有甚者为求自保不惜对其他人进行攻击。从此，批判和

---

① 吕振羽：《孔子学术讨论中的几个问题》，《文史哲》1963 年第 1 期。

② 关锋、林聿时：《关于孔子思想讨论中的阶级分析的几个问题》，《文史哲》1963 年第 1 期。

③ 骆承烈：《被诬为“大黑会”的孔子讨论会》，《世纪》2007 年第 3 期。

声讨孔子和儒学似乎成了知识分子表明自己阶级立场和追随政治形势的工具，而在这个过程中诸多的知识分子在对待孔子和儒学时丧失了其该有的客观、公正的态度，丢掉学者应有的独立意识而为现实政治所支配。这不仅是知识分子个人的悲剧，也是这个时代孔子和儒学的悲剧，更是时代和社会的悲剧。

（三）“泛政治化”：1963—1966年间知识分子的孔子观

学术研究隶属于思想文化领域，它本应独立发展，有自己的空间，而不应该完全受现实政治或其他外部因素的影响。然而，新中国成立的一段时间里，百废待兴，新生的人民政权在政治上还不成熟，政治领域里越来越严重的政治斗争和阶级斗争形势必然自觉或不自觉地影响和冲击着学术领域的活动。正如前面我们所了解到的，新中国成立初期，在思想文化领域开展过多次学术思想批判和讨论活动。这在一定程度上对于肃清封建守旧思想，促进马克思主义思想地位的确立和巩固新生的人民政权起到了积极的作用。但是，随着国家日益严峻的政治斗争形势和“左”倾错误指导方针的干扰，延伸到学术领域就是教条主义和极“左”思潮开始滋生和泛滥。孔子和儒学研究是当时学术研究的前沿问题，必然首当其冲的受到影响。这主要表现在：过分强调和歪曲阶级分析方法，随意带上阶级的帽子；研究中教条主义严重；在批判与继承的问题上，只片面强调“批判”，忽视“继承”；等等。1962年，“孔子讨论会”之后，迫于政治环境的影响，诸多的知名学者不得不委曲求全反思自己的学术思想，甚至违心违背自己的研究以顺应时势，再加上一部分学者出于不可告人的目的从中推波助澜，使得这一时期的孔子和儒学研究逐渐走上了批判和否定的道路。这种情况愈演愈烈，以至于到“文化大革命”前夕达到了登峰造极的地步，进而成为十年动乱时期全面评法批儒、否定孔子和儒学的前奏。

1963年《新建设》第一期发表本刊编辑部文章《从孔子讨论谈继承思想遗产问题》，进一步肯定了关键、林聿时的会议发言稿，自此，学术探讨完全被政治定性式的讨论取而代之，知识分子对孔子儒学的认知与定位发生了根本性的转向。在此背景下，冯友兰也不得不做出让步，发表了《关于孔子讨论的批评与自我批评》文章，承认自己对马列经典著作理解不够，在讲孔子关于“仁”的理论时犯有“很多错误”。[1] 与此相对应，

① 冯友兰：《关于孔子讨论的批评与自我批评》，《哲学研究》1963年第6期。

全国研究孔子儒学的文章也千篇一律都是声讨式的，仅从《谁也否定不了孔子思想的阶级性》《历史研究中超阶级观点的实质是什么？》《研究孔子思想必须反对超阶级论》《阶级分析是洞察孔子哲学的根本方法》《驳新尊孔论》《没落阶级不可能产生进步的思想学说》等这些文章的题目就可以窥视出孔子研究的“泛政治化”现象是何等严重。值得称道的是，这一时期即使在学术依附于政治的情况下，山东部分知识分子仍然在一定程度上保留了自己作为历史研究者的独立意识，并据理力争为孔子和儒学的价值进行辩护。这一点可从 1964 年 4 月份山东大学第九次科学讨论会上表现出来。在这次讨论会上一些学者根据马克思、恩格斯提过的“关于普遍性形式的思想”来分析孔子的“仁”。他们指出：孔子认为仁对任何人都是有利的。主要在于他提出的爱民思想，以利民、富民、养民、安民、博施于民为实践的政治，便是仁的体现，也就是后来孟子所讲的“仁政”。可以肯定，孔子认为“仁”是符合劳动人民的利益，他的主观诚然不是欺骗，但客观现实是不是完全欺骗呢？如果从劳动人民的相对利益来讲，也不是完全欺骗。因为在封建社会初期，地主阶级对农民阶级的剥削压迫比起奴隶社会奴隶主对奴隶的极其残酷的压迫确实减轻了一些，劳动人民在地主阶级统治下，减轻了一些损害，即是得到了一些相对利益。这个时期的地主阶级虽然不一定是以孔子的“仁”说为指导，然而在一定程度上符合了孔子“仁”说的精神。因此，孔子的“仁”最初并不是一种有意欺骗人民的幻想，恰恰相反，孔子认为这种“仁”说可以不折不扣地成为现实。至于后代的统治阶级利用孔子的思想来巩固他们的统治，大力宣扬孔子的仁说，那就是明知其为幻想，有意地利用这个幻想来欺骗劳动人民了。① 但是，随着政治形势的日益严峻，孔子研究成了不能触碰的禁地。1965 年至“文化大革命”发生前夕，作为当时儒学研究的重要阵地和载体的《文史哲》刊物，未有发表一篇与孔子儒学相关的研究文章。

三 普通民众日常生活中对孔子思想的背离和因袭

新中国成立后，马克思主义成为国家各个领域的指导思想，作为中国

---

① 《山东大学第九次科学讨论会关于历史遗产批判继承问题的讨论》，《文史哲》1964 年第 3 期。

传统文化主干的孔子儒学彻底失去了制度的庇护，从文化宝座上跌落下来，散佚民间。新中国成立后的十七年间，国家在意识形态层面采取的一系列社会主义文化建构的措施以及对儒学的批判，实质上已经使广大民众[①]在日常生活中越来越背离了传统儒家的伦理规范。但是由于儒学文化传统赖以存在的经济基础没有发生本质的变化，因而观念层面的儒家文化传统并未销声匿迹，而是仍然隐性的影响着人们的日常生活，规范着人们的行为。

（一）普通民众日常生活中对孔子思想的背离

新中国成立后的十七年间，国家在意识形态方面虽然没有明确打起批孔与反孔的旗帜，但是，伴随着马克思主义成为国家的主流意识形态、社会主义的文化建构以及经过一系列改造和教育，广大民众在日常生活的行为中出现了一种越来越与传统儒家的伦理规范相背离的现象。

1. 现代性组织取代民间传统组织

从秦朝统一到清朝的两千多年时间中，除了少数时期外，中央政府一般不在村庄一级设置政府的行政管理机关，农村的治理主要依靠以乡绅为领导的农村自治性组织来实现。[②] 因而，长期以来，在广大农村，非正式的、传统的社会组织发挥着重要作用。其中贯穿于中国古代及近代社会结构中的家族便是乡村最主要的民间组织，其作用是非常大的，它在相当程度上承担着由儒家思想所规定的社会伦理责任，并承载着乡村社会治理以及农村文化传统的延续功能。正如一些学者所说，在传统的教化体系中，家族“承担了中国乡村社会秩序维护、教化民众的重任，成为‘封建社会最基本的组织……它不属于行政体系，但它所起的作用是行政组织远远不能比拟的’”[③]。近现代以来，随着国家权力的下沉，乡村原有的非正式的、传统的社会组织不断受到冲击和削弱，但直到新中国成立之前，控制乡村社会政治权利的依旧是旧社会沿袭下来的传统的民间组织和民间权威。这些民间组织，如农村中的家族、宗亲会、祠堂、乡贤会、民团和各种名目的互助基金会等通过对地方公共权利和公共利益的控制依然行使着

---

① 民众是人民概念中的一个子概念，是一个集体名词，为便于分析和研究，民众在本章中特指的是农民群体。

② 张鸣：《传统乡村社会的民间组织及其政治功能》，中国农村研究网（www. ccrs, org. cn），2003 - 04 - 06。

③ 陈旭麓：《近代中国社会的新陈代谢》，上海人民出版社 1992 年版，第 20 页。

相当大的权利。新中国成立后，在“国家权力建设”的过程中，作为社会最基本的控制力量的传统组织迅速退出历史舞台，取而代之的是一些现代性的农村组织，如农会、妇女联合会、共青团、农业合作社、互助组、生产队、大队党支部、贫下中农协会等。从而彻底改变了 1949 年前国家的力量无法（完全）达到农村行政村这一级基层的态势，形成了基层“单轨政治”的局面。需要指出的是，在林林总总的上述正式组织中，党支部是领导核心，实际上是生产大队的最高权力机构。一般地，大队党支部设书记 1 人、副书记 1—2 人和委员 3—5 人。党支部除了党务工作以外，更重要的是进行社区管理，执行上级计划和落实各项分配任务。

2. 革命精英取代传统精英

村庄精英可分为官方和非官方两种。官方精英是由村民选举或由当地政府或县、乡政府任命的，他们履行特定职责，并根据固定的规则而不是自己的主张行事。非官方精英不是通过选举或任命产生的，他们的影响来自于乡村儒家文化所形成的威权。在传统村落社会里，非官方精英在乡村政治生活中起着主要的作用，官方精英只是一个配角。中国乡土社会的非官方精英大致可分为四类：地方士绅、宗族领袖（族长）、庶民地主、以及私塾里的先生。这几类非官方精英虽然不是选举产生的，他们的权威也不是国家赋予的，但在旧时其作用是非常大的。据曲阜西林西村村民回忆：1938 年之前，村里的村长或保长都是由村子里的士绅、族长和庶民地主在一起商量，然后推举出来的，而村子里很多事情，村长也都要同这些人商量。如观音庙就是村子里的大户们集资修建的，然后由村长出面聘请主持，后来这些大户们又拼凑了 9 亩地给主持一家耕种，解决其全家人的生活和庙内各种开支。① 总之，地方士绅主导乡村事务，宗族领袖协调族内外关系，庶民地主控制地方经济，私塾先生保证村中文化礼仪传承，他们相互配合，互为补充，保证了自治成分较高的乡村社会政治生活的正常运作。新中国成立后，旧的士绅、族长、布道者甚至是私塾的先生都被当做封建卫道者受到巨大的冲击。已退休的曲阜西林西村小学校长孔宪清回忆道：“解放初期，孔家的族长、户长、户举都受到了批斗，甚至私塾

① 曲阜市书院街道办事处西林西村编纂委员会编：《西林西村志》，济宁新闻出版局 2006 年版，第 147 页。

先生因害怕挨批挨斗吓得逃跑了。”① 事实上，在新旧政治权力交替中，旧的乡村民间权威失去的不仅是财产的合法拥有权、社会强势权力，更重要的是失去了社会声望。国家通过土地改革，通过诉苦批斗，使罩在昔日旧式乡村权威头上的文化道德光环黯然失色。国家政治生活中各种自上而下的政治的、社会的、经济的运动在为体制内的革命权威创设条件的同时，对原有的权威模式构成了巨大的冲击，新中国成立前乡村社会遗存的传统权威模式因此一度销声匿迹。

3. 集体化的生产组织形式代替了旧有的分散的、自立的、一家一户的生产组织形式

新中国成立之前，在生产关系上山东的乡村地区同中国其他地区一样保留着新中国成立前那种单一的、分散的、自立的、一家一户的生产组织形式。这种旧式的生产组织形式的生存基础来自传统的自给自足的自然经济。新中国成立后，经过土地改革，山东农村中的大部分农民都获得了土地。但是，由于当时农村的生产力水平比较低下，再加上连年的战争破坏和自然灾害的影响。单一的以家庭为单位的小农经济无法集中力量进行生产，有相当一部分农民由于没有农具，缺乏牲畜而无法进行耕作，更有甚者因为缺乏流动资金而无法购买作物的种子而不得不使土地荒芜。农村中出现的问题受到党中央的重视，毛泽东认为：“个体农民，增产有限，必须发展互助合作”。② 为解决农村生产力水平低下的状况，改善农民的生活水平，全国迅速掀起了农业互助合作的高潮。自 1950 年开始，山东各个地区的农村便开始组织农业生产互助组，农民在自愿互利的前提下，自发的打破了原有的单一的家庭式的生产组织形式，以几户或是十几户搭伙的形式组成互助组调剂有无，互相合作，集中优势资源进行农业生产，解决了农业生产中的一些实际问题，有效地促进了农业生产的发展。后在此基础上山东人民又成立了农业生产合作社，到 1956 年经过农业的社会主义改造，集体化生产这种新的生产组织形式在山东得以巩固。1958 年开展的轰轰烈烈的人民公社化运动，山东的广大农村纷纷进行并社运动，在不到一个月的时间里就实现了人民公社化，将集体化生产推向高潮。可以

---

① 2006 年 8 月 10 日，笔者于曲阜西林西村对孔宪清的访谈笔录。

② 《关于互助合作的两次谈话》，中华人民共和国国家农业委员会办公厅编《农业集体化重要文件汇编 1949—1957 上册》，中国农业出版社 1981 年版，第 198 页。

说，以生产队、人民公社为基本单位的生产组织形式是对原有的分散、自立、一家一户家庭式生产方式的巨大冲击。在实现集体化的道路上，山东人民在行为上、在表层上表现出的是积极的、拥护的。这不能不说是与传统的一次背离。“那时候大家都入社，进行集体生产，我要是不入，自己也没能力养活家人”。[①]“当时太穷，我家连件像样的农具都没有，集体化生产使大家联合起来，也就有了足够的农具来耕作”。[②] 可见当时的山东人民不管是出于自身生存利益的考虑，还是迎合当时的形势至少是在表面的行为中自觉地打破了存在于他们头脑中的传统的家庭作坊式的生产组织形式。

4. 具有革命色彩的习俗和信仰取代了儒家传统的礼仪习俗

新中国成立之前，在山东民间还保留着传统社会固有的儒家礼仪习俗，这表现在人们日常生活的方方面面。据笔者对山东曲阜、济南、潍坊等地的考察发现，新中国成立之初，山东各地尤其是在广大的乡村地区，举凡红白喜事、逢年过节、盖屋迁居、亲朋交往等方面都保留着旧式的传统礼仪习俗。如在潍坊，民间每遇婚嫁喜事，结婚之前由男方托付媒人到女方家，并根据男女双方的生辰八字来确定结婚的日子。有的还通过属相来确定要结婚的两个人是否有相克之处，如果存在八字不合，属相相冲则禁止结婚。“当时我与邻村的朱某情投意合，可是就是因为请算命先生算的八字不合，说她会克夫，我爹娘就坚决退了这门亲事”。[③] 这是笔者对昌乐县的李某采访时的笔录；在山东济南的乡村地区，人们逢年过节仍然延续着以往的敬天地鬼神的习俗，节后拜年见了同宗长辈要行跪拜之礼，民间盖屋时，要请风水先生掐算择基，迁居时要请算命先生算得良辰吉日方可起迁；在山东曲阜，民间更是注重传统的礼仪习俗，亲朋好友交往极重礼节，如在曲阜民间有行年礼、行节礼的习俗，当地人讲究必须提前几天送，节日当天不得赠送。这些传统的礼仪习俗也同样存在于山东的其他地区。此外，当时山东还保留了浓重的民间祭祀信仰的传统，每逢初一十

① 2012年10月2日，笔者于昌乐县鄌郚镇大院对李法宪的访谈笔录。李法宪，男，现年75岁，潍坊市昌乐县鄌郚镇农民。

② 2012年10月15日，笔者于昌乐县鄌郚镇高崖村村委大院对秦明访谈笔录。秦明，男，现年58岁，昌乐县鄌郚镇高崖村村民。

③ 2012年10月24日，笔者于昌乐县体育公园对李某访谈笔录。李某，男，现年65岁，潍坊市昌乐县个体户。

五要祭祀祖先，逢年过节更要敬天地，供奉财神、灶王爷等。在曲阜虽然取消了大规模祭孔的行为，但是在曲阜乡村地区仍然存在着以家庭为单位的祭孔行为。各种宗教信仰、庙会香火更是一度兴盛，以至于诸如求雨、算卦、崇信巫婆神汉等迷信陋俗时有发生。总之，这些传统的礼仪习俗和信仰，虽然有相当一部分属于封建迷信的陋俗，但在当时的山东民间却有着相当的影响力，不容忽视。

新中国成立后，山东广大农村地区积极响应党中央的号召开展了破除封建迷信，移风易俗的活动。一些旧有的传统习俗信仰一时间似乎在人们的视野中消失了，取而代之的是具有革命色彩的新型习俗和信仰。人们不再盲目崇拜神灵，不少群众把过去虔诚供奉的神像撕了下来，贴上了毛主席的头像；原有的香台砖也被拆除，建成了公共使用的厕所或是井台；青年男女结婚不再请算命先生算生辰八字，而是自由恋爱结婚，结婚时也不再找族人长辈主持，而是请大家拥护的干部主持婚礼；以往过节络绎不绝的庙会不再盛行，人们自发组织秧歌队载歌载舞等等。长期以来存在于山东民众之间约定俗成的传统伴随着新中国成立后新的风俗和习气的推行而逐渐被打破，广大民众在移风易俗的过程中实实在在地表现出了与传统的背离。

5. 社会主义意识形态和革命伦理取代儒家传统的亲族伦理、政治伦理

新中国成立之前，山东大部分乡村地区在思想上还保存着浓厚的儒家传统的亲族伦理思想，建立在血缘关系基础上的家庭伦理、政治伦理观念深深地影响着人们的思想、行为。日常生活中，人们严格遵守着儒家传统赋予他们的使命，即孝敬长辈、生儿育女，享受天伦之乐。在他们看来，没有什么比自己的家人更重要，他们的所作所为一切都是为了家庭和家族。

新中国成立以后的土地改革和人民政权的建立，清除了传统家庭和家族赖以生存的社会条件。经过土地改革，广大农民群众摆脱了地主和富农的剥削和压迫，获得了梦寐以求的土地和前所未有的政治地位，他们由衷地喊出“跟共产党走，准没错”的呼声。笔者在对潍坊市昌乐县的平原村进行访查时发现，在土改运动中不少农民打破传统的亲族观念不惜对自己同族的长辈进行批斗，“那时候根本就不去想他还是俺的叔父，只想着

他是大地主，上面让批斗就得批斗”。[①] 到了农业合作化与人民公社运动时期，农户主要生产资料的合并，使家族丧失了基本的生产功能。村民对家族的“强依赖关系”也被对国家和职缘共同体——乡村单位化组织的“强依赖关系”所取代。用山东一些地方村民的话来说，“公社时期，老族长也加入公社，辈份不如干部，那时以干部为中心，家族意识开始逐渐淡化”。[②] 也有的村民说：“从（19）58 年家族关系就淡薄了，大家都上地里干活去，队长派活，看不出前后，不分彼此远近，有远近的只是个别现象”。[③] 与此同时，接连不断的革命运动和不断进行的阶级斗争也使得新政权社会主义意识形态和政治价值高度合一的革命伦理价值观逐渐占据了人们头脑。曲阜的一些老年人依然清晰地记得集体化时期的一些政治术语，诸如“爹亲娘亲不如共产党亲”“亲不亲，阶级分”等等。[④] 可见，新中国成立初期新的意识形态和革命伦理的建构对山东民众的影响是巨大的，在这一过程中，国家主流意识形态渗透到乡村的每一个角落，强制性地向民众灌输由国家单方面规定的理想化的价值准则和行为规范。大队干部替代了以前的传统权威进行社会教育，邻里吵架，兄弟打仗，儿媳不孝顺，小偷小摸，他们无所不管，最常用的方式就是开大会小会，对村民进行政治思想教育。集体化时期西林西村的老书记孔繁镇说：“那个时候，半个月不开妇女会，感觉儿媳妇不孝顺的老人就会找你去，要求开妇女会。”[⑤] 经过数十年的社会主义教育，社会主义的意识形态转化为一种村庄治理的新道德资源，在很大程度上，社会主义意识形态和政治价值合一的新政治伦理已经取代了传统的亲族伦理和传统的政治伦理型价值。

（二）普通民众日常生活中对孔子思想的传承

新中国成立后，伴随着社会主义意识形态的构建、人们对儒学的批判以及越来越频繁的政治斗争、阶级斗争的开展，广大民众在日常生活已经越来越背离了传统儒家的伦理规范。不过，值得注意的是，此一时期，在国家力量的冲击和改造下，儒家文化传统所依附的体制框架尽管倒下了，

---

① 2012 年 10 月 18 日，笔者于昌乐县红河镇平原村村委会对张立成访谈笔录。张立成，男，现年 71 岁，昌乐县红河镇平原村村民。

② 李先明：《西林西村调查记录》（六），2008 年 3 月 15 日。

③ 同上。

④ 2008 年 4 月 10 日，笔者于曲阜老干部家属院对几位老者的访谈笔录。

⑤ 李先明：《西林西村调查记录》（六），2008 年 3 月 15 日。

但在计划经济体制的背景下，由于生成“现代”文化的经济基础没有根本变化，旧的文化传统赖以存在的经济基础并未从根本上动摇。因此，组织层面的文化变化，尽管引起了文化传统诸多方面的变化，但儒家传统文化中一些最基本的因素却顽强地保存着，仍然隐性的影响着人们的日常生活，规范着人们的行为。这在圣人的故乡——山东表现得尤为突出。

1. 五常观等儒家文化的基本要素依然影响着民众的日常生活

新中国成立后，在社会主义意识形态的构建过程之中，尤其是受土地革命的影响，在山东广大乡村地区，阶级斗争和阶级意识等一类的话语曾经一度占据了人们日常生活的主流，阶级思想的标准与行为规范一时间也成为普通民众历史叙事中的依据。但是据笔者对山东济南、曲阜等地的调查来看，阶级和阶级意识在山东的建构并不成功，儒家传统的“仁义礼智信”的五常观以及传统的伦理观依然顽强地存在着，并从根本上影响着人们的日常生活。

土地改革基本完成，特别是农业社会主义改造结束后，尽管“上面”一再重提“阶级路线”，反复强调阶级斗争观念，山东农村各地区的大队组织也不厌其烦地召开群众大会，公开布置对“地、富、反、坏”四类分子的批斗。但是，普通的山东民众似乎没有感受到来自“四类分子”的威胁，以至于群众一度认为“地主、富农一样劳动，一样的拿工分，农村中没有阶级了”。[①] 可见，普通民众并不懂什么是阶级斗争、阶级路线，阶级观念在一定程度上只存在于社会政治领域，只是特殊的政治背景、政治场合中所必须的和常用的一个字眼。这正如人民公社专家张乐天所言：“阶级斗争只是在特定的场景中使用的工具，而绝没有融化成农民和农村基层干部们的生活观念，一旦场景变化了，他们就按早已熟识的方式去思想，去行为了。”[②]

对于大多数普通的民众来说，当禁锢在他们身上的来自政治的威胁稍微放松时，支配他们日常生活的仍然是他们世代相传、十分简单的东西——传统。他们曾经身体力行的儒家的“仁义礼智信”等传统观念依然引导着他们的行为，来自血缘、姻缘的一些内在的东西依然是他们可以支配的资源。这些在孔子故里——曲阜表现的尤为明显。笔者在对曲阜的

① 2012年9月26日，笔者于曲阜民族公园对孔庆庄的访谈笔录。

② 张乐天：《告别理想·人民公社制度研究》，上海人民出版社2005年版，第99页。

民众访问时发现，有相当一部分从那个时代走过来的群众都认为“什么时候也割不断血缘亲情，‘亲不亲，阶级分’那都是拢人的”，当问及为什么在批斗中有那么多父子之间不相顾，亲兄弟反目成仇的事情，群众说：“那都是形势逼的，你不这样做不行。”① 可见，民众的行为在一定程度上受到了政治高压的影响，使他们在运动中不得不做出违心的选择，但当运动的风头一过，他们就会遵从他们长期所信奉的传统来生活，这是对传统的潜移默化的传承。

2. 家族势力依然支配乡村的权利结构和文化网络

在中国传统社会中，维持其正常社会秩序的最基层组织是以血缘、亲情为基础的家族。换句话说，传统农业社会是以家族为本位的。人们从出生开始，就以血缘关系为纽带确立了其在家族中的等级地位。在此基础上，人们遵循着对同血缘关系的家族群体的认同，一切行为都以维护本家族的利益为重。新中国成立后，土地革命的开展和阶级斗争的深入，乡村中原有的家族统治秩序被打破。一时间，以血缘、亲情为基础的家族势力似乎一度淡出了人们的视野，退出了昔日的历史舞台，取而代之的是具有革命色彩、政治色彩的国家权力机构。但实质上，革命政权尽管用暴力取缔了宗族的谱牒、制度，但未能摧毁其文化观念和深层结构。也就是说，在轰轰烈烈的革命运动中“消失的是有形的家族组织，而无形的家族力量依然潜存着”。② 如在山东潍坊的土地改革中，人们大都不愿意对同宗同族的地主士绅进行斗争，他们说：“都是自己本家的，虽然他是大地主，可是辈分在这儿呢，下不去手啊。”③ 可见，在民众眼里所谓的阶级差别、阶级意识是模糊的，他们内心深处所真正认同的依然是传统的家族观念。

3. 传统的父系继嗣制度与男性传宗接代的观念依然无法改变

传统中国社会是一个男权社会，男性在家庭中享有绝对的威望和权利。他们拥有对一切大小家庭事务的决策权，并享有绝对的继承权和继嗣权。与之相反，传统社会妇女地位相当低下。在父权家长制的统治之下，妇女在家庭中处于依附地位，就像一句俗语所说的“娶来的妻，就是买

① 2012年10月16日，笔者于曲阜民族公园对几位老者的访谈笔录。

② 冯尔康：《十八世纪以来中国家族的现代转向》，上海人民出版社2006年版，第320页。

③ 2012年10月21日，笔者于原潍坊市临朐县县工会对刘卫东访谈的访谈笔录。刘卫东，男，现年72岁，临朐县县工会退休职工。

来的马，任我骑，任我打”。可见，那时候的妇女不仅要像马一样从事繁重的劳动，还要在家庭中忍受打骂和歧视。新中国成立后随着国家的政策调整和宣传，国家一再强调“男女平等”，妇女同男性一样享受同等的权利和履行同等的义务，妇女的地位有所提高。然而据笔者对山东潍坊、曲阜等地的调查发现，在一些乡村地区，尽管一再宣传“男女平等”“妇女也顶半边天”等观念，但是儒家传统的父系继嗣制度，以及只有男性才能延续香火传宗接代的观念依然根深蒂固，在生育上人们还是不生男孩不罢休。人们普遍认为“说是生男生女一样，大家还是拼命想要男孩”。①潍坊市昌乐县红河镇平原村的李某提到“当时，我生了一个女儿后，第二个还是女儿，我公公婆婆的脸当时就拉下来了，对刚出生的孩子也是连抱也不抱，直到我生下儿子，他们才高兴了”。② 那时候，人们对生下的女婴，有的家庭没有条件抚养甚至会丢弃，但是很少有被丢弃的男孩。在继嗣上，人们依然遵循“传男不传女”的旧俗，“嫁出去的女儿，泼出去的水”，只有儿子才有权利继承父母的财产。另外，在山东各地过年过节祭祀时只允许男性举行祭祀仪式，而女性是不允许的。在教育上，人们也坚持男性读书有出息的观点，认为“丫头片子，读再多的书也没用”。③由此可见，在山东各地，虽然妇女的地位有所提高，但是在基层的乡村地区，传统的儒家思想中的男性传宗接代和继嗣制度依然无法改变，而是不同程度地得到了继承。

4. 婚丧嫁娶、宗祠祭祖等礼仪习俗依然沿袭儒家传统方式

新中国成立后，伴随着国家提倡移风易俗，反对封建陋俗政策的实施，婚丧嫁娶、宗祠祭祖等一些传统的习俗大都受到了不同程度的冲击和改造。如济南的婚嫁习俗在新中国成立后就有了很大的变迁，改变了以往带有迷信色彩的做法和许多陈规陋习，简化了以往繁杂的婚姻形式，并在一定程度上打破了“父母之命，媒妁之言”的旧传统。尤其是1950年颁布的《中华人民共和国婚姻法》更是从法律上保障了婚姻自由和婚姻平等。在新婚姻法的宣传之下，人们逐渐确立了新的择偶标准和婚姻观，传统复杂的婚礼形式更是趋向革命化、朴素化。1952年，

① 2012年10月27日，笔者在昌乐西湖公园对几位老者的访谈笔录。

② 2012年10月20日，笔者于昌乐县红河镇平原村委会对李某的访谈笔录。李某，女，现年70岁，个体户，潍坊市昌乐县平原村村民。

③ 2012年6月15日，笔者于曲阜民族公园对几位老者的访谈笔录。

济南市民政局发出《废除封建闹婚陋俗，提倡新式结婚礼俗》的通告，通告号召在新人结婚时“积极提倡组织唱歌，讲故事，介绍劳动生产经验，讲解妇女卫生常识，介绍恋爱故事，组织文娱晚会及提倡其他有意义的活动”。[①] 在此基础上，人们更是以实际行动贯彻朴素革命的婚礼习俗，如 1964 年济南市历山街一对新人结婚“婚礼上，挂着毛主席的像，新郎新娘带着红花，大家围坐在一起，有的鼓励新夫妻永远听党的话，做一对革命伴侣；有的让新郎新娘唱革命歌曲。一场婚礼只花了十几元钱”。[②] 另外，在婚嫁习俗变动的同时，作为人生终极礼仪形式的丧葬习俗也有了很大变化，主要表现为在山东城乡特别是较发达的城镇，人们开始简化丧葬仪式，破除迷信陋习，建立公墓；推行火葬，进行墓葬改革，推行新的墓葬形式，如举办追悼会等。

然而，虽然婚葬礼俗、红白喜事这些礼仪习俗在新中国成立后从形式上被“革命化”了。但是，据笔者对山东相关地区的调查发现，人们从思想意识上并不十分认同“革命化”的礼仪习俗。虽然国家一直在强调丢掉旧传统，移风易俗，但是民众在思想行为上还是难以丢掉老祖宗那一套，什么都讲究尊祖敬宗，还是按照老一辈的方式来做。在山东曲阜的乡村中，有新生儿诞生时，人们仍然按照传统的祖宗行辈给孩子起名字；虽然上坟祭祖的习俗在新中国成立后被禁止，但是在山东各地人们仍然保持着去墓址祭奠的遗风，人们普遍认为“不管什么时候都不能忘了祖宗，忘了根”。[③] 在山东济南、潍坊等地区，人们对火葬的推行存在抵触情绪，认为这是对死者的不尊重。潍坊市昌乐县红河镇肖家河村的肖东升老人回忆起当年爷爷去世实行火葬时说到“那时候，国家推行火葬觉得理解不了，人好不容易活了一辈子，没享过多少福，还被烧成了灰，觉得是对老人的不孝顺。但是上面不让土葬也不敢不听”。[④] 这可以说代表了相当一部分人的观点。另外，在婚姻嫁娶上也保留了好多原有的习俗，如笔者对山东曲阜的调查中发现，虽然新中国成立后国家一度强调婚姻自由，禁止

① 《济南市人民政府民政局通告废除封建闹婚陋习，提倡新式结婚礼俗》，《大众日报》1952 年 1 月 24 日。

② 《兴新风除旧俗——历山街的新人新事》，《济南晚报》1964 年 11 月 8 日。

③ 2012 年 7 月 29 日，笔者于济南青年公园对几位老者的访谈笔录。

④ 2012 年 8 月 25 日，笔者于昌乐县红河镇肖家河村对肖东升的访谈笔录，肖东升，男，现年 75 岁，昌乐县红河镇中学退休教师。

包办婚姻等政策。但是在曲阜等地的农村中人们仍然顽固的坚持“同村同姓不能通婚”的旧制，当地的老人们认为“不然就会犯忌，生出的孩子会遭厄运”。[①] 新中国成立后虽然妇女的地位有所提高，但是在农村地区人们仍然宣扬“寡妇不嫁”，为其树立“贞节牌坊”，如若村里有哪个寡妇改嫁了，人们表面不说，私底下却议论纷纷指责这个寡妇的“不贞”行为。由此可见，不管政策怎么变化，在民众的日常生活中支配其行为习惯的仍然是长期以来一直为他们所熟悉、所遵循的传统。

① 2012年6月15日，笔者于曲阜民族公园对几位老者的访谈笔录。

第六章

“造孔家店的反”：“文化大革命”初期山东曲阜的“破四旧”运动

曲阜的“破四旧”运动始于1966年8月，止于1967年年初。运动之初，当地干部组织群众努力把“破四旧”运动控制在一定范围内，力保“三孔”等重点文物保护单位免遭破坏。但随着“文化大革命”的全面升级和北师大“井冈山战斗团”等外地红卫兵组织的介入，“破四旧”运动脱离了原有轨道，并最终演变成一场“造孔家店的反”的灾难性的破坏运动。曲阜“破四旧”运动的开展，非但未能“移风易俗”“改变整个社会的精神面貌”，反而给国家和当地民众的文化、生活等造成了巨大的负面影响，此中经验教训值得人们反思。

一　“破四旧”运动在曲阜的开展

“破四旧”运动是在“文化大革命”的发动过程中酝酿和引发的。

1966年6月1日，《人民日报》发表了改组以后的第一篇社论《横扫一切牛鬼蛇神》，传达了中共中央发动“文化大革命”的纲领性文件——5月16日《通知》的精神。社论号称“破四旧”是“人类历史上空前未有的移风易俗的伟大事业”。8月8日中共中央八届十一中全会通过的另一个纲领性文件《中国共产党中央委员会关于无产阶级文化大革命的决定》（简称“十六条”）的第一条，进一步肯定了“破四旧”的政治意义：“资产阶级虽然已经被推翻，但是，他们企图用剥削阶级的旧思想、旧文化、旧风俗、旧习惯，来腐蚀群众，征服人心，力求达到他们复辟的目的。无产阶级恰恰相反，必须迎头痛击资产阶级在意识形态领域里的一切挑战，用无产阶级自己的新思想、新文化、新风俗、新习惯，来改变整个社会的精神面貌。”① 8月18日，在天

① 《关于无产阶级文化大革命的决定》，《人民日报》1966年8月13日。

安门广场召开的“庆祝文化大革命大会”上，毛泽东第一次接见了红卫兵的代表，林彪则再一次为“破四旧”做了煽动性的号召。此后狂热而无知的红卫兵们以打烂一切“四旧”物品为宗旨，把北京城内外一切外来的和象征古代文化的物品砸了个遍。8 月 22 日，中央人民广播电台向全国报道北京红卫兵的“伟大功勋”。次日，全国各大报纸均以头版头条报道“无产阶级文化大革命的浪潮席卷首都街道”，《人民日报》还发表社论称“好得很!”① 于是，在极“左”思潮的影响和舆论媒体的宣传鼓动下，由北京的中学生红卫兵首创的“破四旧”运动迅速席卷全国。

8 月 23 日，曲阜师范学院、曲阜师范学校、曲阜一中等院校的红卫兵听到北京横扫“四旧”的消息后，立即走上街头，张贴标语，要求更换旧街名、旧地名，立即开展“破旧立新”运动。② 为避免局势失控和“变被动为主动”，③ 曲阜县委、县人委闻讯后立即召开城关公社贫下中农会议，同意了红卫兵的要求，并作出了开展“破旧立新”运动的决议。决议要求：更改旧街名；搬掉节孝坊；拆除神庙、神楼；拆除南门外孔祥熙的大道亭；扫清神汉、巫婆、仙客；改革婚丧嫁娶的旧习俗；取消一切庙会、香火会；把孔府改为阶级教育展览馆等等。④ 县委的表态“支持”，使“破四旧”运动像飓风一样迅速在曲阜刮了起来。

像全国其他地区一样，曲阜的“破四旧”运动最初也是从给街道、学校等设施机构改名开始的。在曲阜县委做出开展“破旧立新”运动的决议后，大批红卫兵即敲锣打鼓，走上街头，到处张贴大字报、标语，集会演说，热情地向群众提出更改旧街道、旧学校名称的革命倡议。在红卫兵的宣传鼓动下，仅几天时间，那些带有“封资修”色彩的旧街名、校名就纷纷被改成具有革命色彩的新名称。如：“阙里街”改名为“反封街”；“更道新街”改名为“解放街”；“城隍庙街”改名为“红星街”；“三皇庙街”改名为“红卫兵街”；“官园街”改名为“工农兵街”；“西关大街”改名为“反帝大街”；“东关大街”改名为“东升大街”；“仓巷

① 《好得很!》，《人民日报》1966 年 8 月 23 日。

② 《中共曲阜县委常委会议记录》，曲阜档案馆藏，全宗号 1－3－394－4。

③ 2009 年 4 月 5 日，笔者于曲阜民族公园对孔庆庄（时任曲阜县文革办公室主任）的访谈笔录。参见李先明《“文化大革命”初期曲阜的“破四旧”运动及其影响》，《中共党史研究》2012 年第 8 期。

④ 《李秀对曲师院革命师生大会上的讲话》，曲阜档案馆藏，全宗号 1－3－204－9。

街”改名为“跃进街”；“浴德胡同”改名为“四清胡同”；“西门大街”和“通相圃街”合称为“反修大街”；“天官第街”与“后座街”、“颜庙街”合称为“灭资街”；“轱辘把街”与“书院街”合称为“太阳升街”；“棋盘街”与“南门大街”合称为“兴无街”；“钟楼街”与“五马祠街”合称为“红旗街”；“鼎新街”与“纸坊街”合称为“文革街”；“书院街小学”改名为“太阳升小学”；“曲阜师范学院附属小学”改名为“红联小学”……。①

除了“改名”之外，红卫兵还冲向社会，干预群众的风俗、习惯。如：不准群众烧纸烧香、上坟祭祖、相互拜年和走亲访友，不准按传统仪式操办红白喜事，不准宗教人员信教，等等。甚至群众的衣着、发型也要按照红卫兵的要求“破旧立新”。更为荒唐的是：红卫兵说“一切花草都会使人变修，更会分散群众精力，妨碍学习毛主席著作，放上毛主席语录就可使人时时想着毛泽东思想，改造自己的灵魂”。② 于是，在红卫兵的干预下，“有些机关、学校，把多年来种的花草全部刨掉，光光的只放上几个语录牌。甚至幼儿园里的一些洋（布）娃娃都放进了火炉里，免得娃娃们从小便崇洋媚外。至于一些中国（布）娃娃，也一律去掉花裙子、花衣服，裹上绿布，权当绿军装，学红卫兵。那么多布娃娃，一时没有足够的绿布做革命服装，情愿光着屁股，也不穿那种表现资产阶级思想的花衣裳”。③

随着“破四旧”的发展，红卫兵的“革命”热情不断高涨，曲阜当地民众家里的图书、字画等所谓的“四旧”物品也开始遭殃。在曲阜，无论是城里人还是乡下人，无论是富裕还是贫穷，几乎每家每户都会在堂屋里挂上一幅中堂，有《寿星图》《五子登科》《麻姑献寿》《松鹤延年》《岁寒三友》《八仙过海》《连年有余》等；很多人家里的条几上还摆有祖上传下来的或是古色古香的花瓶，或是一柄如意，或是一方古砚，等等。农民们舍不得将这些东西交出去，便尽量收藏起来，只把一些很粗糙的字画，如《三字经》《百家姓》《千字文》《朱子家训》《增广贤文》《封神演义》《连环画》以及扑克、象棋之类的东西交出去。最后这些

---

① 中共曲阜市委党史研究室编：《中共曲阜地方史》第 2 卷，中共党史出版社 2008 年版，第 351 页。

② 骆承列：《劫余痛定录》（未刊），第 8 页。

③ 同上。

“四旧”物品被投进该公社、大队燃起的“破四旧”的大火之中，红卫兵们则围着熊熊火焰高呼：“战无不胜的毛泽东思想万岁！”“彻底砸烂旧世界！”“破四旧！立四新！”① 与此同时，曲阜的一些历史悠久、弥足珍贵的文化遗产，如节孝坊、功德碑、烈女碑等也受到红卫兵的冲击。当时被毁坏的牌坊主要有：西门大街东首两座功名坊、一座节孝坊；北门大街北首孔传钜之妻的贞节牌坊、坊后名曰“文津桥”的四孔石桥；小雪村中东西大街东段清嘉庆二十五年为武继泽继室韩氏节妇而立的“敕褒节孝”石坊；防后官庄东北岳家林内“怀远大将军岳君之祖茔记”石碑；辟北村村北陈氏祖茔南面的阎王庙、戏楼、明威将军赵公碑；等等。②

红卫兵在“造反有理”口号的鼓动下，还不分青红皂白地对所谓“封、资、修”的代理人，即“牛鬼蛇神四类分子”“反动学术权威”“走资派”“修正主义分子”进行批斗。下面是时任曲阜师范学院中国古代史教研室主任骆承烈对当年“破四旧”的回忆片断，它真实地反映了“破四旧”运动中，红卫兵冲击学校、迫害老师的一些情景。

> 不久前（8月28日，笔者注）校内开了一个“横扫牛鬼蛇神”的大会，我所在的历史系许多老教师和部分年轻教师被揪了出来，戴上高帽子游街。我的指导教师王先进，是最早被揪出来的。他们说他解放前一贯反对革命，为蒋家王朝及旧世界效劳，被指定为“反党老手”（实际上这是一位1927年加入中国共产党，因失去联系脱党，一直老老实实做学问、教学的老知识分子）。并勒令他自己做了顶很大的高帽子，套到头上。陈克礼老师解放前有历史问题，被指定为“反动军官”，按倒在地，剃了个奸官头（即把中间头发全剃光，留下两边很长的长发，向上立着。像舞台上的奸官一样）。郭克煜老师前几年有一篇《孔子与季氏》的文章，本来不会构成罪名，但他怕红卫兵说他吹捧孔子，诬蔑古代造反派（阳虎），偷偷地把文章烧

① 2009年7月18日，笔者于曲阜县委干部家属院对白仲友的访谈笔录。白仲友，男，现年73岁，时任县人委秘书。参见李先明《“文化大革命”初期曲阜的“破四旧”运动及其影响》，《中共党史研究》2012年第8期。

② 《中共曲阜地方史》第2卷，中共党史出版社2008年版，第351页。

了。第二天红卫兵到他家里去，发现烧过的纸灰，勒令他交代烧的是什么反革命材料。他说烧的是篇文章，红卫兵就是不信，马上把他打成“现行反革命”，用推子把头发剃去一半，做成“阴阳头”。王阁森那时才三十多岁，历史上也没什么问题，只是业务水平高，课讲得好，通晓英、日、俄三国语言是业务尖子，便被当做“精神贵族”、“资产阶级的黑苗子”，揪了出来。红卫兵也勒令他做个高帽子，和王先进等人一起游街……

从当时的文献资料和部分当事人的回忆来看，曲阜最初的“破四旧”运动的内容及形式大致集中在以上几个方面。至此，曲阜的“破四旧”运动本该像全国其他地区一样，告一段落，但曲阜因为有中国最古老的文化遗迹——孔府、孔庙、孔林，即所谓“四旧”的总根子“孔家店”的存在，曲阜的“破四旧”运动不久又转向了“讨孔”。

其实早在“破四旧”运动之初，曲阜本地的红卫兵就一度把矛头指向孔府、孔庙、孔林，但在曲阜县委的巧妙抵制下，“讨孔运动”最终未能开展起来。① “中央文革小组”对此颇为不满，1966 年 10 月底，《红旗》杂志负责人林杰指使北京师范大学造反派头头谭厚兰去山东曲阜“造孔家店的反”。② 由此，曲阜“破四旧”运动进入了第二阶段，即“讨孔”阶段。

县委在得知北师大红卫兵要来曲阜“讨孔”的消息之后，马上给驻城各机关、厂矿、企业单位领导做了布置，严格规定不许与红卫兵接触，不与他们辩论，不给他们传递消息，不参加他们的一切活动，哪个单位出了问题，哪个单位的领导就要负责。③ 曲阜县委试图通过这种消极抵抗的办法与“北师大井冈山”红卫兵抗争，不让他们为所欲为。同时，县委向中央和省委汇报，并由县委办公室以县委名义向国务院发特级电报，请示怎么办；另外，加强文物保护措施，要求文管会人员迅速把一、二类文

① 《李秀在城关公社贫协代表、治保主任、县直机关和各企事业单位负责人会议上的讲话》，曲阜档案馆藏，全宗号 1－3－204－4；《中共曲阜县委关于王化田所犯错误处理决定》，曲阜档案馆藏，全宗号 1－1－393－11。

② 亚子、良子：《孔府大劫难》，天地图书 1992 年版，第 44 页。

③ 2009 年 6 月 20 日，笔者于曲阜民族公园对孔庆庄的访谈笔录。参见李先明《“文化大革命”初期曲阜的“破四旧”运动及其影响》，《中共党史研究》2012 年第 8 期。

物藏到后堂楼上，有些则藏到后花园水池里，以确保文物安全。①

11 月 9 日，北京师范大学“毛泽东思想红卫兵井冈山战斗团”头头谭厚兰带领 200 多名学生来到曲阜后，他们以“中央文革小组”派来的名义，不顾山东省委、曲阜县委和孔庙管理处的劝阻，串联当地的一些造反派，与曲阜师范学院等院校的红卫兵联合成立了“讨孔联络站”，并扬言：“彻底捣毁‘孔家店’，火烧孔像，刨平孔坟，揪出尊孔、祭孔的反动学术‘权威’游街示众!”②

就在曲阜广大党员干部与红卫兵对峙期间，11 月 12 日夜，曲阜县委通过电话接到了时任“中央文革小组”组长陈伯达的所谓指示：“孔府、孔庙、孔林不要烧，留作封建制度孔家地主博物馆。像收租院那样。孔坟可以挖掉。”“中央文革小组”成员戚本禹的电话则声称：“汉碑要保留，明代以前的碑要保留，清碑可以砸掉。对孔府可以改造，可以像收租院那样。孔坟可以挖掉。可以找懂文物的人看一下。”③

陈、戚的“指示”，助长了红卫兵的“讨孔”声势。14 日，北京师范大学“毛泽东思想红卫兵井冈山战斗团”向全国发出题为《彻底打倒“孔家店”，树立毛泽东思想的绝对权威十条建议》的通电，并成立了“全国讨孔联络委员会”。15 日，北京师范大学毛泽东思想红卫兵井冈山战斗团、曲阜师范学院毛泽东思想红卫兵同曲阜的部分中小学红卫兵以及到曲阜串联的全国各地的红卫兵两千余人，在孔府门前举行“彻底捣毁孔家店”誓师大会，宣读了“讨孔檄文”，诬蔑国务院 1961 年为孔庙、孔府、孔林和鲁国故城遗址竖立的“全国重点文物保护单位”的石碑是牛鬼蛇神的“保护伞”，是“讨孔”的绊脚石，将其砸毁，并给国务院发了“抗议信”。④

28 日至 29 日，北京师范大学“毛泽东思想红卫兵井冈山战斗团”、曲阜师范学院“毛泽东思想红卫兵指挥部”联合曲阜部分中等学校的红

① 中共曲阜市委党史研究室编：《中国共产党曲阜市历史大事记（1919. 5—1996. 12）》，中共党史出版社 1998 年版，第 221 页。

② 北京师范大学毛泽东思想红卫兵井冈山战斗团：《火烧孔家店——讨孔宣言》，《讨孔战报》第 1 期，1966 年 11 月 10 日。

③ 《中共曲阜地方史》第 2 卷，第 354—355 页。

④ 《高举毛泽东思想伟大红旗，捣毁孔家店，彻底闹革命》，《讨孔战报》第 3 期，1966 年 11 月 20 日。

卫兵，在曲阜师范学院大操场上召开包括工人、农民和各地到曲阜串联的红卫兵参加的“彻底捣毁孔家店大会”（号称十万人“讨孔”大会）。大会由谭厚兰主持。会上批斗了山东省分管文化教育的副省长余修、省委宣传部部长王众音、曲阜师范学院教务长高赞非、教授王先进和历史学家严北溟、周予同等人。会后，红卫兵将余修等人和孔庙大成殿里被推倒的孔子塑像、大成殿匾牌一起架上汽车游街示众。最后，红卫兵将孔子塑像、大成殿匾牌纵火焚烧，同时，还到孔林扒了孔子及其后裔孔令贻等人的坟墓。①

12 月 6 日，谭厚兰率北师大红卫兵赶回北京捍卫“中央文革”，但曲阜并未从“讨孔运动”的狂热中冷却下来。1967 年春节前后，全县曾一度刮起扒坟、杀树、盗窃国家文物和地下财富的邪风，鲁国故城、梁公林、少昊陵、东西颜林、尼山孔庙等均遭到不同程度地破坏。②

二　曲阜“破四旧”运动中红卫兵和当地民众的行为心态

“破四旧”运动，是一场荒谬的政治运动。运动期间，红卫兵改街名、砸庙宇、斗干部、批老师、毁文物，闹得鸡犬不宁，社会秩序大乱。对于这样一场摧残人权、践踏文明和人类正常理智难以接受的粗暴的破坏行动，当时的红卫兵以及地方干部、群众的行为心态是怎样的呢，这是很值得分析和探讨的。

（一）红卫兵盲从狂热、肆意妄为

红卫兵是在“文化大革命”的特定历史条件下产生、发展起来的，它主要由一群单纯天真、热血沸腾、对毛泽东无限崇拜和忠诚、思想行为过于情绪化、观念化和政治化的大、中学生组成。一般来说，红卫兵最初“破四旧”的出发点是好的、是善意的，他们天真地以为，通过“向旧世界宣战”，就真的能够“移风易俗”“改变整个社会的精神面貌”。遗憾的是，他们的观念不是以事实为依据，而是被畸形的极“左”思潮所迷惑。不能否认，也有部分红卫兵在思想和心理上缺乏准备，感到突如其来，甚至有些不理解。但总的来讲，他们大都出于对党和毛泽东的信赖以及受“造反”潮流的裹挟，很快地加入“破四旧”的洪流中，成为革命的“造

① 《彻底捣毁孔家店大会胜利召开》，《讨孔战报》第 5 期，1966 年 11 月 30 日。

② 《中共曲阜地方史》第 2 卷，第 356 页。

反派”。“曲阜师范学院毛泽东思想红卫兵”张景颜回忆自己的“破四旧”经历时说：“红卫兵大都出于爱党、爱国心参与‘破四旧’的，一开始也有些学生不太理解，有点突然，但人民日报、各大报纸都一个劲地肯定，最后就给轰起来了。”① 骆承烈的回忆也印证了这一点：“‘文化大革命’初期，有些学生还在观望，但‘八·一八’‘八·三一’毛泽东接连两次在天安门广场接见红卫兵，增加了红卫兵‘破四旧’的热度。他们真诚地以为砸烂旧世界，建设新世界，非我（红卫兵）莫属。全国学北京，曲阜的红卫兵也不例外，甚至更加厉害。”② 但曲阜的孔府、孔庙、孔林毕竟是国务院公布的第一批全国重点文物保护单位之一，是祖国的宝贵文化遗产，笔者曾猜测北师大“井冈山战斗团”的红卫兵在破坏“三孔”（孔庙、孔府、孔林的简称）之前，特别是在砸国务院竖立在“三孔”门前的“全国重点文物保护单位”的石碑时一定产生过犹豫和疑惑。然而，在笔者所接触到的大批材料中，并没有提及他们当时在心理上曾经有动摇、怀疑的想法。北师大红卫兵蔡正光当时的日记也表明他们对砸国务院的石碑没有丝毫的恐惧和不安，有的只是满腔的革命热情和把“破四旧”运动进行到底的决心。③

不过，值得注意的是，红卫兵明显地分为两类：一类是隶属于曲阜本地（不包括曲阜师范学院）的“土生土长”的红卫兵，如曲阜一中、曲阜师范学校的红卫兵，他们一方面是“破四旧”运动的主力军，另一方面他们在运动之初对孔府、孔庙等重点文物单位起了保护的作用，即便在“讨孔”高潮期间，他们的行为也不像外地红卫兵那样激烈和偏执；④ 另一类是外地的红卫兵，他们是曲阜大批文物古迹的直接破坏者。可以说，如果没有北师大“井冈山战斗团”等外地红卫兵的到来和介入，“破四旧”运动不

---

① 2010年12月12日，笔者于曲阜师范大学家属楼对张景颜的访谈笔录。张景颜，男，现年76岁，曲阜师范大学退休教师。参见李先明《“文化大革命”初期曲阜的“破四旧”运动及其影响》，《中共党史研究》2012年第8期。

② 2008年10月8日，笔者对骆承烈的访谈笔录。骆承烈，男，现年73岁，时任曲阜师范学院中国古代史教研究室主任。同上。

③ 亚子、良子：《孔府大劫难》，第121页。

④ 2010年2月19日，笔者于中国孔子基金会曲阜办事处对高景鸿的访谈笔录。高景鸿，男，现年75岁，时任曲阜县文物管理委员会办公室主任。参见李先明《“文化大革命”初期曲阜的“破四旧”运动及其影响》，《中共党史研究》2012年第8期。

会对曲阜的文物古迹造成这么大的破坏。[①] 毁坏文物，罪不容赎。但当我们对红卫兵的行为进行谴责的同时，更要看到，“中央文革小组”某些成员的直接支持和纵容是造成“三孔”遭受惨重破坏的最根本的肇因，而红卫兵之所以参与破坏，大多数是受“左”倾思潮的迷惑和“破四旧”理论的蒙蔽所致。[②] 从这个角度来说，他们又未尝不是运动的受害者。

（二）多数群众不感兴趣、被动参与

对一般群众而言，他们大都对“破四旧”不感兴趣，因为很多所谓“四旧”是他们正在使用着的物品或正在践行着的生活习俗或生活方式，至于“三孔”，祖祖辈辈生活在曲阜的广大群众对其更有着至深的感情。故此，对“破四旧”运动特别是在“造孔家店的反”的问题上，他们从内心里非常的抵触和不理解。但另一方面，“破四旧”运动来势凶猛，经历过多次政治运动洗礼的人们又不能不顺应潮流，跟着打呼隆，在调查中，从那个时代走过来的老者经常说的一些话语就是：“大势所趋”“大家都参加，你不参加行吗？”“人随王法草随风，上面怎么号召，下面就怎么跟”“一开始不接受，时间长了也就接受了”。[③] 在那个“以阶级斗争为纲”和阶级意识很强的年代里，人民群众的心理被严重扭曲了。

思想决定行动。曲阜广大民众尽管对“破四旧”不感兴趣，甚至是反感，但迫于压力，还是参与了这场运动。纵观曲阜整个“破四旧”的过程，当地民众都是由基层干部如大队支部书记或民兵连长带领着去横扫“四旧”的，“红卫兵自己下乡并不受农民的欢迎。各区、公社都普遍采取了抵制态度，有的不让学生散发传单，有的强制学生就地参加劳动”。[④] 正如孔庆庄所回忆的那样，“大多数群众还是听党的话，有组织、有纪律的，无论砸碑还是扒坟，都是红卫兵强迫县委县府组织群众去干的，红卫

① 在访谈中，无论是曲阜当地的干部和群众，还是当年参与破四旧的红卫兵，都一致认为，在“破四旧”运动中，“三孔”文物的破坏主要是由外地红卫兵和曲阜师范学院的部分红卫兵造成的。

② 参见李先明《“文化大革命”初期曲阜的“破四旧”运动及其影响》，《中共党史研究》2012 年第 8 期。

③ 2009 年 8 月 10 日，笔者于曲阜老年大学对几位老者的访谈笔录。参见李先明《“文化大革命”初期曲阜的“破四旧”运动及其影响》，《中共党史研究》2012 年第 8 期。

④ 《李秀在曲阜县贫下中农的代表大会第三次会议上的总结发言》，曲阜档案馆藏，全宗号 1 - 1 - 396 - 4。

兵自己指使不动，（并）常常和群众发生冲突”。① 事实上，在曲阜“破四旧”的第一个阶段里，当地民众一方面在县委的组织号召下参与“破四旧”，一方面千方百计抵制红卫兵“造孔家店”的反；在曲阜“破四旧”的第二个阶段里，尽管有个别人迎合当时形势的需要，表态“支持红卫兵干革命”，② 但绝大多数农民群众从内心里对红卫兵“造孔家店的反”非常反感。用当地百姓的话来说，人们都觉得把“三孔”文物砸掉和烧掉实在是太可惜了，当时没有一个真正支持的。③ 白仲友也认为，“不能否认有个别群众想趁机发点财，弄点东西，但那只是极少数，不是主流，从指导思想上讲，当地百姓并不想‘破四旧’，更不想破坏‘三孔’，如果当地老百姓都想去扒坟，早就扒光了，如果都想砸‘三孔’，早就砸光了。但实际上，曲阜文物古迹被红卫兵毁坏的不少，但更多的被群众保护下来了”。④ 事实也正是如此，在“破四旧”过程中，当地不少群众想方设法暗中保护“三孔”。如孔子墓碑被砸成数百块碎石后，当地一些群众就偷偷地加以收藏保护，“文化大革命”结束后，拼粘复原，仍立原处；再如孔府、孔庙里的档案、文书，以及元、明、清时期的一些服装、出土文物、稀世碑碣等被他们抢救出来，藏匿在各处，“文化大革命”结束后，又得以重见天日。⑤

（三）党员干部迷茫怀疑、消极抵制

与红卫兵盲从、狂热的行为、心态相比，曲阜大多数党员、干部对“破四旧”运动处于一种非常矛盾的心理状态：一方面，面对“破四旧”运动中明显悖理的反文化、毁灭珍贵文物的举措，多数党员干部本能地意识到了运动中“革命行为”存在的问题，内心充满了迷茫、怀疑、抵触甚至厌恶。当然，这种心态还没有达到对“左”的思想理论体系的否定和拒斥的地步，它主要是一种感性的对违反常识和常规的极“左”举动的不满和异议。另一方面，由于“破四旧”运动受到“中央文革小组”的直接支持，在“不砸烂就是保皇，就是对抗‘文化大革命’”的“破四

① 2010 年 3 月 21 日，笔者于曲阜民族公园对孔庆庄的访谈笔录。

② 《诸葛亮会——曲阜地区贫下中农讨孔座谈会纪要》，《讨孔战报》第 8 期，1967 年 6 月 26 日。

③ 2009 年 4 月 19 日，笔者于曲阜民族公园对几个老者的访谈笔录。参见李先明《“文化大革命”初期曲阜的“破四旧”运动及其影响》，《中共党史研究》2012 年第 8 期。

④ 2010 年 3 月 18 日，笔者于曲阜县委老干部家属院对白仲友的访谈笔录。

⑤ 何立波：《荒诞的破“四旧”》，《党史天地》2006 年第 2 期，第 48 页。

旧”大潮里，他们又不能不从表面和形式上顺应“文化大革命”的潮流，高举“破四旧”的大旗，表示支持“破四旧”运动。

应该说，在运动初期，迫于压力和基于“变被动为主动”的考虑，以曲阜县委为中心的党员干部一度对红卫兵的“破四旧”行为采取了包容和支持的态度，但同时，他们又顶住压力，采取种种措施对红卫兵的行为予以规范和引导，巧妙地把“三孔”与“四旧”区别开来，很好地保护了“三孔”。时任曲阜文物管理委员会的办公室主任高景鸿就强调：“在谭厚兰来曲阜之前，当地干部组织群众努力保护‘三孔’，并取得了很好的成效，‘三孔’的古建筑、古文物等没有一件遭到破坏”。[①] 但随着北师大红卫兵的到来，特别是“全国重点文物保护单位”的石碑被砸毁之后，县委便不得不“一步一步向后退”。[②] 值得称道的是，如前所述，即便在此种情形下，不少党员干部仍然冒着被打成现行“反革命”的危险，想尽各种办法，来抵制“讨孔运动”。因为他们清楚地知道，即便“孔老二是封建主义的代表，但‘三孔’是国家财产，他们保护的是‘三孔’，是国家文物，一旦破坏了，便永远也不能恢复”。[③] 正是因为他们的努力抗争，“三孔”虽遭破坏但并未遭到浩劫，一大批珍贵文物在改革开放后得以劫后重生。可以说，在“破四旧”那个极不正常的岁月里，如果没有县委和文管会等广大党员干部的努力抗争和保护，曲阜“三孔”抑或就真的成了“历史遗迹”。

三 曲阜“破四旧”运动的历史影响及其评价

曲阜“破四旧”运动，1966 年 8 月下旬汹涌而来，1967 年年初悄然而去。经过近半年的折腾，它对国家和曲阜当地民众的文化、生活等方面造成了巨大的负面影响。

（一）大量的文物、古迹遭到了毁灭性的破坏

在曲阜“破四旧”运动中，破坏性最大、影响最为恶劣的就是对文物、古迹的破坏。在运动初期，曲阜当地的红卫兵就毁坏了一些很有价值的古书典籍以及各式各样的石碑牌坊等。最为可惜的是，在运动后期，即

---

① 2010 年 2 月 23 日，笔者于曲阜老年大学对高景鸿的访谈笔录。参见李先明《“文化大革命”初期曲阜的“破四旧”运动及其影响》，《中共党史研究》2012 年第 8 期。

② 2010 年 9 月 2 日，笔者于曲阜县委干部家属院对白仲友的访谈笔录。同上。

③ 2009 年 3 月 21 日，笔者于曲阜民族公园对孔庆庄的访谈录。同上。

“讨孔”阶段，孔府里的各类档案、瓷器、字画、古书典籍，孔林中的历代石碑等一大批珍贵的历史文化遗产遭到了无情地破坏。据不完全统计，从1966年11月9日至12月7日不到一个月的时间里，谭厚兰率领红卫兵毁坏的文物即达六千余件，其中包括：孔庙大成殿中的大型塑像17座、孔庙大型匾额20多块、古代册簪2700余册、古代珍贵字画像58轴、孔林墓碑两千余块。[①]

（二）一大批革命干部和群众被当作“封资修”的代理人受到不应有的打击

在曲阜“破四旧”运动过程中，受到冲击的，既包括“地、富、反、坏、右”等一切“牛鬼蛇神”，也包括知识分子、县委领导、一般群众等。从“文化大革命”开始到1966年年底不到半年时间，仅曲阜师范学院被打成“牛鬼蛇神”的教师和被打成“叛徒”“特务”“走资本主义道路的当权派”的干部就多达110余人，占教职工总数的1/5，这些教师和干部除了经常被揪斗之外，还被逐出家门，赶进所谓的“牛棚”，并长期集中到校农场被监督“劳改”，他们的工资被扣发，活动受限制，不仅本人受冲击，而且殃及家属、子女。[②] 与此同时，全县部分党政领导干部和一些出身不好或有历史污点的人民群众也惨遭批斗。批斗给受害人造成的不仅是身体上的伤害，更严重的是让他们遭受心灵上的摧残。

（三）打乱了人们正常的生产和生活秩序

在曲阜“破四旧”过程中，特别是“讨孔”阶段，全县形形色色的红卫兵组织在“造反有理、革命无罪”“造孔家店的反”“踢开党委闹革命”等口号的煽动下，用“大鸣、大放、大字报、大辩论”的形式，向“牛鬼蛇神四类分子”“反动学术权威”“孔老二的孝子贤孙”“旧曲阜县委推行的资产阶级反动路线和党内的一小撮走资本主义道路当权派”发起攻击，致使全县党政机关、学校以及许多单位都一度陷于瘫痪或半瘫痪状态。[③] 一时间学校停课、工厂停工、商业萧条，整个社会陷入一片混乱之中，当地民众的生产和生活秩序受到严重干扰。

（四）全盘否定传统风俗、习惯，严重伤害了群众感情

传统风俗习惯是指历代相习、积久而成的礼节、风尚、习惯的总和，

① 《中共曲阜地方史》第2卷，第356页。

② 《曲阜师范大学校史（1955—1995）》，山东教育出版社2005年版，第90页。

③ 《中共曲阜地方史》第2卷，第222页。

它是人民群众长期的心理积淀，具有一定的正当性与合理性。如逢年过节上坟祭祖的习俗，既表达了家族的传承，又表达了后人对先辈的思念和孝心，只要其间不夹杂迷信行为，就应是一种正当的民俗活动，不应当加以干涉和制止。再如一些民间信仰习俗，往往承担着道德教化、社会控制、整合乡村、调适心理的任务，因而，我们在规避其负面影响的同时，也要肯定它对社会文化建构的正面作用，不能不加分析地一笔抹杀。但在曲阜的“破四旧”运动中，红卫兵不分良莠、不加辨析地对传统风俗、习惯进行批判和否定，如强令禁止人们上坟祭祖、死了人不戴孝、不准啼哭、强迫一些宗教人员反教、视所有民间信仰为封建迷信，等等，从而引起人们心理上的强烈反感，严重伤害了人民群众的感情。

（五）扰乱了正常的伦理秩序，扭曲和摧残了人们的心灵

“破四旧”运动的又一负面影响是颠倒混淆了人们生活中的善恶、是非、美丑、好坏的标准，打乱了曲阜社会正常的伦理秩序。不能否认，以儒学为主干的传统文化中有诸多消极因素，诸如封建陋俗、等级观念、封建迷信等。但另一方面，传统文化中关于社会伦理道德的见解，关于个人的自我修养的一些看法也是极有见地，值得肯定的。而在曲阜的“破四旧”运动中，“尊祖敬宗”“师道尊严”“讲孝道”“重礼仪”等一些传统美德都被当作“孔老二的糟粕”扫地出门，取而代之的是一种反人性、反人理、反人道、反人权的所谓“革命伦理”，人们的心灵被严重的扭曲和摧残。

可见，与全国其他地区一样，曲阜“破四旧”运动的开展，给当地民众的文化、生活等造成了巨大的负面影响。但值得注意的是，这些影响主要表现在对“旧思想、旧文化、旧风俗、旧习惯”的一系列物化形态的破坏上，人们观念层面上的“四旧”，特别是其中的一些“旧风俗、旧习惯”还是在私下里继续延续和持守着。

以“改名”为例，在“破四旧”过程中，尽管曲阜的许多街道、村庄、学校都改成了富有“革命”色彩的新名称，但当地百姓在日常生活中还是称呼和沿用旧有的名称字号，以致 1972 年以后除了红星街、红星路等少数被“革命化”了的名称保留外，其他改过的名称又不得不全部改了回来。[①] 不单“改名”如此，推而广之，曲阜固有的传统伦理道德、

① 2009 年 8 月 15 日，笔者于曲阜民族公园对孔庆庄的访谈笔录。参见李先明《“文化大革命”初期曲阜的“破四旧”运动及其影响》，《中共党史研究》2012 年第 8 期。

风俗习惯、民间信仰等等，也并没有因为一场“破四旧”运动而一同消亡。如：在“破四旧”运动中，尽管红卫兵广泛宣传禁止人们在过年时烧香、上供菜、祭祖等，但是仍有不少人“在夜间偷偷的供上香、供上祖宗牌位等，一到天明趁别人看不见，赶紧把供品收起来”。用他们自己的话说就是“变相抵制，消极执行”。① 再如：“破四旧”时，曲阜大大小小的神祉庙宇均被当作“四旧”予以扫荡和毁坏，但民众的神明信仰并未从思想上根除，他们仍然趁着天黑或没人注意的时候，在房前屋后，烧香磕头、求神拜佛。②

综上，我们可以得出以下几点结论。

其一，“文化大革命”初期曲阜的“破四旧”明显的分为两个阶段，从1966年8月23日红卫兵冲上社会横扫“四旧”开始，到11月7日谭厚兰来曲阜“讨孔”之前，为第一阶段。在这一阶段里，“破四旧”运动尽管造成了一定的破坏和影响，但运动基本上处于可控的范围之内。从11月7日到1967年年初，为第二阶段，即“讨孔”阶段。在这一阶段里，由于“中央文革小组”的直接支持纵容和北师大“井冈山战斗团”等外地红卫兵组织的介入，“破四旧”运动完全失控，曲阜许多珍贵的文化遗迹遭到了毁灭性的破坏。

其二，在曲阜的“破四旧”运动中，红卫兵特别是外地的红卫兵激进狂热、肆意妄为，对运动的恶劣影响负有主要的责任。而以曲阜县委为中心的领导干部以及大多数人民群众，尽管迫于压力，参与了这场运动，但他们大都是被动参与，而非主动参与，他们自始至终对“破四旧”运动，特别是对“造孔家店的反”持消极抵制的态度。

其三，曲阜“破四旧”运动的开展，非但未能“移风易俗”和“改变整个社会的精神面貌”，反而给曲阜造成了巨大的破坏和负面影响。这充分说明，在思想、文化、风俗、习惯等涉及群众意识形态的问题上，切不可轻率地搞什么“大破大立”，更不可企图用大搞群众运动的方法去一下子解决，否则就会事与愿违，甚至给国家和社会造成重大损失。

---

① 2009年8月17日，笔者于曲阜民族公园对白仲友的访谈笔录。参见李先明《“文化大革命”初期曲阜的“破四旧”运动及其影响》，《中共党史研究》2012年第8期。

② 2010年7月20日，笔者于曲阜民族公园对几位老者的访谈笔录。同上。

第七章

无奈的选择："文化大革命"后期山东的"批林批孔"运动

1974年年初全国范围内开展的"批林批孔"运动，是在"文化大革命"已经濒临破产的情况下再度强制推行"左"倾错误理论和实践的一场政治运动。山东作为孔子故里，儒家思想的发祥地，对"批林批孔"运动的反应无疑最为敏感和显著。1974年年初"批林批孔"运动在山东开场后，当地大多数干部群众对运动持消极抵制的思想态度。对此，山东各级领导被迫充当"指挥员"和"战斗员"的双重角色，通过组织动员和媒介宣传等方式来推动这场运动的开展。"批林批孔"运动的开展，给山东的经济、文化等造成了消极影响，但未能改变人们初始的抵制态度，运动在山东所达成的政治效果与江青等人所预期的目标相差甚远，甚至是背道而驰。

一 从批林整风到评法批儒："批林批孔"运动的缘起

"九一三事件"后，广大干部群众对批判极"左"思潮的拥护和支持，引起了毛泽东对"文化大革命"可能被否定的忧虑。作为"文化大革命"的发动者和领导者，毛泽东允许在某些具体问题上纠正已经造成严重后果的错误，但是不能允许从指导思想上批判和否定"文化大革命"。1973年春，在"批林整风"难以深入的时候，毛泽东从意识形态的阶级斗争论出发，提出了"批孔"的问题。毛泽东提出"批孔"，主要是想通过批判儒家"反对变革"的理论来诠释和强化"批林"的思想，以便得到统一认识，实现维护"文化大革命"的主观愿望。但毛泽东的这个愿望被江青等人利用，他们借题发挥，企图掀起一场类似"文化大革命"初期那样的群众性大动乱，以乘机在党政军领导机构中夺取更多的权力。正是在这样复杂的政治背景下，一场声势浩大的"批林批孔"运动开始在全国上演。

（一）批林整风

批林整风运动是以“九一三事件”为开端的。

1971年9月13日，林彪叛逃事件发生。该事件是一件十分严重而又影响广泛的重大政治事件。9月18日，中共中央下发第57号文件，首次向党内高级干部通报了“九一三事件”；10月24日，中央下发第68号文件《关于林彪叛国出逃的通知》，将林彪叛国叛党事件昭告于全国人民，要求彻底清查林彪、陈伯达反党集团；12月12日，中央下发第77号文件《粉碎林陈反党集团反革命政变的斗争（材料之一）》，1972年1月13日又公布了《粉碎林陈反党集团反革命政变的斗争（材料之二）》，这两份材料首次揭发了林彪集团在中共九届二中全会前后的阴谋活动、按照“571工程纪要”进行政变的准备。

1972年5—7月，中共中央又集中转发了一批“批林整风”材料，即：中共九届二中全会公报和九届二中全会以后毛泽东的文章、批示和重要谈话（共12件），九届二中全会以后的中央有关文件（共2件），《粉碎林彪反党集团反革命政变的斗争（材料之三）》，《关于国民党反共分子、托派、叛徒、特务、修正主义分子陈伯达的反革命历史罪行的审查报告》和陈伯达的历史罪证，毛泽东在1966年7月8日给江青的信，批判林彪军事路线的罪行材料，部分老干部对林彪的揭发材料等。[①]

随着批判林彪反党集团罪行的材料陆续颁发并逐步下达到基层，按照毛泽东的思路，全国范围内开展了大规模的批林整风运动。运动之初，由于“左”倾错误的积重难返和其巨大惯性，批林整风运动基本上还是按照“继续革命”的思路在“左”的错误的框框里进行的。但是，“九一三事件”的发生已经从客观上宣告了“文化大革命”理论和实践的失败，广大党员干部也逐渐从狂热的“革命”激情中觉醒，他们希望以此为契机纠正“文化大革命”的一些极端做法，落实党的有关政策，恢复和发展生产。而事实上，在当时已经有许多地区和部门明确地提出“认真批判林彪煽动极“左”思潮的罪行”“当前主要是克服极“左”思潮的干扰”一类的任务。[②] 在此背景下，主持中央日常工作的周恩来，顺应党心

---

① 钟德涛、柳青：《军队“批林整风”运动述略》，《中共党史研究》2005年第3期。

② 陈由之：《中国共产党辉煌90年·内乱与抗争》（1966—1976），人民出版社2011年版，第182页。

民意，机警地把当时在全国开展的批林整风运动引导至批判极"左"思潮，纠正"左"的错误的方向上来。周恩来首先在政治领域纠正"文化大革命"以来的一些极端的"左"的做法，即：平反一些"文化大革命"时的冤案，解放一批被林彪打下去的老干部，并让他们出来工作，其中包括平反1967年的"二月逆流"，恢复邓小平党和国家的领导职务等做法。其次，在经济领域，周恩来主要处理两件事：一是指示国家计委起草有关加强企业管理的规定，强调贯彻按劳分配，实行奖惩制度，加强纪律性的方针，以改变"文化大革命"以来企业的混乱情况；二是纠正一些在农村推行的过"左"政策，允许农民经营少量自留地和家庭副业，克服平均主义，并提出要兼顾国家、集体和个人三者之利益的观点。再次，在批林整风的过程中，周恩来为彻底否定极"左"思潮，于1972年下旬多次提出要批判"左"的错误，并有意地指出林彪是煽动极"左"思潮的罪魁祸首。周恩来的用意十分清楚，就是通过党内无异议的批林整风运动，巧妙地将林彪和极"左"思潮联系在一起，从而达到否定"文化大革命"中极"左"路线的目的。在周恩来的支持和引导之下，把批林与清算极"左"思潮、纠正"左"的错误结合起来的做法一度发展成为批林整风运动的主流。

周恩来批判极"左"思潮的举措以及广大干部群众对批判极"左"思潮的拥护和支持，引起了毛泽东对"文化大革命"可能被否定的忧虑。作为"文化大革命"的发动者和领导者，毛泽东没有从全局上认识到"文化大革命"的极"左"错误，他允许在一定程度上、在某些具体问题上纠正已经造成严重后果的错误，但是不能允许从指导思想上批评和否定"文化大革命"。因之，1973年春，在"批林整风"难以深入的时候，毛泽东在党的第十次全国代表大会召开前从意识形态斗争论出发，提出了"批孔"的问题。这年5月，党中央召开以"筹备党的十大"为主题的工作会议。会议期间，针对社会上"文化大革命失败了"的说法，毛泽东进行了批驳。他提醒说："只注意抓生产，不注意上层建筑，路线不对。要注意上层建筑，注意抓路线，要读一点历史，要批判孔子和尊儒思想。"[①] 7月4日与张春桥、王洪文的一次谈话中，毛泽东再次讲到"批

① 乔福锦：《"批林批孔"纪年》，《邢台师专学报》1995年第1期。

孔”问题，认为林彪的思想根源与国民党一样，都是“尊孔反法”的。[①]以上毛泽东发表的这些言论，将“批林”与“评法批儒”的问题联系了起来，并最终改变了原先“批林整风”的内容与纠“左”的方向。

（二）“评法批儒”

儒家与法家，是中国封建社会两大思想流派。儒家思想的创始人是孔子，法家思想的奠基者是战国时一批诸侯国的改革家。儒家和法家分歧很大，如：儒家重礼治，法家重法制；儒家重怀柔，法家重严刑；儒家求王道，法家求霸道；儒家厚古薄今，法家厚今薄古。秦始皇是中国历史上最早最成功的法家思想的实践者，但自秦始皇死后，传统中国在大多数时间里都是“重儒轻法”的。而步入近代，特别是“五四”运动以后，法家的地位节节上升，儒家的地位却急速下降。仅从思想史的角度来看，1973 年下半年的“评法批儒”或“尊法贬儒”运动便是“五四”反孔思潮极端性发展的结果。但从本质上来看，“评法批儒”更多的是一种意识形态领域的斗争，是符合“文化大革命”后期极“左”派的政治需要，是极“左”派对“九一三事件”后周恩来借批林整风来反对极“左”思潮的反动回应。

应该说，新中国成立之前和新中国成立后的一段时间内，以毛泽东为代表的中国共产党人基本上还是运用辩证唯物主义和历史唯物主义的方法，对儒家和法家进行了相对比较客观的评述。如 1955 年毛泽东曾经说过：“曲阜县是孔夫子的故乡，他老人家在这里办过多少年的学校，教出了许多有才干的学生，这件事是很出名的，可是他不大注意人民的经济生活。”[②] 但自 20 世纪 50 年代末期以后，毛泽东尊法反儒、扬秦贬孔的倾向逐渐鲜明起来。1957 年 1 月，他在省市自治区党委书记会议上说：“禁止人们跟谬误、丑恶、敌对的东西见面，跟唯心主义、形而上学的东西见面，跟孔子、老子、蒋介石的东西见面，这样的政策是危险的政策。康德和黑格尔的书，孔子和蒋介石的书，需要读一读，不懂得唯心主义和形而上学，没有同这些反面的东西做过斗争，你那个唯物主义和辩证法是不巩固的。”[③] 在这里，毛泽东断然改变了他之前将孔子儒家思想当作应该

---

① 郭若平：《“评法批儒”运动与中国当代学术的厄运》，《党的文献》2003 年第 6 期。

② 毛泽东：《〈一个在三年内增产百分之六十七的农业生产合作社〉一文按语》，《建国以来毛泽东文稿（1955. 1—1955. 12）》第 5 册，中央文献出版社 1987 年版，第 508—509 页。

③ 毛泽东：《在省市自治区党委书记会议上的讲话》（1957 年 1 月 27 日），中共中央文献研究室编《毛泽东文集》第 7 卷，人民出版社 1999 年版，第 193 页。

"承继"的"珍贵的遗产"的提法，转而把孔子儒家思想当作"反面的"和应该与之"作斗争"的东西。1958 年 5 月 8 日在中共八大二次会议上做"破除迷信"的报告时，他称"秦始皇是厚今薄古的专家"。[①] 1964 年，毛泽东在一次接见外宾时又说："孔夫子有些好处，但也不是很好的，我们应该讲句公道话，秦始皇比孔夫子伟大得多，孔夫子是讲空话的。在中国历史上，真正做了点事情的是秦始皇，孔子只说空话，几千年来，形式上是孔夫子，实际上是按秦始皇办事。秦始皇是第一个把中国统一的人物。不但政治上统一，而且还统一了中国的文字、中国各种制度如度量衡，有些制度一直沿用下来。中国过去的封建君主还没有第二个人超过他的。"[②] 自此，毛泽东"赞成秦始皇、赞成法家，不赞成孔夫子"倾向越来越明显。

"九一三事件"发生以后，林彪住所里许多记录孔子语录的读书卡片被整理了出来。接着在《571 工程纪要》中，林立果一伙将毛泽东同志称为"当代的秦始皇"的事实暴露了出来。毛泽东由此推断林彪和孔子是一路货，都是反动复辟势力的代表人物，自己和秦始皇才代表社会发展的方向。因而批判林彪时应当附带批判孔子，自是"批林整风"的题中之意。但从现有的资料来看，直到 1973 年 3 月，在中央召开的工作会议上，毛泽东谈到批林时，才讲到要批孔。这说明，毛泽东之所以把"批林整风"运动与"评法批儒"联系起来，一方面固然与林彪推崇孔孟之道有少许关系，另一方面也与他对当时国内政治斗争形势的估计息息相关，他要以"法家坚持变法，儒家反对变革"为旗号为自己发动的"文化大革命"提供口实、解决现实问题，而并不完全是和距离自己两千多年的孔子过不去。[③]

同年 5 月，江青去见毛泽东，看到那里放着郭沫若著的《十批判书》。毛泽东送了江青一本说："我的目的是为了批判用的。"7 月 4 日，毛泽东找张春桥和王洪文谈话时说：林彪和国民党一样是"尊孔反法"的。[④] 8 月 5 日，他又找到江青，向她出示了一首《读〈封建论〉呈郭

① 转引自陈晋主编《毛泽东读书笔记解析》下卷，广东人民出版社 1996 年版，第 1152 页。

② 陈晋：《毛泽东与文艺传统》，中央文献出版社 1992 年版，第 304 页。

③ 至 1972 年年初，毛泽东开始觉察到周恩来主持中央工作以来一系列政策实际上已经背离"文化大革命"的理论和实践，这一点是当时的他无论如何也不能容忍的。

④ 乔福锦：《"批林批孔"纪年》，《邢台师专学报》1995 年第 1 期。

老》的七言律诗：

劝君少骂秦始皇，焚坑事业要商量。
祖龙魂死秦犹在，孔学名高实秕糠。
百代都行秦政法，十批不是好文章。
熟读唐人封建论，莫从子厚返文王。[①]

在此次见面中，毛泽东还给江青讲了他对中国历史上一些儒法斗争的看法，他说：“历代政治家有成就的，在封建社会前期有建树的，都是法家。这些人都主张法治，犯了法就杀头，主张厚今薄古，儒家满口仁义道德，一肚子男盗女娼，都是主张厚古薄今的”。[②] 毛泽东在赞扬法家的同时批判了儒家思想，表面上看来，似乎是毛泽东对历史学家的学术著作提出不同意见，而实际上是为了满足当时某种政治斗争的需要。同时，这也给了江青以可乘之机，使其力图打着“评法批儒”的名义开展自己的政治运动。[③]

8 月 7 日，《人民日报》发表了经毛泽东亲自批发的中山大学教授杨荣国的文章《孔子——顽固地维护奴隶制的思想家》，8 月 13 日又刊发了杨荣国的《两汉时代唯物论反对唯心论先验论的斗争》一文。这两篇文章都是批判孔子、颂扬法家的，迎合了江青一伙搞“影射史学”的政治需要。以这两篇文章为导火索，全国范围内开始了所谓的“评法批儒”运动。[④]

---

① 金春明：《“文化大革命”史稿》，四川人民出版社 1995 年版，第 361 页。

② 乔福锦：《“批林批孔”纪年》，《邢台师专学报》1995 年第 1 期。

③ 在召开党的第十次代表大会之前，毛泽东希望通过批孔和肯定法家，来推进肯定“文化大革命”的思想教育；而江青等极“左”派则有意识地将批林运动发展为针对周恩来等务实派的批孔颂秦运动，以图向周恩来施加政治压力，强迫他在党的十大人事及路线上让步。批孔颂秦运动之政治目的，是以借故喻今的方法，通过舆论对周恩来代表的务实派施加压力。当时极“左”派批的焦点主要为：一、反对举逸民，以针对很多于“文化大革命”被打倒的干部在十大复出并将当选中央委员；二、反对孔子吾从周，即反对周朝时的封建割据，而赞成秦始皇（比喻毛泽东）的中央集权的郡县制，以影射地方势力坐大，及其支持务实派抗拒以毛泽东为首的中央；三、赞扬秦始皇的焚书坑儒，喻为历史进步，是镇压反动派的必须实施的革命措施，从而表现出“文化大革命”期间批判资产阶级反动路线的正确性。

④ 平心而论，法家思想中确实有好的东西，儒家思想中确实有不好的东西。但是，如果说所有法家思想都是好的，或基本上是好的，所有儒家思想都是坏的，或基本上是坏的，那就很难说得过去了。在“评法批儒”运动中，因意识斗争的介入，价值的天平大大地向法家一边不恰当地倾斜，“五四”以来，过激的反传统主义在此时达到顶峰。

9 月 4 日，《北京日报》刊载了北京大学、清华大学"大批判组"写的文章《儒家和儒家反动思想》，文章从孔子的"周监于二代，郁郁乎文哉，吾从周"，谈到"周礼"，又从"周礼"扯到相传制礼的周公是旧奴隶制的"政治代表"，来影射攻击周恩来，这是第一次以学府的名义打出"反孔"旗号。其后，这个"大批判组"分别以"梁效""高路""柏青""景华"等十几个笔名炮制了大量的评儒反法的文章，诸如《秦始皇在历史上的进步作用》《孔丘其人》《从〈乡党〉篇看孔老二》《研究儒法斗争的历史经验》《有作为的女政治家武则天》《教育革命的方向不容篡改》等。同一时期，"罗思鼎"（上海市委写作组）、"池恒"（《红旗》杂志写作组）"初澜"（文化部写作组）等也大搞"影射史学"，出笼了许多离奇古怪的所谓"儒法斗争"相关文章。据不完全统计，从 1973 年到 1974 年，全国各类报刊发表的"评法批儒"的文章达两千多篇。而这些文章，从一开始就不是要解决学术问题，而是完全出于实用政治目的。姚文元就曾毫不掩饰地说，"不写成学术的，要写成政治性的、辩论性的"。[①] 1973 年 10 月 1 日《红旗》杂志发表的《论尊儒反法》一文，更露骨地指出："彻底批判尊儒反法思潮，是思想领域内一场具有重大意义的斗争。深入开展这场斗争，将有助于我们进一步认识和更好地进行现实的阶级斗争。"[②]

需要注意的是，一直到 1973 年下半年，全国工作的重点仍是"批林整风"，"评法批儒"只是作为"上层建筑领域里的一场深刻的革命"来配合"批林整风"的。在中共十大政治报告中，"批林整风"仍是一个重要主题，但并无强调"批林批孔"的任务。不过，随着批孔的深入和反对所谓"右倾回潮"运动的展开，"评法批儒"的政治分量越来越重，批林、批孔与批"现代大儒"越来越紧密地结合在一起。到了 1974 年，"评法批儒"就转变为全国范围内轰轰烈烈的"批林批孔"运动了。

二　"批林批孔"运动在山东各地的开展与当地民众的反应

从 1974 年 1 月开始，山东省委、地委、县委层层传达中共中央的

① 中国社会科学院历史研究所编：《"四人帮"利用历史反党资料汇编》，人民出版社 1977 年版，第 28 页。

② 马齐彬：《中国共产党执政四十年》，中共党史资料出版社 1989 年版，第 363 页。

“批林批孔”指示，“批林批孔”运动由此在山东各地“轰轰烈烈”地开展起来。与全国其他地区一样，山东的“批林批孔”运动也是按照上级号召并且以中共中央一号文件的形式自上而下发动，而非老百姓的自发行为。因此，当“批林批孔”运动自上而下发动时，山东当地的大多数干部求稳怕变，对运动持消极观望的态度；而知识分子大都表面响应，但内心却并不认同；一般群众则对运动不感兴趣，反应冷淡。

（一）“批林批孔”运动在山东各地的开展

1974年元旦发表的“两报一刊”社论声称，“要继续开展对尊孔反法思想的批判”，“中外反动派和历次机会主义路线的头子都是尊孔的，批孔是批林的一个部分”。[①] 这篇社论成为发动“批林批孔”运动的一个信号，它将“批林批孔”作为这一年的主要任务昭告全国。1月12日，江青、王洪文写信给毛泽东，建议把北京大学、清华大学两校“大批判组”选编的《林彪与孔孟之道》（材料之一）转发全国，并称，“这份材料对当前继续深入批林、批孔会有很大帮助”，“各地也迫切需要这种简明扼要的材料”。实际上，当时广大干部和群众还不知道要开展“批林批孔”运动这件事，也就根本谈不上“迫切需要”这种材料。[②] 但不明事实真相的毛泽东却正式同意转发这一文件。1月18日，中共中央以当年一号文件正式将这份名为《林彪与孔孟之道》的材料转发全国。这份材料，是以林彪、陈伯达等人的言论与孔孟的言论对照的形式编写的。共分八个部分：一、效法孔子“克己复礼”，妄图复辟资本主义；二、鼓吹“生而知之”的天才论，阴谋篡党夺权；三、宣扬“上智下愚”的唯心史观，恶毒诬蔑劳动人民；四、宣扬“德”“仁义”“忠恕”，攻击无产阶级专政；五、贩卖“中庸之道”，反对马克思主义的斗争哲学；六、用孔孟反动的处世哲学，结党营私，大搞阴谋诡计；七、鼓吹“劳心者治人，劳力者治于人”的剥削阶级思想，攻击“五七”道路；八、教子尊孔读经，梦想建立林家世袭王朝。[③] 不难发现，《林彪与孔孟之道》这份材料中的许多内容是断章取义，牵强附会。中共中央批发这一文件后，“批林批孔”运动迅速在全国展开。

---

① 《中外反动派和历次机会主义路线的头子都是尊孔的》，《人民日报》1974年1月1日。

② 席宣、金春明：《“文化大革命”简史》，中共党史出版社2005年版，第235页。

③ 昆明电线厂工会、昆明师院史地系大批判组：《批孔学习参考资料》，1974年，第92—137页。

1月下旬，山东济南、青岛、曲阜各地即根据上级指示成立了"批林批孔"办公室，用来专门负责"批林批孔"运动的开展。2月初，山东省委召开了全省"批林批孔"广播动员大会。随后，驻济南高等学校师生、济南市中小学工宣队员和学校负责人先后集会进行"批林批孔"，各地教育部门也逐级进行了部署发动。一些高等学校和中等学校师生还走出校门，到农村、厂矿、部队同工农兵一起"批林批孔"。[①] 随着运动的开展，一些地方不可避免地开始产生动荡。如青岛"造反派"即借"批林批孔"运动再次制造动乱。青岛"造反派"对青岛市革命委员会核心领导小组及各级党委按照中共中央的指示进行的甄别、平反"一打三反"中由于派性干扰造成的冤假错案，大肆叫嚷是"镇压了造反派"；对"解放"甄别平反的老干部重新站出来工作，诬蔑为"复辟回潮""走资派还在走"。一时间，标语、大字报，布满全市。青岛市轻工业局的"造反派"带头再度进驻机关夺权，紧接着青岛市的其他一些派性头头，纠集策划，于2月21日进驻青岛市革命委员会机关，绑架中共青岛市革命委员会核心领导小组成员，进驻夺权。一时阻拦交通、停工停产等歪风迅速蔓延。市直属的65个单位，被进驻夺权的达51个，占市直单位总数的78.4%。农村生产大队被夺权的也有发生。"青岛市'批林批孔'总指挥部"，还将山东省内因"造反"闻名的陈以梅（曲阜县陈家庄村中共支部书记）接来青岛，多次作"报告"，煽风点火，推波助澜。顿时，山头林立，造反组织各拉大旗。仅市一级就有"青岛市'批林批孔'总指挥部"、"青岛市革命委员会批林批孔学习班"和"青岛市批林批孔委员会"等，他们之间互相争霸，内战不止。许多单位老领导被再次揪斗批判，工作无法进行，生产难以组织。在这种形势下，中共青岛市革命委员会核心领导小组，承受着来自多方面的压力与干扰，工作极度困难，会议常常在秘密状态下召开，绝大部分精力被牵扯到做派性头头的思想工作上。[②] 再比如济南地区也一时间大字报、大标语布满全市，部分单位又出现两派对立现象，一些造反派在"四人帮"支持下，打着"反复辟倒退"的旗号，拉山头，搞"进驻"，"踢开党委闹革命"，煽动停工停产，制造哄抢事

---

① 吕可英、尹钧荣、马钊等：《山东教育四十年》，山东教育出版社1989年版，第240—241页。

② 青岛市史志办公室编：《青岛市志·中国共产党青岛地方组织志》，五洲传播出版社2001年版，第139—140页。

件，使国家财产受到严重损失，不少大中企业再次陷入混乱。①

面对山东乃至全国一些地方，出现的背着党委，秘密串联，另拉山头的混乱局面，中共中央于4月10日发出的《中共中央关于批林批孔运动几个问题的通知》指出：“‘批林批孔’运动在党委统一领导下进行，不要成立战斗队一类群众组织，也不要搞跨行业、跨地区一类的串联。”5月18日发布的《中共中央关于批林批孔运动几个政策问题的通知》则强调“批林批孔”运动“不要扩大化”。这两个文件下发后，山东各地，尤其是青岛、济南等地的动乱现象有所抑制。

1974年6月，中共中央又下达了《关于抓革命、促生产的通知》，对擅离职守，拉山头，搞串联，煽动停工停产的做法进行了严厉再批判，并对擅离职守，逾期不归者做出了停发工资、按旷工处理等比较强硬的处罚规定。山东随即大张旗鼓地宣传中央的这个通知，严肃批判拉山头、伸手要官和无理纠缠等错误做法。经过艰苦努力，山东各地动荡的局面基本稳定下来。如青岛市革命委员会核心领导小组，即通过贯彻中共中央《关于抓革命促生产的通知》和解决山东、青岛问题的“十条”“八条”批示意见，采取坚决措施，解散了绝大多数造反组织，有力地抑制了动乱局面，各方面开始向好的方向转化。②

（二）山东民众的反应

如上文所述，与全国其他地区一样，山东各地的“批林批孔”运动是按照上级号召并且以中共中央一号文件的形式自上而下发动的，而非老百姓的自发行为，因此，有必要探讨一下，运动之初，当地干部和群众对“批林批孔”运动所持有的思想态度。

1. 多数干部求稳怕变，消极观望

“文化大革命”以来，接连不断的政治运动，使社会秩序一片混乱，工农业生产遭到严重破坏，人民群众特别是基层干部深受其害。所以当再度强制推行“左”倾错误理论和实践的“批林批孔”运动发起时，山东各地的大多数干部存有种种顾虑和畏惧心理。如曲阜小雪公社在向县委汇报“批林批孔”骨干学习班的情况时就指出：“有些党支部成员存有‘五怕’，即：怕群众发动不起来，说自己是绊脚石；怕群众发动起来，拔出

---

① 中共济南市委党史研究室：《中共济南简史》，济南出版社2003年版，第204页。

② 青岛市史志办公室编：《青岛市志·中国共产党青岛地方组织志》，第141页。

萝卜带出泥；怕乱起来不好收场；怕运动搞长了影响生产；怕群众把火烧到自己身上……还有些干部有感于'文化大革命'以来，先前的积极分子后来被批判的事实，从而对'批林批孔'运动开展表现不积极，害怕现在积极地批，以后自己再受到批判。他们总结以往的运动的历史经验，'四清'运动中的积极分子后来受到压制，'文化大革命'初期起来造反的造反派、红卫兵也受到打击，这次再起来干，免不了自己作了自己受，因此运动积极性不高……也有的说：你看吧，就像翻饼一样，今天翻过来，明天翻过去，没有个头。还有的甚至说：'批林批孔'是一派批一派，是派性发作"。再如，曲阜陈家庄公社的党委书记肖明进同志在全社"批林批孔"学习班上发言时也公开承认："前段，我们在抓'批林批孔'运动中，是很不理解，很不认真，很不得力的，使我社批林批孔迟迟开展不起来，思想求稳怕乱，批判空对空。"① 事实上，小雪、陈家庄公社的情况基本上反映了当时整个曲阜乃至山东各级干部的思想状况。对此，曲阜县委副书记徐瑞让同志曾经在县、社干部批林批孔会议上讲道："全县批林批孔运动发展很不平衡，有的地方群众发动得较好，有的地方发动得差，有的地方群众还没有真正发动起来。从领导干部的思想和态度来看，有的表现较好，能够站在群众运动的前面，带头学习，带头批判，带头联系实际，正确对待文化大革命，正确对待群众，正确对待自己。有的同志提高得慢，对这场斗争的性质和意义认识模糊，提不起劲来，态度消极，甚至捂盖子，怕群众，不上阵。个别领导干部至今思想抵触，借故不参加运动，托病逃避运动，有的竟然不请假就不辞而别。"② 当时亲自领导曲阜"批林批孔"运动的县委农工部部长、"批林批孔"办公室副主任王兴泉则回忆说："那个时候，绝大多数干部群众都有顾虑，今天我整你，明天就轮到你整我了，运动一来，都离得远远的，谁也不愿意沾上，什么'有的地方群众发动得较好'，'有的表现较好'，那是空话"③。时任曲阜

---

① 《肖明进同志代表公社党委常委在全社批林批孔学习班上的发言提纲》（1974 年 3 月 14 日），曲阜市档案馆藏，全宗号 95－1－51－2。

② 《徐瑞让同志在县、社干部批林批孔会议上的总结讲话提纲》，曲阜市档案馆藏，全宗号 1－2－108－5。

③ 2007 年 5 月 15 日，笔者于曲阜县委老家属院对王兴泉访谈笔录。王兴泉，男，现年 94 岁，时任曲阜批林批孔办公室副主任。参见李先明《"文化大革命"后期曲阜的"批林批孔"运动及其影响》，《中共党史研究》2010 年第 6 期。

县委办公室秘书的孔庆庄也认为，“‘文化大革命’以来历次运动的阴影，（使干部）怕这怕那，谨言慎行，运动不易搞”①。曲阜的干部求稳怕变、消极观望，山东其他地区的广大领导干部也同样如此。如：平度县的领导干部就因为所谓“尊法批儒”“反复辟、倒退”不力，而被当做“老大难”，县委、县革委成员和县人民武装部领导人亦因此被集中到地区“一市（潍坊市）两县（平度、五莲）”学习班学习，历时40多天。②

2. 知识分子表面响应，内心反对

“批林批孔”运动最大的特点是靠文字上的功夫，当时山东各大报刊、媒体都连篇累牍地登载知识分子撰写的“批林批孔”的文章。各级教育部门则逐级进行部署和发动，一些高等学校和中等学校师生还走出校门，到农村、厂矿、部队同工农兵一起“批林批孔”。在江青一伙大搞“影射史学”的影响下，高等学校文科各专业逐步把“批林批孔”转向“批儒评法”，注释、宣讲法家著作，研究“儒法斗争史”，并以此作为“战斗任务带教学”，用“儒法斗争史”改造文科教材和教学体系。理工农医各科也研究“儒法斗争”对中国科学技术和医药卫生发展的影响，造成了教学内容的混乱。中小学也开始到处请人作报告，批《三字经》《神童诗》《弟子规》《名贤集》之类当代青少年并未接触过的旧书，后来又转向批“复辟倒退”。③

如果仅从表面来看，知识分子的表现无异是非常积极的，甚至可以说发挥了主力军的作用，但事实果真如此吗？答案是否定的。山东济阳一中的退休老教师王向生回忆说：到（20世纪）70年代中期，无休（无）止的运动早已惹得天怨人怒。“批林批孔”运动来临时，老师们对“批林批孔”大都采取消极应付乃至暗中抵制的态度了。他们不明着反对，但也不积极行动，只是奉命行事，搞些面上的学习和批判。④ 时任曲阜“批林批孔”县委宣传报道组成员的孔祥泉也回忆说：“批林与批孔联系在一

① 2009年4月5日，笔者对于曲阜民族公园孔庆庄的访谈笔录。参见李先明《“文化大革命”后期曲阜的“批林批孔”运动及其影响》，《中共党史研究》2010年第6期。

② 中共平度市委组织部、中共平度市委党史研究室：《中共平度地方史》（第2卷），中共党史出版社2006年版，第432页。

③ 吕可英、尹钧荣、马钊等：《山东教育四十年》，第241页。

④ 2011年7月21日，笔者于山东济阳十中家属楼对王向生的访谈笔录。王向生，现年71岁，济阳县第一中学退休教师。

块，有许多人表示不理解，特别是'批林批孔'把人们一直熟知的在中国历史上被誉为思想家、教育家、儒家学派奠基人的孔夫子贬称为'孔老二'，让人听起来很不顺耳。报上登的一系列文章，诸如《柳下跖痛骂孔老二》《孔丘其人》《再论孔丘其人》等，怎么看也感觉和林彪没什么联系。"①

知识分子之所以在运动中的"表述"与他们自己私下对"批林批孔"的真实看法有明显的差异，是因为他们在历次运动中经历了太多的灾难，对政治运动最为敏感，再加上当时"批林批孔"声势浩大，到处被黑云压城城欲摧的气氛笼罩着。知识分子担心自己挨整，或又将成为众矢之的，所以往往不得不积极加入其中。② 正如学者钱理群所说："那一时代服从政治需要的要求是绝对的，对其任何背离，会直接威胁到自身的生存。这是我们考察这一代知识分子的选择时所必须充分注意并予以理解的，正是为了生存与自救，也部分地为了自己的信仰……总想努力跟上时代。他们不断地检查自己，在每一次政治和思想批判运动中，或主动或被动地作种种违心或半信半疑的表态。"③ 由此对这些表面上的积极参与者，应该抱有同情的理解，因为在当时险恶的风浪中，知识分子往往有不得已的表现，这是我们可以理解的；但许多时候，有些知识分子却不为己足，反倒积极地出卖自己的人格，这就应该谴责了。

当然我们也不能否认，除了江青党羽和御用文人外，也有一小部分知识分子对上层的动机，可以说并不知情，甚至有人还不乏怀着"阶级感情"而以真诚、热忱和认真的态度投身于"批林批孔"运动。但这部分人所占的比例是非常有限的，笔者在调查中没有发现这样的材料。

3. 一般群众不感兴趣，反应冷淡

1974年2月2日，《人民日报》社论《把批林批孔的斗争进行到底》声称："广大工农兵是'批林批孔'的主力军。用毛泽东思想武装起来的工农兵群众，最敢同旧的传统决裂，'批林批孔'最内行"。④ 之后，"工

① 2013年5月10日笔者于曲阜广播局家属楼对孔祥泉访谈笔录。孔祥泉，男，现年71岁，时任曲阜批林批孔县委宣传报道组成员。参见李先明《"文化大革命"后期曲阜的"批林批孔"运动及其影响》，《中共党史研究》2010年第6期。

② 2010年5月4日笔者于山东大学老校区对一些老者的访谈笔录。同上。

③ 钱理群：《一代学者的历史困境》，《读书》1994年第7期。

④ 《把批林批孔的斗争进行到底》，《人民日报》社论（1974年2月2日）。

农兵是‘批林批孔’的主力军”的用语铺天盖地的出现在全国各大媒体上；与此同时，从城镇到农村、从地方到军队，各条战线纷纷利用大字报、黑板报、漫画等形式宣传这一提法。工农兵真的如当时舆论所说，在运动中起了主力军的作用吗?[①] 如果仅从表面来看，答案是肯定的，但按照历史实情，却并非如此。

对一般群众而言，“文化大革命”初期，他们也一度是运动的支持者和积极参与者，但运动的不断发展未能给他们带来任何好处，反而一如前述他们是饱受动乱之苦。当时曲阜群众中流传着这样的顺口溜，“转不完的弯子、站不完的队；写不完的检讨、请不完的罪；挨不完的毒打、流不完的泪”,[②] 残酷的现实，使人们开始对“文化大革命”的理论和实践产生怀疑和动摇。“九一三事件”后，在周恩来领导批判极“左”思潮的背景下，广大人民群众更呈现出一种“否定文化大革命”和“摆脱文化大革命”的倾向。[③] 因此，当再度强制推行“左”倾错误理论和实践的“批林批孔”运动汹涌而来时，山东各地群众大多数都对此表示不理解甚至是反感。如曲阜城关公社南泉大队的群众就表示：“林彪和孔老二相隔两千多年，和他们根本没关系，批林可以，批孔没必要……孔老二死了两千多年了，人没见过，书没读过，没法批。”[④] 曲阜书院公社夏家村的部分群众也表示：“孔老二已死了两千多年，林彪和他没见过，没说过话，硬是批林批孔联系起来不好办。”[⑤] 曲阜姚村公社颜村大队的一些群众则说：“我们文化低，咱大老粗啃不动理论，至于理论工作，那是学校的事，研究机关的事，上级领导的事……还是抓生产要紧，理论工作可有可无，可抓可不抓……成事全由天注定，心高妄想也无用，抓这抓那，抓不

① 根据《汉语词典》，主力军指的是 1. 担任作战主力的部队。2. 比喻起主要作用的力量。具体到“批林批孔”运动中，主力军指的就是在运动中起主要作用的力量。

② 城关公社南泉大队团支部：《我们是怎样带领团员青年深入批林批孔的》，曲阜市档案馆藏，全宗号 8 – 2 – 54 – 8。

③ 《徐瑞让同志在县、社干部批林批孔会议上的总结讲话提纲》，曲阜市档案馆藏，全宗号 1 – 2 – 108 – 5。

④ 城关公社南泉大队团支部：《我们是怎样带领团员青年深入批林批孔的》，曲阜市档案馆藏，全宗号 8 – 2 – 54 – 8。

⑤ 曲阜县夏家村大队党支部：《我们是怎样领导“批林批孔”运动的》，曲阜市档案馆藏，全宗号 1 – 4 – 146 – 11。

出粮食就白搭。"[①] 曲阜防山公社的一些群众同样认为："搞理论是念书人的事，咱们庄稼人种好地，多打粮食，为国家多做贡献就行了，批不批无所谓。"[②] 曲阜小雪公社在总结运动初期的经验时也提到了，由于群众对运动不理解，不支持，致使有些党支部成员感到"领导难当，工作难做，运动难发动，生产难搞"[③] 的一些事实。根据在青岛和济南的调查显示，当地民众在回忆"批林批孔"运动时，大都不记得批什么了，但他们普遍反映，当时都是走形式，搞样子，没几个人批，他们对批判林彪能够理解，但不明白为什么批判孔子。总之，山东各地绝大多数普通群众对"批林批孔"运动的发动持消极应对的思想态度。

三　山东开展"批林批孔"运动的主要方式、内容和特点

"批林批孔"运动在山东开场后，当地各级领导干部主要通过组织动员和媒介宣传的方式来推动运动的开展。运动进程中，"批林揭袁"批判孔子的所谓反动思想以及批判否定"文化大革命"的思潮与做法构成了山东"批林批孔"的主要内容。下面仅以曲阜为考察对象，对"批林批孔"运动的开展方式、批判内容及其特点进行梳理和分析。

（一）开展方式

前文已言，至1974年，在经历了多次政治运动的冲击之后，山东大多数干部群众对再度强制推行"左"倾错误理论和实践的"批林批孔"运动采取了消极乃至抵制的态度。但把持宣传舆论大权的"四人帮"却妄称这场运动是"毛泽东亲自发动和领导的"，并多次鼓吹"这是全党、全军、全国人民的头等大事"[④]，而一如前述，山东作为"批林批孔"运动的"特殊战场"又备受上级关注和重视。形势所逼，山东各级领导干部被迫充当"指挥员"和"战斗员"的双重角色，通过组织动员和媒介宣传的方式来推动运动的开展。

---

① 姚村公社颜村大队：《牢牢掌握思想武器，深入开展批林批孔》，曲阜市档案馆藏，全宗号8－2－56－14。

② 防山公社南河套大队：《加强党的领导，努力办好政治夜校》，曲阜市档案馆藏，全宗号8－2－55－4。

③ 《小雪公社批林批孔骨干学习班情况汇报》（1974年3月26号），曲阜市档案馆藏，全宗号98－2－37－12。

④ 《把批林批孔的斗争进行到底》，《人民日报》社论（1974年2月2日）。

1. 通过召开动员大会、开办政治夜校等方式开展运动

召开动员大会。动员大会是曲阜开展“批林批孔”运动的一种最重要的方式，除前面提到的一系列“批林批孔”的动员会议之外，最典型的就是各公社召开的万人动员大会。据调查，“召开动员大会时，每个村都必须按人口比例派人参加，甚至有时候村民正忙着收庄稼，也要立马放下手中的活去参加大会。开会时一般都找‘典型’，安排有点文化的人发言”①。如小雪公社在“批林批孔”运动中，就召开大、中、小型动员会2100多次，约有5800人作了批判发言。②

学习理论，培训骨干队伍。学习理论，培训骨干队伍被曲阜县委视为开展“批林批孔”运动向纵深方向发展的一个重要方式。在曲阜县委召开“批林批孔”的“二月会议”以后，全县十二个公社都成立了由公社党委主要成员参加，同时也包括团委、妇联、武装部和文教组等有关人员组成的公社理论学习中心组和各基层党支部建立的理论小组。如小雪公社就建立了63个理论小组，其中农村36个，社直部门7个，学校20个。为了提高理论队伍的马克思主义理论水平，公社还多次把理论队伍成员组织起来进行培训，以点带面，推动全盘，使他们在“批林批孔”运动中起到先锋模范作用。③

开办政治夜校，组织辅导群众学习。政治夜校是曲阜各级党委在农村开展“批林批孔”运动中最重要的场地。由于白天农民要下地劳动，政治夜校就利用农民晚上休息时间，组织他们学习上级文件和文化知识，并和“批林批孔”运动相结合。如曲阜县城关公社南泉大队党支部就把政治夜校的学习内容与“批林批孔”紧密结合，通过上辅导课，组织社员学习有关“批林批孔”的文件、材料，引导大家进行“三对照”（把孔子说的和做的进行对照，把孔子的言行和林彪的言行进行对照，把林彪吹捧

---

① 孔祥泉访谈，2007年5月10号于曲阜广播局家属楼。孔祥泉，男，现年65岁，时任曲阜批林批孔县委宣传报道组成员。参见李先明《“文化大革命”后期曲阜的“批林批孔”运动及其影响》，《中共党史研究》2010年第6期。

② 中共曲阜县小雪公社委员会：《在“批林批孔”运动中加强党的思想建设》，曲阜市档案馆藏，全宗号1－4－146－10。

③ 同上。

孔子的活动进行对照)。[①] 防山公社南河套大队的政治夜校则根据文化程度分别把十八名高中生、四十八名初中生、八十九名高小生和二十五名青年文盲编成政治理论、业中和识字三个班，每班都有两个辅导员进行上课辅导。每星期识字班上六天，业中班和政治理论班上四天，每天晚上保证两个小时的上课时间……业中班和政治理论班主要学习马列主义、毛泽东著作，批判林彪和孔孟之道，出批判专栏，学唱革命样板戏和革命歌曲。识字班除了学习批判材料之外还学一些文化知识。[②] 应该指出，这种学习和批判方式不只是上述大队独有，而是当时曲阜农村各大队开展运动的普遍形式。当时有歌颂政治夜校的打油诗这样写道："晚上村里灯火明，处处都闻读书声。见面先问学的啥，歌声笑语荡夜空"。[③]

发动贫下中农忆苦思甜。忆苦思甜是曲阜各级党委在"批林批孔"运动中发动群众的主要手段之一。"批林批孔"的重点是批判林彪效法孔子"克己复礼"，复辟资本主义的罪行，但普通百姓很难理解其中的深层含义，曲阜"批林批孔"的骨干成员遂通过忆苦思甜、今昔对比的方法来批判林彪的反动纲领。时庄镇立新大队就是通过这种方法开展"批林批孔"的，团员刘金泉说："不忆不知道，一忆吓一跳。身在福中不知福，确实忘了阶级苦。咱队老贫农孟昭富大叔结婚时，席无一领，被无一床，还借了人家一间破草房。咱现在结婚是新被褥、新瓦房。看看现在，想想过去，真是两个样。林彪、孔老二搞'克己复礼'，其罪恶目的是颠覆无产阶级专政，复辟资本主义，把历史的车轮拉向倒转，回到半殖民地半封建社会的老路上去，让我们贫下中农重吃二遍苦，重受二茬罪，我们坚决不答应。"他表示要"牢记阶级苦，不忘血泪仇。扎根农村干革命，批林批孔打先锋"。[④] 在这里，"复礼"和"复辟"画上了等号，其实"克己复礼"远非这个意思，他们是无意中被动地混淆了概念。但"克己

① 城关公社南泉大队团支部：《我们是怎样带领团员青年深入批林批孔的》，曲阜市档案馆藏，全宗号 8-2-54-8。

② 防山公社南河套大队：《加强党的领导，努力办好政治夜校》，曲阜市档案馆藏，全宗号 8-2-55-4。

③ 时庄公社田家村大队团支部：《学习小靳庄，朝气蓬勃向前进》，曲阜市档案馆藏，全宗号 8-2-56-4。

④ 时庄公社立新大队：《紧密联系实际，深入批林批孔》，曲阜市档案馆藏，全宗号 8-2-55-10。

复礼”把他们对旧社会贫穷生活的回忆和对林彪的仇恨激发了出来，成为当时基层党组织开展“批林批孔”运动的一种主要方式。

2. 通过大字报、黑板报等媒介形式宣传动员

大字报。大字报是曲阜“批林批孔”运动中一种常用的媒介宣传形式。如小雪管区北小雪大队在公社动员大会后，就连夜写批判文章，第二天，“批林批孔”的大幅标语、大字报就布满了街道。其中有一幅大字报是这样写的，“林彪和孔老二唱的一个调子，穿的一条裤子，走的一条路子。打蛇要打头，批林要挖‘祖坟’，不刨修正主义老根，就不能巩固无产阶级专政，防止资本主义复辟”[①]。

黑板报，也就是批判专栏。黑板报是当时曲阜“批林批孔”运动中另外一种常用的宣传形式，其成本低，易于使用。上面写一些批判文章，包括画一些漫画，起到了一定的宣传效果。其中有一幅“头悬梁”的漫画，一个小学生批判道：“这是一个书呆子，他想长大当官，把辫子拴到屋梁上，连觉也顾不得睡，一个劲读孔老二的黑书。《三字经》叫我们学习他，我们坚决不当这样的书呆子，我们要做革命事业的接班人。”[②] 类似这样的黑板报在当时的曲阜城乡随处可见。

图书室。许多公社建立图书室，通过图书的形式宣传“批林批孔”。如董庄公社在“批林批孔”过程中，一共办起68个图书室，先后累计藏书49163册。其中马列著作和毛泽东著作20648册，占藏书总量的42%；有关“批林批孔”、儒法斗争和历史方面的读物7374册，占藏书总量的15%；科学技术、文艺作品和其他图书21140册，占藏书总量的43%。每日散工、晚饭后，从十几岁的红小兵到白发苍苍的老人都围拢到图书室：读书、看报、谈心得、写体会。[③]

展览会。展览会是曲阜“批林批孔”运动中一种非常生动的宣传形式，它通过展出反映运动内容和建国前后反映当地巨大变化的图片、漫画和其他文字资料等形式，对群众进行党的基本路线教育，激发他们对旧社

① 中共小雪公社委员会批林批孔办公室：《紧跟毛主席的伟大战略部署，掀起批林批孔的高潮》（1974年2月18日），《批林批孔简报》第1期，曲阜市档案馆藏，全宗号98－2－39－3。

② 城关公社南泉小学：《紧密联系实际，狠批反动的〈三字经〉》，曲阜市档案馆藏，全宗号90－2－33－11。

③ 董庄供销社毛泽东思想宣传站工作汇报：《宣传发行图书是占领农村思想文化阵地的重要措施》，曲阜市档案馆藏，全宗号8－2－55－16。

会的愤慨和对新社会的热爱。据记载：县委、县革委在孔府、孔庙进行"批林批孔"展览时，"夏家村大队用三辆马车拉着三十多位六十至八十岁的老年妇女参观，他们都是苦大仇深的老贫农、老佃户。在参观展览过程中，当场就有六名老人痛哭流涕，泣不成声。痛斥旧社会地主恶霸的罪行，赞扬新社会的美好"[①]。对于当时相对比较闭塞的农村和文化知识比较缺乏的广大农民来说，这种形式在宣传"批林批孔"方面起到了一定的效果。

文艺宣传队。"批林批孔"运动期间，不少地方都组建了自己的文艺宣传队。他们一般写写画画，写大字报、大标语，负责地方的批林批孔宣传"。[②] 如吴村公社的业余文艺宣传队，就经常深入田间地头和集市，自编自演一些深受群众喜爱的小梆子、锣鼓说唱等节目来宣传党的方针政策，配合"批林批孔"运动的开展。他们不穿旧戏的服装，也不用旧式道具，不演关于帝王将相、才子佳人的旧戏，而是改唱革命样板戏，自己编排节目，形式多样，力求广泛动员群众。如他们编排的小梆子戏《雾夜鞭声》，用说唱的形式反映妇女在三大革命运动中，同旧观念作斗争的事情，题材短小精悍，内容通俗易懂。[③]

诗歌、儿歌。这种形式主要是在学校应用，它朗朗上口，容易背诵。如："《三字经》，真反动，胡说神童是天生。鼓吹读书做大官，花言巧语骗儿童。红小兵，向前冲，坚决批臭害人经。"还有奚落《三字经》的，如："人之初，黑乎乎。割驴草，喂师傅。"[④] 有的诗歌还具有较高文学水平，体现了浓郁的时代特色。如：

东风浩荡红旗飘，批林批孔掀高潮。
小靳庄经验开红花，新生事物百花娇。

---

① 曲阜县夏家村大队党支部：《我们是怎样领导"批林批孔"运动的》，曲阜市档案馆藏，全宗号 1 - 4 - 146 - 11。

② 孔祥泉访谈，2007 年 5 月 10 号。参见李先明《"文化大革命"后期曲阜的"批林批孔"运动及其影响》，《中共党史研究》2010 年第 6 期。

③ 吴村公社吴村大队团支部：《一支活跃在农村文艺阵地的业余宣传队》，曲阜市档案馆藏，全宗号 8 - 2 - 55 - 13。

④ 城关公社南泉小学：《紧密联系实际，狠批反动的〈三字经〉》，曲阜市档案馆藏，全宗号 90 - 2 - 33 - 11。

俺村里唱起样板戏，工农兵傲立舞台笑。
政治夜校学马列，批儒评法故事好。
图书室里翻新篇，社员赛诗志气高。
田村人民跨骏马，革命生产往上跑。
大干快上夺高产，多做贡献争分秒。
阔步跨上新征途，金光大道艳阳照。①

综上，曲阜作为“批林批孔”运动的“特殊战场”，其开展方式，可谓五花八门，有声有色，堪称全国“批林批孔”运动的典范。但仔细观察，我们就会发现：曲阜在开展“批林批孔”运动中，没有采取以往政治运动中惯用的“大鸣大放大辩论”的“大民主”形式以及典型示范的动员机制，运动自始至终以温和的方式进行，这是在研究曲阜“批林批孔”运动的开展方式时，应值得注意的一点。

（二）批判内容

既然是一场批判运动，无论其发动者用意何在，都要有具体的批判内容。从当时曲阜“批林批孔”的言论中，归纳其批判内容，大致有这样几个重要的方面：

1. “批林揭袁”

即批判林彪的反革命罪行和揭发林彪反革命集团在山东的代理人袁升平（原省委第二书记，在“批林批孔”运动中被看成是林彪反党集团在山东的代理人，受到错误批判，后来被彻底平反）的修正主义路线错误。早在“九一三事件”后，曲阜就开展了为时两年之久的“批林整风”运动，但其时批判的是林彪的极“左”思潮，而“批林批孔”运动批判的却是林彪效法孔老二“克己复礼”、复辟资本主义的极右路线。县委副书记徐瑞让在县社干部“批林批孔”会议上的总结讲话中特别指出：“（我们要）以党在社会主义历次阶段的基本路线作指导，紧紧抓住林彪修正主义路线的极右实质。林彪宣扬的孔孟之道的内容很多，中心的一点，是‘克己复礼’，即妄图颠覆无产阶级专政，复辟资本主义。要从林彪效法孔老二‘克己复礼’的反动政治纲领、理论纲

① 时庄公社田家村大队团支部：《学习小靳庄，朝气蓬勃向前进》，曲阜市档案馆藏，全宗号 8－2－56－4。

领、阶级内容等方面，结合林彪反党集团搞反革命政变的一系列罪行，集中进行批判。”① 至于批袁，则是在批林过程中笼统的批判袁升平“恶毒攻击文化大革命，翻文化大革命的案，打击革命的新生力量，否定文化大革命的伟大成果，推行林彪的反革命修正主义路线，大搞以我划线，是我省右倾复辟思潮的根子”。② 袁升平是谁，具体有哪些错误？绝大多数群众甚至有文化的教师、基层干部都不晓得，最多知道省领导有个叫杨得志的，③ 可以说当时批判袁升平到了曲阜一级只是空喊口号，没有多少实质性的内容。

2. 批判孔子的“反动”思想

批判孔子的“反动”思想是曲阜“批林批孔”运动的一个重要组成部分。凡林彪宣扬的孔孟之道，诸如“克己复礼”“中庸之道”“上智下愚”“天命观”“劳心者治人，劳力者治于人”等都遭到了批判。如时庄公社立新大队批判孔孟的“中庸之道”，说人不能当老好人，要讲原则，讲路线斗争，对坏人坏事要积极揭发和批判。④ 东风公社新村大队认为孔老二鼓吹“上智下愚”，主要是不把劳动人民当人看待，叫他们永远做牛做马，老老实实地受他们的剥削、压迫。⑤ 孔府佃户村城关公社南泉大队则结合该村解放前后翻天覆地的巨大变化，用“人定胜天”的辩证唯物主义观点批判“天才论”“天命观”，认为成功是不靠天命靠革命，不信天才靠群众。⑥ 由此可见，当时曲阜的批孔主要局限于曲解和歪曲孔子的思想，而其中把儒家经典中的只言片语和当时的社会现状进行牵强附会的联系的做法，更是严重走样，贻笑大方。

---

① 《徐瑞让同志在县、社干部批林批孔会议上的总结讲话提纲》，曲阜市档案馆藏，全宗号1-2-108-5。

② 《肖明进同志代表公社党委常委在全社批林批孔学习班上的发言提纲》（一九七四年三月十四日），曲阜市档案馆藏，全宗号95-1-51-2。

③ 2009年5月15日，笔者于曲阜民族公园对几位老者的访谈笔录。参见李先明《“文化大革命”后期曲阜的“批林批孔”运动及其影响》，《中共党史研究》2010年第6期。

④ 时庄公社立新大队：《紧密联系实际，深入批林批孔》，曲阜市档案馆藏，全宗号8-2-55-10。

⑤ 曲阜县东风公社新村大队：《我大队开展批林批孔的情况》（1974年8月22日），曲阜市档案馆藏，全宗号29-81-86-17。

⑥ 城关公社南泉大队团支部：《我们是怎样带领团员青年深入批林批孔的》，曲阜市档案馆藏，全宗号8-2-54-8。

3. 批判否定“文化大革命”的思潮和做法

在中共中央和山东省委的部署下，曲阜的批林与批孔虽然被联系到一起，并列地摆在批判的位置上，但实际上，“批林批孔”的锋芒所向，却既不是林彪的各种罪行，也不是在中国封建社会中长期占统治地位的儒家思想，而是现实生活中怀疑和否定“文化大革命”的思潮和做法，特别是干部群众中留恋和主张恢复“文化大革命”以前许多做法的认识。事实上，一如前述，林彪外逃身亡后，在周恩来领导“批林整风”运动的背景下，曲阜的广大干部和群众也抓住历史契机，进行了两年之久的整顿，使社会秩序趋于稳定、经济形势明显好转。但“批林批孔”运动在曲阜开场后，曲阜县委不得不违心地否定前几年经过自己的艰苦努力所取得的成绩，否定通过1972年以来的整顿给社会各方面所带来的生机和希望，否定通过纠正“文化大革命”的某些错误所取得的一些进展，并把这一切都叫作“翻案”、“复辟”和“修正主义的右倾回潮”。[①]

（三）特点

总体来看，曲阜“批林批孔”的内容与上级要求基本保持一致，但与全国其他地区相比，曲阜“批林批孔”运动在开展中呈现出以下几个鲜明的特点。

第一，有组织、有秩序地进行，没有形成社会性的动乱。在全国以及山东包括济宁一些地方，都出现了背着党委，秘密串联，另拉山头的混乱局面。这种情况从中央连续发出的两个文件可以看出。4月10日的《中共中央关于批林批孔运动几个问题的通知》指出：“批林批孔”运动在党委统一领导下进行，不要成立战斗队一类群众组织，也不要搞跨行业、跨地区一类的串联。5月18日的《中共中央关于批林批孔运动几个政策问题的通知》则强调“批林批孔”运动“不要扩大化”。而在曲阜“批林批孔”运动的进展中，自始至终未出现上述混乱局面，“文化大革命”初期的造反派也未兴风作浪，运动是在曲阜党委的“一元化”领导下，自上而下，有组织、有秩序地开展。这一方面是中共中央要求贯彻的结果，另一方面则是曲阜的广大干部群众在经历了八年的“文化大革命”风雨之后，害怕运动“失控”，渴望秩序稳定使然。

① 《徐瑞让同志在县、社干部批林批孔会议上的总结讲话提纲》，曲阜市档案馆藏，全宗号1－2－108－5。

第二，孔府在旧社会的压迫剥削成为"批林批孔"的重点。"批林批孔"的核心是批判林彪效法孔老二"克己复礼"，复辟资本主义的罪行，但基层民众都不知道资本主义是什么样的，而孔孟之道又深奥难懂，于是批判"克己复礼"就成了批判解放前孔府大地主对劳动人民的剥削和压迫。孔府在解放前拥有大量土地，很多村庄的农民都是其佃农或雇农，他们对旧社会里所受的压迫剥削有切身的感受和直观的体验。小雪公社委员会"批林批孔"办公室创办的6期《批林批孔简报》中，7篇文章中有4篇都是批判孔府如何剥削、如何压迫人民的。[①] 其他地方在批判"克己复礼"时也大都以忆苦思甜的方式声讨孔府的"万恶罪行"。

第三，没有对孔子本人进行过分的人身攻击。在全国的"批林批孔"运动中，针对孔子本人的人身攻击层出不穷。如："孔老二是我们的死对头"，[②]"林彪孔老二都是我们工人阶级的死敌"，[③]"两个坏家伙，一副黑心肠"[④] 等等，诸如此类。最能体现这种攻击方式的，莫过于《孔丘其人》一文，文中说孔子乃"开历史倒车的复辟狂""虚伪狡猾的骗子""凶狠残暴的大恶霸""不学无术的寄生虫""到处碰壁的丧家狗"。[⑤] 但在曲阜"批林批孔"的档案材料以及调查中，笔者均未发现对孔子本人过分的人身攻击的案例。究其原因，主要在于曲阜是孔子的故乡，"无孔不成村"，几乎每个村都有孔子后裔，他们对于自己的老祖宗深怀敬意，而其他非孔姓人家也深受儒家文化的影响，因而在批判孔子时就不像其他地区那样激烈和偏执。[⑥]

四　山东"批林批孔"运动的影响及其评价

"批林批孔"运动，在1974年1月汹涌而来，1975年年初无声而去，经过近一年的折腾，它给山东当地的经济、文化生活等造成了很大的负面影响。

---

① 中共小雪公社委员会批林批孔办公室：《批林批孔简报》（1－6期），曲阜市档案馆藏，全宗号98－2－39－3。

② 张佩英：《孔老二是我们的死对头》，《光明日报》1974年2月9日。

③ 《工农兵批林批孔最内行》，《光明日报》1974年2月13日。

④ 刘家林：《两个坏家伙一副黑心肠》，《光明日报》1974年2月13日。

⑤ 北京大学、清华大学批判组：《孔丘其人》，《新华月报》1974年第4期。

⑥ 2007年5月10日，笔者于曲阜广播局家属楼对孔祥泉的访谈笔录。参见李先明《"文化大革命"后期曲阜的"批林批孔"运动及其影响》，《中共党史研究》2010年第6期。

（一）影响

1. 政治再度混乱

1973年年初，山东省委检查了前阶段在“清队”、整党和清查“五·一六”等运动中所出现的偏差，为一些被冤屈了的干部和群众落实政策。但“批林批孔”运动开始前后，原山东省委第二书记袁升平被看成是林彪反党集团在山东的代理人受到错误批判。这不仅使袁升平个人遭受了冤屈，而且使趋于稳定的政治局面重新遭到破坏。在“批林批孔”运动中，山东省委在济南几次召开数十万人的群众大会，进行“批林批孔”“批林揭袁”斗争。一些“造反派”则乘机兴风作浪，把矛头指向已经恢复工作的大批领导干部，掀起大规模的“反复辟”“反倒退”“反右倾回潮”运动。山东不少地方再次出现混乱、动荡的局面。[①]

2. 阻碍了经济发展

在山东的“批林批孔”运动中，否定“文化大革命”的理论和实践重新受到批判，并上纲上线，被诬为修正主义，人们因害怕被扣上“资产阶级利润挂帅，以生产压革命”的帽子，不敢大胆放手组织生产，而整天忙于无休止的学习会、批判会，停工、停产现象再次发生，“工厂不冒烟，地里尽长草”的情景复又出现。一位不愿透露姓名的知情人曾经这样说：“批林批孔时，我们的主要精力用于搞运动，天天学文件、搞批判，真正用于生产的时间很少，有的时候即使想组织生产，也害怕有人打小报告”。[②] 因此，受“批林批孔”运动的影响，山东工农业生产在经历了两年的好转之后，再度急转直下，出现严重的滑坡，跌落到十年内乱中的“谷底”。据不完全统计：1974年全省工农业总产值完成196.05亿元，比1973年（下同）降低18.8%。其中农业总产值86.7亿元，降低5.4%；工业总产值109.35亿元，降低27.1%；轻工业降低22.8%，重工业降低30.9%；货运量与上年相比，铁路下降35%，公路下降20%，内河下降22%，沿海下降22%；财政收入完成26.95亿元，比上年下降40%；亏损企业由1973年的404个，

① 邓力群、马洪、武衡：《当代中国的山东》（上卷），中国社会科学出版社1989年版，第243—244页。

② 2007年11月5日，笔者于曲阜老干部家属院对KXQ的访谈笔录。KXQ，男，现年73岁，时任曲阜水泥厂厂长。参见李先明《“文化大革命”后期曲阜的“批林批孔”运动及其影响》，《中共党史研究》2010年第6期。

占企业总数的6.11%，增加到1974年的1007个，占企业总数的41.48%。[①] 工、农业总产值的下降必然导致市场不景气和生活必需品供应紧张。1974年上半年社会商品收购只完成年计划的30%，比上年同期下降1/4多，其中工业品收购比上年下降了35%。供人民生活消费的工业产品有80%的减产或严重减产。物资匮乏，货架空空，群众的不满情绪日渐增长，加剧了局势动荡和人心的涣散。[②]

3. 干扰了教学秩序

经过1972—1973年两年的整顿，山东各级各类学校都走向了正轨，教学秩序基本恢复了正常。但是"批林批孔"运动开场后，1972年以来教育系统的一系列整顿措施被迫中断。如曲阜各级各类中小学，开始到处请人作报告，批《三字经》《神童诗》《弟子规》《明贤集》等当时青少年从未接触过的旧书；后来又转向批复辟倒退，批"修正主义教育路线回潮"，批师道尊严，严重挫伤了教师的积极性。[③] 同时，曲阜中小学课本教学内容都被大幅度改动，中学的政治课宣讲《林彪与孔孟之道》和中共九大、十大政治报告，语文课分别选教中央的"批林批孔"文件和《人民日报》社论及有关的学习文章；小学课本中统统删除宣扬儒家文化的内容，加入与法家相关的内容和歌颂毛泽东、歌颂"文化大革命"的内容，如《毛主席的红卫兵》《大路朝阳》等。[④] 各级中小学校这些无休止的批判、揭发、学习，使正常的教育教学秩序再次受到严重冲击。

4. 扰乱了正常的伦理秩序

"批林批孔"运动的又一负面影响是打乱了曲阜社会正常的伦理秩序。不能否认，现代社会中有些消极因素，诸如等级观念、轻视妇女、轻视劳动等确与儒学有关。但另一方面，儒家关于社会伦理道德的见解，关于个人的自我修养的一些看法也是极有见地，值得肯定的。而在山东各地的"批林批孔"运动中，"师道尊严""宽厚""忠恕""仁义礼智信"等一些基本的伦理道德都被"妖魔化"，父子、夫妻、兄弟、朋友、领导与被领导之间的正常关系遭到践踏，素称礼仪之邦的孔孟之乡，其伦理道德

---

① 邓力群、马洪、武衡：《当代中国的山东》（上卷），第244页。

② 中共山东省委研究室：《山东四十年》，山东人民出版社1989年版，第123页。

③ 曲阜市地方史志编纂委员会：《曲阜县志资料·大事记2》，1985年，第49页。

④ 城关公社南泉小学：《紧密联系实际，狠批反动的〈三字经〉》，曲阜市档案馆藏，全宗号90-2-33-11。

认识水平大大下降。

（二）评价

综上，与全国其他地区一样，山东“批林批孔”运动的开展，客观上给当地民众的经济、文化生活等造成了很大影响。但这是否意味着山东当地的干部群众经过运动的“洗礼”后，开始认同和支持这场运动，进而言之，运动是否实现了上层所预期的政治目标呢？

如果仅从表面来看，答案是肯定的。如有资料记载：不少干部、群众表示，“原来思想像一盆浆糊，稀里糊涂，经过批林批孔的一学一批，像一盆清水明辨了路线是非；原来认为批林批孔是什么‘派性斗争’，是‘争高低’，现在认识到是一场严肃的阶级斗争、路线斗争；过去联系实际怕得罪人，现在却大破‘中庸之道’，开展积极的思想斗争；过去怕挨整的，现在主动总结经验，接受教训；过去情绪消沉，现在明确了路线是非，振作了革命精神，放下了思想包袱”。[①] 类似的记载散见于山东各地大量的档案文件中，给人的感觉仿佛是运动开展得颇有成效，实现了上层所预期的政治目标。

但按照历史实情，却并非如此。在当时“批林批孔”声势浩大，又是“黑云压城城欲摧”的政治气氛笼罩下，上述干部和群众的表态大都是违心的，是套用主流意识形态话语的“应景之作”。时任曲阜县委办公室秘书的孔庆庄就指出，“批林批孔那些材料都是做给上面看的，其实领导心里也明白都是为了应付检查，下级应付上级，上级欺骗再上级”[②]。当时的曲阜县委宣传报道组成员孔祥泉也认为：“批林批孔”运动“表面上搞得轰轰烈烈，有模有样，但实际上批判一般都是语言上的，开会时听众打瞌睡，发言时拿着报纸念，根本没有深入内心，各地方、各部门都是按章应卯，消极应付。”[③]

由此我们可以得出一个结论：迫于压力，山东各地的民众尽管参与了这场运动，但他们绝大多数是形式性参与，而非实质性参与，是被动参与，而非主动参与，运动的持续和发展未能改变人们初始的消极抵制态

① 《徐瑞让同志在县、社干部批林批孔会议上的总结讲话提纲》，曲阜市档案馆藏，全宗号1-2-108-5。

② 2009年4月5日，笔者于曲阜民族公园对孔庆庄的访谈笔录。参见李先明《“文化大革命”后期曲阜的“批林批孔”运动及其影响》，《中共党史研究》2010年第6期。

③ 2007年5月10日，笔者于曲阜广播局家属楼对孔祥泉的访谈笔录。同上。

度，毛泽东试图借批孔来强化批林，进一步肯定“文化大革命的理论与实践”的意图没有在山东达到预期效果；而江青等人企图打着毛泽东的旗号，掀起一场类似“文化大革命”初期那样的群众性的大动乱的图谋也未能在曲阜实现。这充分说明再度强制推行“左”倾错误理论和实践的“批林批孔”运动在地方上已经不得人心，人们在心底普遍厌恶这样的政治运动，渴望恢复秩序，发展经济，不希望刚刚转好的形势遭到破坏。正是在这样的普遍心态的主导下，人们将希望寄托于要求维持秩序、强调恢复生产的周恩来、邓小平等老革命干部身上，从而为 1975 年的全面整顿及促使“四人帮”的垮台奠定了坚固的群众基础及社会基础。

第八章

改革开放以来国家层面对传统文化的重新定位与山东社会各界的“尊孔兴儒”

改革开放以来，党和国家对以儒家为代表的传统文化的认识与所持的态度经历了一个由批判继承到传承与发扬再到弘扬创新的历史性转变的过程。在此背景下，山东作为孔孟之乡，自改革开放之初至今都是“尊孔兴儒”的领军之地。与全国其他地区相比，山东“尊孔兴儒”的文化事项既有全国的共性，又有其自身的一些特质，主要表现为形式多样、区域间不平衡、官方参与积极性高、民间儒者的影响较为突出等。山东弘扬儒家文化活动的开展使孔子的正面形象重新占据了广大民众的生活空间，同时对山东当地的精神文明建设起到了一定的推动作用。但山东“尊孔兴儒”活动的开展存在一些不足，主要表现为商业化现象突出，官方、知识分子与民间互动较少以及不能顺应时代潮流、与时俱进等。山东“尊孔兴儒”的文化建构，未来还有很长的路要走。

一　改革开放以来国家层面对以儒家文化为主干的传统文化的认知与定位

改革开放以来，随着国内外经济、政治形势的变化，党和国家对以儒家为代表的传统文化的认识与所持的态度经历了一个由批判继承到继承发扬再到弘扬创新、由工具性理性到工具性理性与价值理性相统一、由强调“时代性”到强调“时代性”与“民族性”相统一的历史性转变的过程。

1978 年 12 月召开的中共十一届三中全会做出了把全党工作的重心转移到社会主义现代化建设上来的战略决策，中国由此进入了改革开放的历史新时期。伴随着经济体制改革的启动和现代化事业的发展，中国社会旧有的文化观和价值观都受到了前所未有的冲击。在此背景下，如何认识和对待传统社会的文化观、价值观，或者说如何认识传统文化在当下的价值和作用，就重新成为摆在中国共产党人面前的一个重要课题。

应该说，改革开放初期，以邓小平为核心的第二代领导集体继承与发展了马列主义与毛泽东思想，主张对传统文化采取批判继承的态度，即采取历史的、阶级的、辩证的方法“划清文化遗产中民主性精华同封建性糟粕的界限，……实事求是地肯定应当肯定的东西，否定应当否定的东西”。[①] 邓小平对传统文化的认知与定位，很快在全党形成了共识。1981年，中共十一届六中全会审议通过的《关于建国以来党的若干历史问题的决议》指出：毛泽东提出的“发展民族的、科学的、大众的文化，实行百花齐放、推陈出新、古为今用、洋为中用的方针”，是“具有长远意义的重要思想”，“至今仍有重要意义”。[②] 不过，由于当时赋予中国共产党的主要历史使命是“肃清封建主义余毒”和“全面开创社会主义现代化建设的新局面”，因此在接下来的党的十二大报告中，传统文化在社会主义精神文明建设中所应担当的“建设性”作用并未被提及。直到1985年，我国进入了全面改革和对外开放的新阶段，中国传统文化与现代化建设的关系问题方被正式提出并渐成热点。1986年9月，中共十二届六中全会决议强调指出：“新中国的成立，在社会主义基础上开始了伟大的中国文明的复兴，我们国家以党的十一届三中全会为标志进入一个新的历史时期，要赋予这个复兴新的强大的生机和活力，这个复兴，不但将创造出高度发达的物质文明，而且将创造出以马克思主义为指导的，批判继承历史传统而又充分体现时代精神的，立足本国而又面向世界的，这样一种高度发达的社会主义精神文明”。[③] 这里值得注意的是，决议中首次采用了“中国文明的复兴”的提法。与过去立足于“今”的“古为今用”比较，“复兴”的提法彰显了中国共产党对传统文化价值的重视与推崇。

需要指出的是，用马克思主义的理论与方法来科学地认识和对待传统文化，是中国共产党的一贯主张。但此一时期，特别是20世纪80年代中后期之前，中国共产党基于反思“文化大革命”、扫清改革开放思想障碍的考虑，在很多正式场合和文件中阐述如何对待传统文化时，更多的强调了“反封建”“肃清封建主义余毒”的必要性和紧迫性；加之由于当时社会大环境中“一手硬，一手软”现象的客观存在，致使以文化学术界为

---

① 《邓小平文选》第2卷，人民出版社1994年版，第333—335页。

② 《三中会全以来重要文献选编》（下），人民出版社1982年版，第778页。

③ 《中共中央关于社会主义精神文明指导方针的决议》单行本第7页。

主要阵地的反传统运动潜滋暗长。一些论者甚至错误地认为，要现代化，就必须彻底抛弃传统文化，六集电视记录片《河殇》运用现代传媒，更是将这种虚无主义的渲染推向高峰。与此同时，伴随着改革开放的深入，西方某些腐朽、没落的资本主义思想文化和生活方式纷至沓来，严重侵蚀着社会主义的肌体。中国共产党领导的社会主义精神文明建设乃至社会主义现代化建设工作因此一度陷入了比较被动的境地。

经过1989年的风波，在“加快改革开放和现代化建设步伐”的新形势下，以江泽民同志为核心的中共中央第三代领导集体开始重新审视传统文化在社会主义现代化建设中的内在精神价值。江泽民在十三届四中全会上发表的讲话中说：“不能设想，一个没有强大精神支柱的民族，可以自立于世界民族之林。我们要深刻吸取近几年来物质文明建设和精神文明建设一手硬一手软的教训，在努力发展物质文明的同时，切实抓好精神文明建设。”① 1990年年初，李瑞环在“全国文化艺术工作情况交流座谈会”上作了《关于弘扬民族优秀文化的若干问题》的讲话，指出：“我们的祖先给我们留下了一份极其丰厚、极其珍贵的文化宝藏……我们应该珍惜、保护和发掘中华民族的优秀文化遗产。并在继承的基础上，有所创造，有所前进”。② 同年5月，江泽民在纪念“五四”的讲话中，进一步指出：“我们的社会主义现代化建设，需要继承和发扬中华民族优秀文化传统”。③ 由此，党的第三代中央领导集体在新的历史背景下，与时俱进，将反封建的任务纳入对传统文化的批判继承之中，并逐步确立了以弘扬和发展传统文化来推进有中国特色的社会主义现代化建设的新理念。

1991年，继“东欧剧变”，苏联又骤然解体之后，社会主义发展遭遇到了重大挫折，马克思主义信仰受到严峻挑战。在此背景下，优秀传统文化在马克思主义中国化以及在社会主义文化建设中的“基础性”作用受到进一步重视。1992年党的十四大明确提出：“我们要继承和发扬中华民族优良的思想文化传统，吸收人类文明发展的一切优秀成果，在生动丰富的社会主义实践中，创造出人类先进的精神文明。”④ 作为执政党的全国代表大会，党的十四大发出了对传统文化不仅仅是“批判继承”，而且要

① 《江泽民论有中国特色社会主义》（专题摘编），中央文献出版社2002年版，第379页。

② 戴舟主编：《邓小平理论与当代中国》第4卷，红旗出版社1998年版，第3063页。

③ 《江泽民文选》第1卷，人民出版社2006年版，第124页。

④ 《中国共产党第十四次全国代表大会文件汇编》，人民出版社1992年版，第38页。

重在“发扬”的明确信号，它标志着新一代中国共产党人对于传统文化的认识与所持的态度完成了由“破”到“立”的根本性的转变。中国共产党对传统文化“重在建设”的态度在十四届六中全会上得到更为具体的展示。这次会议《决议》强调要以“继承和发扬民族的优秀文化传统和党的优良传统，吸收和借鉴人类社会创造的一切文明成果，反对封建主义残余影响，抵制资本主义腐朽思想的侵蚀”为重要方针，坚持将“中华民族优秀传统”纳入“新时期爱国主义教育的主要内容”之中，并且将“继承发扬民族优秀文化传统”作为“我们的文化事业”保持“健康发展，愈益繁荣”的根本举措来加以突出。① 1997 年召开的党的十五大，则在党的历史上第一次将“有中国特色社会主义的文化”建设列为党在社会主义初级阶段基本纲领的一项基本内容，并明确指出“它渊源于中华民族五千年文明史，又植根于有中国特色社会主义的实践，具有鲜明的时代特点”。② 这一重要论断深刻揭示了有中国特色的社会主义文化与传统文化之间的历史联系，为我们科学对待传统文化，坚持和发展科学的、民族的、大众的社会主义文化提供了充分的理论依据，表明我们党对我国传统文化在新时期社会主义文化建设中的地位与作用的认识更加深刻，表明有中国特色的社会主义文化建设开始进入了一个理论探索的新起点。

人类历史进入 21 世纪后，经济全球化深入发展，科学技术日新月异，世界范围内各种思想文化相互激荡与交融，文化在综合国力竞争中的地位和作用更加凸显；而发达国家借助其经济优势，不断推行“文化殖民”政策，致使发展中国家的民族文化和文化安全问题面临着严峻的挑战。正是在这种背景下，中国共产党站在时代潮流的浪头，开始越来越多地从文化民族性和文化软实力的视角，来看待传统文化在现代中国的地位、价值与作用。

2002 年 10 月中国共产党在“十六大”政治报告中，对于中华传统文化在世界多元文化并存中的角色，在综合国力中的地位，在增强民族的生命力、凝聚力、创造力的价值与功能等方面，做出了空前未有的论证。与过去对传统文化的定位相比，此时中国共产党审视传统文化的视野更为宏

---

① 全国思想文化工作科学专业委员会编：《中国思想文化工作年鉴》，中共中央党校出版社 1998 年版，第 78—80 页。

② 《江泽民文选》第 2 卷，人民出版社 2006 年版，第 33 页。

阔，更富时代性，也更具民族性。此后，这一论证主旨在党的报告、专题会议和重要文件中不断被强调和重申。2005 年，中宣部、中央文明办、教育部、民政部和文化部联合下发《关于运用传统节日弘扬民族文化的优秀传统的意见》的文件，认为：“中国传统节日……对于进一步增强中华民族的凝聚力和认同感、推进祖国统一和民族振兴……具有十分重要的意义。”① 同年 9 月正式出台的《国家“十一五”时期文化发展规划纲要》，首次以政府意志的形式对我国的传统文化教育做出了系统安排，从而成为中国传统文化视域下党的思想文化工作世纪创新的重要标志。2007 年党的“十七大”报告沿袭了十六大以来的基本判断，明确地将文化作为国家软实力的重要组成部分加以确认，并强调指出：“中华文化是中华民族生生不息、团结奋进的不竭动力。要全面认识祖国传统文化，取其精华，去其糟粕，使之与现代社会相适应、与现代文明相协调，保持民族性，体现时代性。”② 2011 年召开的十七届六中全会通过的《中共中央关于深化文化体制改革推动社会主义文化大发展大繁荣若干重大问题的决定》则高调指出：“要全面认识祖国传统文化，取其精华、去其糟粕，古为今用、推陈出新，坚持保护利用、普及与弘扬并重，加强对优秀传统文化思想价值的挖掘和阐发，维护民族文化基本元素，使优秀传统文化成为新时代鼓舞人民前进的精神力量。”③ 至此，新一代中央领导集体在批判继承、传承与发扬的基础上，以弘扬创新为主题的传统文化观已经成型，有中国特色的社会主义文化建设由此进入了一个崭新的历史阶段。

二　山东弘扬儒家文化活动的开展与当地民众的反应

在新时期党中央大力弘扬发展传统文化的旗帜下，山东各地纷纷开展了一系列“弘扬儒家文化”的活动。与此同时，当地民众也纷纷依据自己的价值判断和诉求做出了不同的反应。

---

① 《中宣部中央文明办教育部民政部文化部关于运用传统节日弘扬民族文化的优秀传统的意见》，《教育部公报》2005 年 9 月 19 日，第 20 页。

② 胡锦涛：《高举中国特色社会主义伟大旗帜　为夺取全面建设小康社会新胜利而奋斗——在中国共产党第十七次全国代表大会上的报告》，《人民日报》2007 年 10 月 25 日。

③ 《中共中央关于深化文化体制改革　推动社会主义文化大发展大繁荣若干重大问题的决定》，《人民日报》2011 年 10 月 26 日。

（一）山东弘扬儒家文化活动的开展

改革开放初期，山东地方政府对孔子的态度还不甚明朗，但随着国家对以儒学为代表的传统文化的重新认知与肯定，山东各地随之出台了一系列弘扬儒家文化的举措，主要表现在以下几点。

1. 拨款组建学术社团基金会组织——孔子基金会

孔子基金会是1984年经中央批准，于山东曲阜市宣告成立的全国性乃至国际性的文化学术基金组织。1987年孔子基金会迁往北京，在曲阜设办事处。1996年8月，孔子基金会由北京转回山东，会址设在济南。山东省委、山东省政府对孔子基金会的回迁高度重视，给予了包括“安家落户”在内的多方面的支持，不但批准建立了专门办事机构——秘书处，而且拨付500万元巨资注入孔子基金会。在山东省委、省政府的支持下，孔子基金会“在组织和推动孔子、儒学及中国传统思想文化研究方面做了大量的工作：（1）围绕孔子、儒学研究的热点，举办了一系列学术会议，特别是在1989年、1994年、1999年、2004年、2009年这五年，适逢孔子诞辰2540周年、2545周年、2550周年、2555周年、2560周年，分别在北京和山东举行了大规模的纪念活动和国际学术会议，产生了广泛的影响；（2）组织编辑出版了一批孔子、儒学研究方面的著作，又于1997年决定出版《中国孔子基金会文库》，争取每年出版10本左右高水平的专著，推向社会，惠及民众；（3）创办并编辑出版了专业性学术期刊《孔子研究》，后由季刊改为双月刊。该刊一直受到学术界和出版界的好评；（4）赞助和支持了国内部分学术机构、学术团体的建立及其工作活动，尤其是于1994年发起和筹建了国际儒学联合会，为加强国际间学术文化的交流与合作，共同推动儒学研究和人类文明的进步做出了贡献；（5）积极组织进行了海内外学术交往活动，同各国各地的学术机构、团体及广大学者建立了密切的交流和合作关系；（6）加强了基金的募集和管理工作，有效地利用现有资金为学术事业服务”。①

2. 举办孔子文化节

孔子文化节的前身是创办于1984年的国际性“孔子诞辰故里游”专项旅游活动。自1989年起，为了更好地纪念孔子对人类文化做出的杰出

---

① 《孔子、儒学、传统思想文化研究机构与学术团体介绍·中国孔子基金会》，《孔子研究》2000年第1期。

贡献，弘扬中华优秀传统文化，经中共山东省委、省政府批准，“孔子诞辰故里游”活动改办成每年一届的国际孔子文化节，于每年的孔子诞辰（公历9月28日）前后，即9月26日至10月10日在孔子故乡曲阜举行。自此，一年一度的“孔子诞辰故里游”上升为每年一届的国家级、国际性的大型孔子文化节，对加强中外文化交流，弘扬民族优秀文化起了重要的作用。多年来，在国家旅游局和山东省委、省政府的支持下，中国曲阜国际孔子文化节以其鲜明的特色、独特的风格和魅力而蜚声海内外，博得中外各界人士的赞赏，慕名而来者与日俱增。据统计，仅从1989年到2004年在曲阜连续举办的16届孔子文化节期间，光临这一节庆活动的中外各界来宾和社会游客累计达260万人次，其中来自美国、日本、法国等40多个国家和地区的外宾和海外同胞、侨胞5万多人次。[①] 孔子文化节已经成为山东弘扬民族优秀传统，推动儒家文化走向世界的重要载体和传播力量。

3. 公祭孔子

如前所述，民国政府明令全国祭孔，其程序和礼仪做了较大变动，献祭改为献花圈，古典祭服改为长袍马褂，跪拜改为鞠躬礼。但是，新中国成立以后，祭孔典礼即被废止。直至1986年，沉寂了半个世纪之久的祭孔大典经曲阜市文化部门挖掘整理，在当年的“孔子故里游”开幕式上才得以重现。此后，曲阜每年都以民间名义举办祭孔活动。进入21世纪以来，随着国情、世情的变化，以孔子儒学为主干的传统文化的现代价值和意义越来越受到国家的认同和支持。在此背景下，2004年曲阜市委、市政府举办了新中国成立以来的第一次官方公祭孔子活动，中央电视台对其进行了现场直播。2005年曲阜联合海内外的孔庙举行“全球联合祭孔”，祭典由济宁市政协主席主持，曲阜市长诵读祭文。2006年，由中国孔子基金会、国际儒学联合会、中国孔庙保护协会和台湾孔孟学会等团体，联合开展海峡两岸首次联合祭孔活动，曲阜孔庙祭孔大典由山东省人大常委会副主任主持。2007年的祭孔大典由文化部、教育部、国家旅游局、中国侨联和山东省政府共同主办，山东省政协主席主持仪式，祭文由山东省委副书记、代省长恭读。从近年来曲阜公祭孔子仪式的主持人和祭文诵读者的身份变化情况来看，我们不难发现自2004年政府首次公开祭

① 郝士钊编著：《世界最具特色的节庆》，当代世界出版社2009年版，第119页。

孔以来，祭孔的规格由县级政府到地级市政府再到省政府、国家部委，行政级别一年比一年高，彰显了中国政府特别是山东各级政府对孔子儒学的推崇和重视。

4. 在教育上越来越多地融入儒家理念

在古代社会，学校教育是传播儒学的重要渠道，有学者认为“从历史上看，宋代以后儒学得到有效的普及，再度成为了社会核心价值，这和学校教育作为儒学普及的主渠道有着紧密的关系……从东亚比较成功普及儒学的国家新加坡和韩国来看，也是以学校教育作为儒学普及的主渠道”。[①] 但新中国成立后，儒学经典教育基本上完全退出了教育舞台，延至20世纪80年代末，儒家文化的教育内容才重新走进学校课堂。以曲阜为例，从1988开始曲阜市教育局“把弘扬传统文化、热爱名城曲阜的教育列入教学计划，作为小学五年级以上、初中一年级以上的必修课，并作为制度规定下来”。[②] 这是改革开放后曲阜实行儒家文化教育的开端。20世纪90年代以来，国家进行了中小学课程改革，加大了中小学基础教育中传统文化的比重，对儒家经典的教育自然成为题中应有之义。曲阜作为孔孟故里，在完成国家指定的教学任务外，还因地制宜，就地取材，挖掘地方文化资源作为教材，对中小学生进行更广泛深入的儒家文化教育。从1997年开始，曲阜市在全市中小学启动了“中华古诗文经典诵读工程”，开展《论语》诵读和古诗文诵读活动，在此基础上，各中小学从学校的实际出发，开设凸显学校所在地的人文风格特点的校本课程，对学生进行分层次、分阶段的儒家文化教育。如鲁城街道书院街小学开发了《人杰地灵》作为校本教材——全书分为“百年书院”“圣人传记”“论语选粹”“孔子故事”“古迹名胜”五部分，以此突出儒家文化的教育。[③] 曲阜实验小学先是开展“礼乐”教育，尝试将孔子的教育思想精华与国内外处于前沿的教育理论相结合，将孔夫子提出的“和乐教育”观念融入学生的学习生活，为学生创设“和乐”的学习环境，使学生在教学过程

---

① 陈卫平：《当代中国普及儒学的五个问题》，贾磊磊、孔祥林：《第一届世界儒学大会学术论文集》，文化艺术出版社2009年版，第392页。

② 曲阜师范大学孔子研究所：《孔子研究及活动信息》第5辑，曲阜师范大学孔子研究所1990年编印，第85页。

③ 张昭军：《与经典同行——透视曲阜“读论语，诵经典”活动》，《网络科技时代》2007年第23期。

中体验“和乐”，后又开发了《杏坛春》《杏坛魂》校本教材，进行深一层次的儒家文化教育。[①] 在中学生的教育方面，曲阜市第一中学编撰了《论语》精读作为“以法治国、以德治国”的教育读本，曲阜市第二中学开设了《论语》选读课程，实验中学将《论语》警句、古典寓理短文、孔子故里育人故事等集成《〈论语〉箴言》读本。近年来，随着“国学热”“论语热”的不断升温，儒家经典在曲阜学校教育中的地位进一步突出。2008 年，曲阜市教育局制定了《曲阜市中小学生传统文化教育实施纲要》，组织人员编写了以《论语》《中庸》《孟子》《荀子》《颜氏家训》等儒家经典为主要内容的中小学生传统文化教育教材《走进圣城·感悟经典》一书，将儒学经典较为系统全面地分布到各学习阶段。现阶段，曲阜各中小学在校园的宣传窗、路标、指示牌、灯箱均已写上《论语》的经典名句，“校校孔子像、班班论语章”的富有儒家文化气息的校园文化已经逐渐形成。

5. 支持中华文化标志城的建设动议

在文化软实力日益凸显和传统文化越来受到推崇的背景下，2000 年，济宁市向“中华文化纽带工程”组委会提出了在孔孟故里建设“中华文化标志城”的申请，其依据是孔孟故里所在的鲁西南地区，位于黄河中下游，是中国传统文化积淀较为稠密的地区之一。孔子、孟子、墨子等重要思想家和学派代表人物都诞生于此，在曲阜和邹城之间形成了一个独特的地理文化空间。山东省委、省政府对在孔孟之乡建设“中华文化标志城”的申请高度重视，多次召开加快中华文化标志城规划建设协调工作会议和标志城创意规划高层专家研讨会，集中围绕标志城的总体定位、精神内涵、规划空间、核心项目、基础设施、运作思路等议题进行研讨。[②] 文化部也明确表态“在山东济宁建设‘中华文化标志城’为主的主题文化园区项目，对继承、弘扬和发展中华文化，维系民族团结，促进国家统一，实现中华民族的伟大复兴，有着重要的历史意义”，因此积极支持这个项目的建设。[③] 孔孟故里的主流文化是儒家文化，政府支持在此建设

① 张昭军：《与经典同行——透视曲阜“读论语，诵经典”活动》，《网络科技时代》2007 年第 23 期。

② 《中华文化标志城正式立项规划建设》，《济宁日报》2008 年 2 月 13 日。

③ 《中华文化标志城政府重视和工作情况》，http：//www. ccsc. gov. cn/zl/201008/t20100809_5756827. html，2008 - 02 - 2/2011 - 3 - 5。

“中华文化标志城”，很明显包含着凸显和弘扬儒家文化地位的意味。

（二）部分知识分子的积极响应

改革开放之前，像全国其他地区一样，山东地域的多数知识分子，不管是主动的还是被动的，大都对儒学采取了批判的态度。但从20世纪80年中后期开始，越来越多的知识分子开始从正面理解儒学的现代价值和意义，同时，他们将儒学研究推向新的高度，配合和推动弘扬儒家文化活动的开展。

1. 肯定儒学的正面价值和现代意义

20世纪初叶以来，受早期现代化理论的影响，儒学被视为中国迈向现代化的绊脚石，而遭遇国内知识分子的诸多诘难。新中国成立至20世纪70年代，儒学从内地意识形态领域彻底退出，特别是“文化大革命”时期，国内知识分子作为儒学的研究者和传播者，完全失去了自身的功能，违背了自身的天性，对儒学的态度只有批判，没有肯定。20世纪70年代后期开始，中国实行改革开放，学术理论界呈现出了活跃繁荣的新气象，知识分子开始对长期受批判的儒家孔子思想加以平反。1978年10月，山东大学召开文科理论研讨会，这次研讨会专设历史组对孔子及其思想进行讨论。有学者评论这次会议“学者们虽有分寸的冲破一些框架，思想却不够解放”。[①] 1980年10月，由曲阜师范学院主持召开了“孔子讨论会”。与会专家学者提出，对在1962年曲阜孔子讨论会上受到批判以及十年动乱期间特别是“批林批孔”运动中遭受打击、迫害的专家学者平反昭雪、恢复名誉。此外，他们还强烈要求建立全国性的孔子研究会、整修孔庙和重塑在“破四旧”运动中被毁坏的孔子像。这标志着孔子和儒学在学术界的地位已经开始得到认可。1983年4月，由中国教育学会、教育史研究会和曲阜师范学院孔子研究所联合发起的孔子学术讨论会在曲阜举行，这次会议集中讨论了对孔子思想的评价以及如何把孔子研究引向深入的问题。此后，类似的孔子学术讨论会又分别在济南和山东多次召开，它们分别是：1984年的“孔子法律思想讨论会”“孔子教育思想学术讨论会”；1985年的“中国孔子基金会第二届理事会暨孔子研究学术报告会”；1986年的“中国孔子基金会学术委员会暨《孔子研究》杂志首届

---

① 曾春海：《以马列主义中国化为线索评估中国大陆四十年来的哲学发展——以儒家哲学为例》，（台）《“国立”政治大学学报》1995年第2期。

春季学术讨论会”；1987 年的“中华孔子研究所第二届年会暨学术讨论会”“孔、孟、荀学术异同讨论会”；1988 年的“孔子、儒学、传统文化青年学者学术讨论会”。综观以上学术讨论会我们可以发现，在 20 世纪 80 年代中后期之前，尽管越来越多的学者们参与到和孔子有关思想的讨论中来，但他们对儒学价值的认识还没有达到充分自信的程度，对于儒学在现代社会中能否发挥“建设性”作用还存在分歧。20 世纪 80 年代中后期，“文化热”被“国学热”取代了。1989 年 10 月，中国孔子基金会和联合国教科文组织联合在曲阜召开了“孔子诞辰 2540 周年纪念与国际儒学学术讨论会”。会议提出了探索“孔子及中国传统文化的现代价值”，“建设具有民族特色的、适应时代要求的新文化”的任务。同年 10 月曲阜师范大学举办“孔子、儒学与当代社会”学术讨论会，讨论涉及的主要问题是孔子、儒家思想在当代社会的价值与意义。其后，山东境内围绕着儒学在当代社会的价值与意义召开了多次学术讨论会，这些会议大都从正面肯定了儒学的现代价值，这表明学术界对儒学的讨论发生了从否定到肯定的根本性转变。延至 1994 年“孔子诞辰 2545 周年纪念与国际学术讨论会”召开，以弘扬传统文化为主旨的国学热达到高潮，此后学界在肯定儒学的现代价值基础上，开始转向探寻儒学现代价值的运用途径研究。

2. 深入研究儒家文化，推动弘扬儒家文化活动开展

伴随着党和国家对以儒学为主体的传统文化的重视和推崇，在山东各地，特别是山东高等院校和研究机构，越来越多的知识分子开始加入儒学研究的队伍中，使山东的儒学研究呈现出了前所未有的繁荣局面。其标志之一，就是改革开放，特别是 20 世纪 80 年代中后期以来，众多儒学研究的大型学术研讨会在山东境内多次举办，使儒学研究、对话、交流空前便捷与活跃。据不完全统计，新时期山东各地举办的儒学研讨会达数十次之多。标志之二，即改革开放以来，山东各地成立了众多以儒学为研究主旨的研究基地、学会组织、研究院以及研究中心。其中在海内外有重大影响的研究基地有：孔子研究院、曲阜师范大学孔子研究所（后来升格为孔子文化学院）、山东大学中国传统文化思想研究所、山东社会科学院儒学研究所、山东大学易学与中国古代哲学研究中心、山东大学儒学研究中心（后来升格儒学高等研究院）、山东师范大学齐鲁文化研究中心、孔子文化大学等。标志之三，改革开放以来，山东各地创办了一系列有关儒学研究的期刊和栏目。其中颇具影响的是 1986 年创刊的《孔子研究》1988 年

创刊的《周易研究》《齐鲁文化研究》等。此外,《齐鲁学刊》《东岳论丛》等著名期刊也定期刊发儒学研究论文。标志之四,改革开放以来的儒学研究成为山东学术界的显学,山东出现了一大批以儒学为志的学者。如王钧林、许凌云、李启谦、骆承烈、郭克煜、刘宗贤、刘蔚华、颜炳罡、曾振宇、林存光、刘大钧、杨朝明、张涛、苗润田、傅永聚、徐庆文等(以上排名不分先后,均按姓氏笔画)。标志之五,山东地域的学者,公开出版和发表了大量有关儒学研究的论著。[①] 需要指出的是,山东地域的广大知识分子除了积极进行儒学研究之外,还直接参与到弘扬儒家文化的系列活动中去。纵观改革开放以来社会各界的尊孔活动,知识分子在其中勇于担当并且发挥了主力军的作用。从“孔子文化月”的酝酿到祭孔大典的开展;从大、中小学开始融入儒家理念的教育到中华文化标志城的建设动议;从建立网站、论坛,组建联合论坛到组织学术团体,推动大规模的有组织的“读经”;从兴建民间书院和组织会讲到发表宣言、联署倡议、向人大和政协提交弘扬儒家文化的议案等等,但凡各种各样的尊孔活动,可以说无一不与知识分子有关。无怪乎有人说,中国人当下的尊孔活动走的是精英路线。

(三)一般群众对尊孔活动的认知与践行

1. 普通群众对尊孔活动反应不一

改革开放,特别是20世纪90年代以来,山东各地开展的一系列弘扬儒家文化的活动,得到了大多数普通民众的认同与支持。在曲阜,广大孔姓群众认为孔子的一些言行“教人们仁啦、义啦、讲礼和讲诚信是好的,应该得到人们的传承与弘扬”。[②] 非孔姓群众也对孔子及其思想情有独钟,认为“现在的一些尊孔活动是好的,很感兴趣”。[③] 当然,也有部分群众表示不理解,认为“宣扬得有点过头,没有掌握好度”。在淄博,一部分人表示“中华文化的前途不能回到孔子那里去找,只能向着开拓未来的方向去找,祭祀是没有出息的”。[④] 但也有人持有“这是对祭孔大典这一国家级非物质文化遗产的丰富与完善”的观点。在济南,广大群众也大

① 徐庆文:《风风雨雨话儒学——山东当代儒学研究》,山东人民出版社2006年版,第197—227页。

② 2012年12月3日,笔者于曲阜市民族公园对几位群众的访谈笔录。

③ 2012年11月22日,笔者于曲阜市大沂河公河对几位老者和群众的访谈笔录。

④ 2013年3月4日,笔者于淄博市周村对几位文化宣传部门人员的访谈笔录。

都认为，“以前全面否定孔子不对，应该尊孔”。[①] 但也有部分群众对尊孔活动“不以为然，认为尊孔活动大都是官方行为，与老百姓无关”。在青岛，有些群众表示认为“当下弘扬儒家文化活动是有必要的，但有些形式搞的十分花哨，没有什么效果”。[②] 还有些群众特别是广大农民群众“根本不知道近几年大规模的祭孔这回事”。当曲阜师范大学开展的“儒家文化齐鲁行”在青岛展演时，许多百姓表示不理解，甚至认为好笑。总之，从调查的实际情况来看，山东各地的大多数普通群众对弘扬儒家文化的活动表示认同和支持，但对尊孔的形式和举措却是反应不一。

2. 婚丧嫁娶、节庆娱乐等礼仪习俗在形式上复又回归儒家传统

山东各地，特别是在广大农村，婚丧嫁娶、节庆娱乐等又恢复了儒家传统的一些仪式。以婚丧嫁娶为例，新中国成立之前，山东各地的传统婚姻习俗深受儒家婚姻礼仪的影响，从形式到内容都颇为烦琐。从正常婚娶过程及所行礼仪方面来看，其过程必须遵循“六礼”——纳采、问名、纳吉、纳征、请期、亲迎。程序不能混淆，也不能减免。同样，山东各地的丧葬礼俗也基本延续清末民初的一套，丧礼不但复杂、烦琐、铺张，而且具有浓重的迷信色彩，强调“重殓厚葬”“慎终追远”，提倡“葬之以礼”“祭之以礼”“棺椁必重”“葬埋必厚”“衣襟必多”。其儿孙为博孝名，不惜破家而葬，经济上造成沉重负担，甚者倾家荡产。但新中国成立后，特别是“文化大革命”时期，受“破四旧、立四新”的影响，旧的婚丧嫁娶的礼仪习俗都被指斥为封建陋俗予以取缔。但从 20 世纪 80 年代中后期开始，婚丧嫁娶礼仪习俗复又回归旧仪。当前山东各地特别是农村的婚丧嫁娶越来越多地揉入了儒家的礼仪传统。应该说，这些仪式中可能渗透着某些陋习恶俗，但民间亦以古礼和旧观念为依据，相沿成习，司空见惯，无人指陈其陋。

3. 仁、义、礼、智、信的五常观念得到广大民众的普遍认同和践行

尽管山东各地的人民群众对尊孔活动反应不一，但他们对孔子仁、义、礼、智、信的五常观念普遍认同。儒家倡导的忠孝、行善、正义、勇敢、勤劳、助人为乐等成为山东地域的人们日常生活中必须遵守的信条。正如青岛胶州市的一位退休教师所说的那样：“生活各方面那都能感受到

① 2013 年 4 月 7 日，笔者于济南市黑虎泉景点对几位群众的访谈笔录。

② 2013 年 2 月 6 日，笔者于青岛市五四广场对几位群众的访谈笔录。

孔子的影响，有直接传承下来的礼俗啊、道德观啊、节日风俗啊等，比较突出的是儒家的孝道观、诚信观在当地影响较大。另外也有在潜移默化中所形成的，比如街道上孔子形象及其思想的宣传语，中小学生接触的丰富的孔子及其思想的图书，都能在一定程度上对人们的道德思想和行为观念有所约束”。① 山东青州的一位公务员亦认为：“我觉得儒家文化有很强的现实意义，我们现在至今还潜移默化地受它的影响，特别是孔子倡导的仁、义、礼、智、信的道德价值观念，它实际上起着维系社会稳定的作用。”② 目前，在社会急剧转型、多元文化交融和“文化失范”的背景下，全国各地不少地方不同程度地存在着儒家所不齿的一些表现：亲情观念上有所冷漠，不赡养甚至虐待老人、遗弃子女、家庭暴力等现象时有发生；婚姻家庭伦理观念淡化、重婚、离婚率急剧上升，婚姻关系稳定性大大下降；极端个人主义、拜金主义和功利主义的价值观泛滥，各种丑恶的社会现象不断滋生和涌现。在弘扬儒家文化活动的影响下，上述负面之风在山东各地得到了相当程度的改观和匡正。在曲阜、济南、青岛三地的访谈中，90.8%的被访者认同“中国人在日常生活中应该奉行儒家的仁、义、礼、智、信等价值观念”；70.5%的被访者认同“假如你与你的同事有不同意见，你也不要公开发生冲突”；67%的被访者主张“家庭本位”，认同“家庭利益更重要，个人利益应该放在第二位”。③ 上述被访谈者的态度表明，山东绝大多数人在总体上认同儒家的价值观。

三 山东弘扬儒家文化的特点及其影响

（一）山东弘扬儒家文化的特点

在国家与知识分子以及地方社会的推动下，全国弘扬儒家文化的活动蔚然成风。相比较全国而言，山东作为中国传统文化中一个极其重要而独特的地理文化单元，其弘扬儒家文化的文化现象既有全国的共性，又有其自身的一些特质，约略论之，有以下几点。

① 2013年2月15日，笔者于青岛胶州三河里公园广场对王维先的访谈笔录。王维先，现年80岁，青岛胶州一中退休教师。

② 2013年2月20日，笔者于青州市委大院对陈先生的访谈笔录。陈先生，男，现年46岁，潍坊青州市党史办公务员。

③ 本数据根据曲阜师范大学2012级中国近现代史硕士研究生曲延霞发放的调查问卷统计而成。

一是形式多种多样

改革开放初期，像全国其他地区一样，山东地域弘扬儒家文化的活动较少，顶多就是修庙、祭孔之类。随着“文化热”“国学热”的兴起，山东弘扬儒家文化的活动则是一浪高过一浪，其形式更是异采纷呈，几乎涵盖了全国所有的样式。其表现之一，即是儒学学术会议在山东各地连绵不断；表现之二，儒学学会组织、研究机构遍布山东各地，各种名目的儒学讲堂、论坛风起云涌，蔚然成风；表现之三，孔子与名儒铜像遍及山东各地；表现之四，尊孔读经的活动普遍开展，童学馆、读经班、讲经会纷纷在山东各地开张；表现之五，大量旨在弘扬儒学的论文、专著、系列丛书、杂志纷纷出版。凡此等等，形成新时代山东最特殊的文化景观。

二是区域间及群体间不平衡

山东弘扬儒家文化活动存在着明显的区域差异。大致来说，儒家核心圈，济宁特别是曲阜弘扬儒家文化的活动较多，诸如一年一度的孔子文化节、祭孔大典、经常性举办的学术研讨会、尼山论坛、民间自发组织的讲座、祭孔、学校的儒学特色教育、大学生自发组织的“孔子文化月”等。这些活动的开展无一不是在曲阜进行的。而地处沿海，现代化水平较高的青岛、烟台等地区，则仅有零星的学者涉足孔子及儒学，至于官方、民间则少有尊孔的活动。笔者在青岛、烟台地区做调研时，发现这里的商店门头、文艺活动广告牌、宣传窗、路标、指示牌、灯箱都标识着现代性的元素，从中几乎捕捉不到儒学的影子。而作为山东的政治中心——济南则处于两者之间，坐落在济南的一些高校如山东大学、山东师范大学、济南大学等有专门研究和弘扬儒学的文化机构，许多在济南的企业和公司也用儒家思想来诠释它们的文化品格。除尊孔活动在区域间开展的不平衡外，社会各界的表现也存在着很大差异，一些人文知识分子，特别是儒学研究者在尊孔活动中表现得较为积极，而大部分普通民众则表现的较为冷漠，官方特别是济宁、曲阜市委、市府则表现得相对积极。

三是官方参与积极性较高

弘扬以儒家为主干的传统文化是一个全国性的课题，但相比较而言，山东地方政府特别是济宁和曲阜的参与积极性较高，他们经常通过媒体发布弘扬儒家传统文化的文件和讲话。事实上，当下一年一度的大规模祭孔活动、修复孔庙等文化建筑、国际孔子文化节、山东各地经常性举办的儒学研讨会、开展读经、礼仪、节庆活动，甚至是民间的祭孔等一系列弘扬儒家文化的活动，无一不是在山东省特别是曲阜、济宁地方政府的积极支持下发展起来的。仅以国际孔子文化节为例，一开始便得到了山东地方政府有限度的支持和参与，而从2004年公祭孔子以来，山东省委、省府都派出政府官员来参加与孔子儒学相关的系列活动，济宁及曲阜市委、市政府则以更高的热情参与进来，并成立了专门的孔子文化节办公室、中华文化标志城办公室，积极配合和支持弘扬儒家文化活动的开展。山东“尊孔兴儒”活动开展的如此轰轰烈烈是与山东各级政府的积极倡导和参与分不开的。

四是民间儒者的影响较为突出

山东是孔子的故乡，当地民众长期受儒学教化，已内化于心，有着至深的儒家情结。因此，近现代以来，尽管儒学持续受到打击日渐式微，但相比较而言，山东的普通民众在生活层面仍延续着儒家的生活样式。伴随着改革开放的深入，在曲阜、济南等地，一些儒家文化的信奉者，复又表现出对孔子和儒学的“温情与敬意”，极力“倡导恢复并且承担‘儒林’职能”。[①] 他们自觉践履儒家的道德伦理，自发组织“尊孔兴儒”的活动，以身作则来影响他人，同时也致力于儒家经典的普及教育，热衷于儒家礼乐文化的研究，是推动儒学在山东“复兴”的活跃分子。如山东曲阜的段炎平、济南的吴飞、高唐的赵宗来、滕州的高述群等人都是著名的民间儒者，他们在儒家经典的教育实践、礼仪研究和指导，及各种文化体验活动方面，越来越引人注目，影响力越来越大，引起了《光明日报》《联合早报》美国《国家地理》杂志等媒体的关注，并对其进行了报道。可以说，民间儒者是山东弘扬儒家文化的动力源泉之一。

（二）山东弘扬儒家文化的影响

改革开放以来，山东弘扬儒家文化活动的广泛开展产生了较为广泛的社会影响，主要表现为以下几点。

其一，使孔子的正面形象重新占据了广大民众的生活空间。

20世纪初叶以来，受早期现代化理论的影响，儒学被视为中国迈向现代化的绊脚石，遭遇国内学者的诸多诘难。新中国成立至20世纪70年代，特别是在“文化大革命”时期，受“破四旧”、“讨孔运动”以及

---

① 2010年7月9日，笔者对段炎平的访谈笔录。段炎平，男，现年42岁，曲阜儒者职代会会长。

“批林批孔”运动的影响，山东广大民众越来越多地视孔子为反面角色，反面人物，几乎不知“尊孔、敬孔、学孔”为何物。“文化大革命”结束以后，思想文化领域拨乱反正，逐步恢复了正常的学术研究。人们呼吁重新评价孔子，提出既不反孔，也不尊孔，而是科学地研究孔子。自20世纪80年代以来，山东文化界首先是恢复孔子的本来面目，重新认定孔子是中国古代伟大的思想家、教育家、政治家和哲学家；其次是研究和评价孔子的思想学说及历史地位，指出孔子思想是中国传统文化的重要组成部分，对世界文化也有广泛而深远的影响，吸收孔子思想的精华，有助于推动中国的现代化建设；最后是发掘孔子思想的现代价值，认为孔子思想有不少内容不仅具有永恒的价值，适用于过去、现在和未来，而且具有普世的价值，适用于中国和世界，如“己所不欲，勿施于人”“和而不同”“见得思义”“有教无类”，等等，孔子的智慧到今天仍然可以引领着人类前进的脚步。在这种背景下，曾经被视为是“封建”“等级差别”“家长制”“落后”的儒家传统被人们用更加宽容的态度来审查，孔子及其所创立的儒家学说越来越受到重视和推崇，越来越以正面形象出现在人们的视野中。

其二，推动了山东各地的儒学“复兴”，促进了当地经济的发展。

改革开放以来，山东各级政府对弘扬儒家文化活动的支持，知识分子的积极响应，当地民众较为积极地参与，使儒学在山东呈现出一种“复兴”的态势。随着弘扬儒家文化活动的开展，重义轻利、入世性、勤劳节俭、重视教育（重教）、重视家庭与亲情、长期导向性、合作性、组织纪律性强等儒家文化传统中特有的品格，在山东人民身上充分体现出来，有力地推动了当地经济的持续高速增长。如青岛海尔集团就是把中国传统道德观念，诸如重义轻利、讲求诚信等糅合运用到现代商业经济管理之中，靠售后服务、靠信誉扭亏为赢，树立了自己的品牌形象，并最终走向世界的舞台。①

其三，对山东当地的精神文明建设起到了一定的推动作用。

改革开放以来，中国经济的迅猛发展以及对利益的过分追求使人们一度摒弃了儒家道德规范，伦理诚信也大打折扣，各种丑恶的社会现象不断滋生。在此背景下，山东通过弘扬儒家文化活动的开展，使儒学强调的

---

① 魏现兰：《儒学价值与现代经济》，《现代情报》2004年第9期。

仁、义、礼、智、信、温、良、谦、恭、让等观念得以广泛传播，对社会转型时期的“文化失范”现象有一定程度的矫正作用。如青岛在全市广泛开展了学唱道德歌，实践道德规范演唱比赛；烟台市福山区、招远市等在农村成立了“道德促进会”和“道德教育协会”等基层组织，通过一事一评议等形式对村民道德行为进行评判起到了引领社会风气的良好作用；[①] 而山东济宁、曲阜等地借助历史文化资源，大力开展儒家的“孝贤文化”建设，公推五好家庭、好婆婆、好媳妇的活动，更是大大促进了当地精神文明建设，在济宁、曲阜等地乘坐公交车时，但凡有老、弱、病、残或抱小孩子的乘客，都会有人主动让座。[②] 这表明，在“尊孔兴儒”活动的影响下，一个文明、诚信、和谐、向上的社会风气正在山东悄然兴起。

四　山东弘扬儒家文化活动中存在的问题与启示

（一）山东弘扬儒家文化存在的问题与不足

在国家、各级政府、民间儒者、教育界、儒学研究者的推动下，儒学在山东出现了由枯萎走向复苏，由衰败走向“复兴”的现象。然而，像全国其他地区一样，山东在开展“尊孔兴儒”活动的过程中，也存在着一些亟须反思与亟待解决的问题。约略论之，有以下四点。

首先，泛商业化现象突出，影响儒学真义的传播。

改革开放后，随着市场经济制度在中国的确立，市场化、商业化迅速蔓延到社会生活的各个领域，文化领域也难以避免，山东“尊孔兴儒”活动的开展亦概莫能外，它从一开始就披上了商业经济的外衣。以曲阜的孔子文化节为例，从1987年的第三届“孔子诞辰故里游”起，在“文化搭台，经济唱戏”的文化产业发展理路“指引”下，曲阜对孔子和儒学进行大肆炒作，将“孔子品牌”的效应无限度地扩大化，上演着“孔子文化的虚假繁荣”。[③] 自此，“孔子文化节”就在市场化的轨道上，打着“纪念孔子”“弘扬文化”的旗号进行各式各样的商业交易，举办五花八门的与孔子和儒家文化毫无瓜葛的经济技术洽谈会、技术成果交易会、

① 董学清：《孔孟之乡续写现代文明》，《走向世界》2005年第4期。

② 2012年7月18—20日，笔者于济宁鱼台、曲阜等地的访谈笔录。

③ 李径宇：《另一种孔子热》，《中国新闻周刊》2004年第28期。

“体育用品展销会、商业日用品展销会、汽车、化轻、金属、木材、燃料等物资洽谈会”等。[①]“孔子文化节”就在市场化的轨道上越走越远，完全偏离了“纪念先哲，弘扬文化”的初衷。一位参加了第一届世界儒学大会的马来西亚学者，直言不讳地揭露了“孔子文化节”过度商业化的事实，他指出“一年一度举行‘大庆典’，称为‘文化节’，从历年来的‘文化活动’，可以看出主办当局没有意思把这个孔子诞生地，提升为文化圣地或文化中心，反而更加扩大‘文化’活动，为一年一会赚多点钱”，“每年活动结束后，世界各地网上的恶评总是唱和相随，最令人无言以对，皆认为那是个商场或娱乐场”。[②]国内学者则讽刺说，“一年一度的孔子文化节实质上是一个招商引资活动而已”。[③]正是在商业炒作下，曲阜形成了庞大的“孔氏商品帝国”，在这个“帝国”里，“孔”字号系列产品包罗万象，包括食品、酒类、饮料、中药、日用化工品、工艺旅游品、纺织服装等，其中“用与孔子名字有关的字体命名的香油、煎饼等各类产品达100多种”。总而言之是“很多跟孔夫子有关的都打上了孔家的标记”，甚至“许多与孔子不相干的粗制滥造的东西，都冠以孔子的名号兜售”[④]，“孔”字号商品近乎泛滥成灾，最终导致商业活动喧宾夺主，弘扬儒家文化让位于发展地方经济，孔子和儒学近乎沦为商业经济的奴隶，“纪念先哲”“弘扬文化”纯粹成为一句空洞的口号。无独有偶，淄博市淄川区的“孔子文化创意园”也在打着孔子和文化的幌子干着出售“养生临湖景观别墅”的买卖。据有关文件可查，早在2003年，国家就已经叫停了别墅类房地产的开发，2004年国家又进一步明确禁止为别墅类的房地产开发供地，2006年更是把别墅类建筑列入禁止供地目录。但开发商打着“孔子文化创意园”的幌子拿到了土地资源，但在开发过程中，仅20多亩土地属于文化园区，剩下的170亩全是开发别墅。政府鼓励支持建设“孔子文化创意园”的初衷是让当地及更多的人感受儒家文化的博大精深，推动当地的精神文明建设，然而，开发商的唯利是图及政

① 中共曲阜市委党史研究室：《中国共产党曲阜市历史大事记（1919.5—1996.12）》，第377—378页。

② ［马］陈启生：《世界各地“近距连结”的全球化冲击——传统文化的恢复与生存》，贾磊磊、孔祥林《第一届世界儒学大会学术论文集》，文化艺术出版社2009年版，第393—394页。

③ 李径宇：《另一种孔子热》，《新闻周刊》2004年第8期。

④ 同上。

府相关部门的监管不力致使事与愿违，使当地居民对与“孔子”“儒家文化”有关的事物易产生误解，甚至抵触反感。

其次，官方对“尊孔兴儒”活动的支持流于表面。

改革开放以来，山东各级政府虽然在人力、物力、财力方面支持和参与了一系列弘扬儒家文化的活动，但是，这种支持力度是微弱的，缺乏实质性、深入性、广泛性和持久性。在一系列弘扬儒家文化的活动中，有相当一部分政府官员并不了解儒学的真精神，存在着敷衍塞责的态度。正如参加过2011年尼山春祭的王霄冰博士描述的那样“随着执事者的一声‘启户’……众人依序入庙……大成殿前佾台上有电视台的录像机和工作人员……摄制人员一边拍摄一边情不自禁地向参祭者发出指令，像‘快点走’‘再往前点’等，让人感觉像是在拍电视”。[①] 在“尊孔兴儒”的活动中，表现较为积极的无疑是济宁、曲阜等地的领导干部，但他们当中不少人并非出于儒家担当的精神，而是着眼于“文化搭台，经济唱戏”，利用孔子作商业诱饵，对于“尊孔兴儒”活动的实践“不给予任何物质上的支持，精神支持也不到位，顶多就是表示理解而已”，甚至很多时候是“根本不重视，不支持”，使“尊孔兴儒”活动的推动者感觉“心有余而力不足”。[②] 济宁市宣传部门一位不愿透露姓名的宣传干事的一番话也证明了这一点：“搞（尊孔）活动都是按照上面的意思搞的，不可能深入人心，搞来搞去，就流于形式了”。[③] 在某种意义上，正是由于官方对“尊孔兴儒”活动的支持流于表面，所以参与弘扬儒家文化活动的社会各阶层和群体各自为政，犹如一盘散沙，难以形成多机制匹配联动的、有效的运作体系，致使各方力量始终零星涣散，无法有机结合。

再次，知识分子与民间互动较少。

儒家文化的弘扬不仅需要依靠学术精英的钻研，也需要普通民众的参与和实践。虽然在山东境内的不少高校云集了众多的儒学研究精英，却未能真正掀起儒学的“学习热”“普及热”“生活热”“实践热”。至今，儒

① 王霄冰：《仪式的建构与表演——2011 清明节曲阜祭孔与祭祖活动的人类学考察》，《文化遗产》2011 年第 3 期。

② 2012 年 8 月 17 日，笔者于曲阜杏坛宾馆对孔德班的访谈笔录。孔德班，男，现年 60 岁，曲阜孔子文化园国学堂负责人。

③ 2012 年 8 月 18 日，笔者于济宁市委大院对 KFA 的访谈笔录。KFA，男，现年 45 岁，济宁市委宣传部宣传干事。

学仍囿于专家学者的书斋、科研机构，其中的原因固然包括方方面面，但大多数学者只有学术理论的研究，缺乏实际的关怀和文化的担当却是最为重要的原因。在学科专业高度分化的今天，儒学研究者虽然立足于孔孟故里，耳濡目染孔孟之道，但他们越来越安于“知识分子分工的角色定位”,① 仅把儒学研究作为一种职业，一种谋生的手段，在高等学府、科研机构自成体系，足不出户，埋头钻研，始终缺乏文化的担当。所以，尽管学者们掀起了一波接一波的儒学研究热潮，学术成果陆续问世，也未能“冲决”民众与学者之间的无形的“堤坝”。更为关键的是，学者们仅致力于纯学术理论的研究，对儒学“缺乏一种精神上的信仰”，只是承认自己是一个儒学研究者，却不承认自己是一个儒者，“不愿自己成为儒学的人格承担者”,② 甚至有不少学者“对儒学很生疏，很隔膜，对于儒家的真正内涵，几乎没有接触，甚至存在巨大的误解、误读”。同时，也由于学者们“长期在高等学府、科研机构自我经营，缺乏与民间社会尤其是下层民间社会的沟通、互动，在民间社会中几乎找不到呼应的力量”，虽然学者们的学术专著和学术论文汗牛充栋，其中也不乏上乘之作，但是最终会因“规范的现代学术语言离百姓的日常生活越来越远”从而“越来越不受民众的关注”,③ 使儒学研究成果的可读性严重受限，读者往往只限于儒学研究领域中的学子。同时也导致学者与民众之间的“沟壑”日渐加深，学者们深陷曲高和寡的困境。笔者如是说并非是要否认学术理论研究的重要性和必要性，专业化和规范化，也不是要否定学术儒学，更不是要否定学术精英，而是想阐发学者们在学术研究的同时应适当兼顾研究成果的应用性、通俗性和大众化之意。否则，学者的研究离民众的生活渐行渐远，民众对儒学的价值观念日益淡忘、遗弃，甚至从感情上排斥，原因之一就是儒学仍没有走出专家学者的书斋、研究室和研究院，学者们尚未成为“儒学人格的承担者”。普通民众易于选择通俗易懂的文化读本，而高深、专业、晦涩、难懂、可读性不强的学术专著和学术论文对普通老百姓来说如同天书，难以引起他们了解和阅读的兴趣，学者的讲解也带着强烈的理论性和学术性，也同样难以引起民众的共鸣，最终儒学的“复

---

① 龚鹏程：《生活的儒学》，浙江大学出版社 2009 年版，第 211 页。

② 曾庆福、金小方：《儒学复兴中知识分子的文化使命考察》，《求索》2007 年第 3 期。

③ 颜炳罡：《民间儒学何以可能?》，单纯主编《国际儒学研究》第 14 辑，九州出版社 2006 年版，第 368—372 页。

兴”只能停留在学术精英层面。

最后，弘扬儒家文化未能顺应时代潮流，与时俱进。

改革开放以来的中国，的确存在一个传统价值观念失落和信仰缺失的问题。这正是引起忧虑的地方，也是弘扬儒家文化活动发起的缘由之一。由于信仰缺失，一些落后的农村经常出现邪教事件。如何以一种信仰的力量来与之对抗？发挥传统信仰的魅力和优势，成为一条可选择的途径。因之，新时期山东各地举办的弘扬儒家文化活动是值得称道的，并且越来越多的得到了当地民众的认同与支持。但是，在这过程中我们发现存在着严重的矫枉过正问题。例如对儒家文化顶礼膜拜，过分抬高和神化它的现代价值和现代意义，把儒家传统文化当做救治现代病的良药，甚至有人主张把儒学政治化、宗教化。这种传统的绝对主义取向是明显不可取的。虽然孔子及其创立的儒学经过数千年沉淀之后成为中国传统文化的代表是因为其中有许多合理、值得肯定的地方，但其毕竟发源、成长于传统封建社会，不可避免地具有一定的消极性、落后性和保守性。所以，我们在尊孔兴儒的活动中，一定要做到“取其精华，去其糟粕”，切不可全盘接受。在道德滑坡、诚信缺失的今天，倡导读经，使孩子在读经过程中感受中华文化的博大精深，领略儒家伦理道德，是继承并弘扬中华民族的传统美德的可选之途。但如果不加选择地要求中小学生诵读有如《弟子规》《三字经》等经文的全部内容，就会使其中隐含的奴性文化和不科学之处扭曲学生的价值观，甚至腐蚀学生的心灵。这不但收不到应有的成效，反而会适得其反，损毁儒学应有的声誉。因此弘扬儒家文化务必要顺应时代潮流，深入挖掘符合时代发展要求的内容，充分把握和汲取儒家思想内核，进一步赋予其新的时代内涵，使之与当代社会相适应，与现代文明相协调，最终在历史的高起点上，与时俱进，创造出符合当代精神和时代潮流的新文化，从而为丰富和发展社会主义先进文化服务。

（二）启示

在“弘扬中华文化，建设中华民族共有精神家园”的时代背景下，如何弘扬儒家文化，以使儒学复兴，这既是一个理论问题，更是一个现实问题。山东省内“尊孔兴儒”活动虽然开展得如火如荼，但是其中暴露出来的问题也不容小觑。流于表面的祭孔仪式，束之高阁的儒家经典，冷眼旁观的看客心态都制约着儒学的复兴与发展，只有改进方法才能解决问题。具体来讲政府不仅要投入金钱更要投入真挚情感，学者不应只是守在书桌前更应深入群众，政府、学者、民间儒者不应再各自为政，要加强交流与合作。概言之，有以下三个方面。

1. 政府工作人员应加强自身的传统文化修养，对儒学有一个全面而深刻的理解，应怀着“温情与敬意”而不是“纠结与应付”的态度组织或出席“尊孔兴儒”活动。“尊孔兴儒”的活动表现在方方面面，仅就每年一度的祭孔大典来讲，虽然省政府每届都投入巨大的人力、物力、财力来支持并组织，但其收到的效果却微乎其微，甚至有学者认为这种方式祭孔“还处在现时代的‘初级阶段’，还需要有一个摸索研究的过程。”①如何通过祭祀孔子这种方式来达到弘扬儒学的效果？我们不妨拿台湾的传统丁祭礼来与大陆的祭孔大典进行一下比较。

祭孔大典与丁祭礼的比较②

	祭孔大典	丁祭礼
基本性质	中国伟大的教育家、思想家孔子的诞辰纪念	祭祀至圣先师孔子、为家族后人或广大学子祈福的仪式
基本结构之一（仪程）	献花篮—读祭文—乐舞表演—全体三鞠躬	迎神—初献—亚献—终献—撤馔—送神，中间穿插“祭孔乐舞”
基本结构之二（祭品祭器）	以“太牢”和一系列生熟食品为祭品，按照一定的数量和规制摆设在规定的礼器中	以“太牢”和一系列生熟食品为祭品，按照一定的数量和规制摆设在规定的礼器中
基本结构之三（乐舞）	舞蹈表演作为独立的部分，用现代乐器（录音）伴奏，使用新编的歌词，只演一章	乐、歌、舞都进行现场表演，共分六章，作为祭祀的有机组成部分，穿插在仪式中间进行。
基本功能之一	宣传孔子思想（《论语》）	宣传儒家思想、道德和礼乐文化
基本功能之二	通过诵读《论语》和电视转播等教育民众	用传统的礼制礼乐来教化民众
基本形态之一	政治和艺术的结合	宗教、政治、伦理和艺术的结合
基本形态之二	绝对官方的活动	半官方半民间的活动（孔氏家族在祭祀中起到不可代替的作用）

通过比较我们不难发现，山东省的祭孔大典是一个完全由官方主导的活动，政治色彩十分浓厚。同时，由于对儒家文化缺乏全面的了解、对儒家传统礼仪缺乏起码的尊重和长久以来的意识形态问题等原因，出席大典的官员们对三叩九跪之礼心怀鄙夷和抗拒，在祭孔仪式中以简单的鞠躬礼

① 杨朝明：《礼制“损益”于“百世可知”》，《济南大学学报》2009年第5期。

② 王霄冰：《试论非物质文化遗产本真性的衡量标准——以祭孔大典为例》，《文化遗产》2010年第4期。

代替之。这样做带来的后果使原本是后人向祖先表达敬意与怀念的祭祀变成了官员的工作与应付。古语有云“礼失而求诸野”，为使祭孔大典发挥其应有的教化作用，参与公祭的政府官员们不妨组织专家学者和民间儒者一起来商讨祭文、乐舞等祭祀仪式的“变现”方式，以使祭奠更加真诚、更加接近群众。在经济、科技高速发展的现代社会，祭祀本身就不符合时代的特征，所以官员们大可不必为了迎合现代社会时代性、世俗性的需要而用现代文明礼仪代替传统祭祀形式。有时，越是原汁原味地展现传统文化习俗，就越能得到人们的尊重与膜拜。

2. 政府在以行政命令来推广儒家文化时应该将儒学与大众传媒相结合，多采用群众喜闻乐见的方式来宣传儒家要义。包括报刊、广播、电视、网络等多种形式的大众传媒能够最大程度的超越时空、阶层的局限向各层民众传递信息，并且日益显现出文化传递、沟通、共享的强大功能，已成为文化传播的主要手段。“在当代生活中，随着现代传播媒介和复制技术的日益发达，大众艺术越来越多地渗透到日常生活领域。”① 因此，借助大众传媒的广泛、高效、直接等优点来弘扬儒学不失为政府利用的一种便捷方式。由山东广播电视局、中国孔子基金会、山东电视台联合打造并于 2007 年 9 月 22 日正式开播的大型文化电视栏目《新杏坛》，就是政府运用大众媒介弘扬儒学的成功典范。《新杏坛》的成功为山东各地更有效地开展“尊孔兴儒”活动提供了以下几点有益经验。（1）依靠政府扶植，以市场为主导，依托丰富的历史文化资源，传播中华经典、弘扬齐鲁文化传统。随着经济持续、高速地发展，山东社会进入转型阶段，节奏快速的社会生活到处充斥着浓厚的商业气息，在此环境下传统的娱乐节目和文化产品要么肤浅浮夸，要么粗制滥造，很难满足人民大众的精神文化需求。《新杏坛》及时捕捉并跟踪社会文化热点，以国家化的视野从历史文化的高度给以精彩的解读，以最准确、最全面、最丰富的文化盛宴影响社会主流人群、引导社会软性舆论。（2）充分利用大众传媒工具，实现了传统内容与现代技术的完美结合。随着科技的发展，文化领域掀起了科技革命的旋风，促进了新兴文化形态的崛起和传统文化形态的更新。《新杏坛》将文化产业与现代传媒工具相结合，是传统文化借助高科技迅猛扩展自身的表现空间和表现能力。（3）注重打造影响力，采取多元化文化

① 车美萍：《全球化与当代中国文化形态》，山东大学出版社 2009 年版，第 188 页。

发展策略。提高影响力最直接有效的方法是“名人效应”，因为名人不光是新闻上的焦点，更是品质上的保证。儒学作为传统文化的代表，要想融入民间，向大众展示其魅力，被大众熟知和喜欢，就需要一些中心人物来向民众进行必要的宣传和讲解。东北二人转能够取得现在这样的成就，赵本山功不可没；《云南印象》的巨大成功，杨丽萍劳苦功高。同样，《新杏坛》继季羡林后由余秋雨担纲栏目学术总顾问，邀请美国哈佛大学教授杜维明、台湾大学教授丁冠之、山东大学教授颜炳罡、张金光等著名学者、文人做主讲，吸引了大批群众听讲。目前，《新杏坛》已经成为有齐鲁文化特色的电视品牌和文化产业品牌。（4）不断完善文化产业链条，形成规模效应。文化产业与别的产业不同，它具有需求大、附加值高的特点，一个文化产业节目的成功不仅体现在播出收视率上，还体现在对其衍生品的开发和利用上。《新杏坛》在播出电视节目的同时还出版了同期书籍和光盘，成立观众俱乐部与观众进行互动，开办官方网站（搜狐网）与报纸、杂志等媒体联合形成复合式开发模式，实现了效益的最大化。总之，政府只有在加强自身对儒家文化了解的同时采取多元化宣传途径才能使“尊孔兴儒”的各项活动收到应有的效果。

3. 学者应该走出书斋，深入民众之中，把学术性、专业性强的儒学研究成果化繁为简，使其更易被民众接受。儒学世俗化、大众化是促进儒学复兴的一剂良药。颜炳罡教授提倡的民间儒学、刘周先生提倡的大众儒学和黄玉顺教授提倡的生活儒学都是学者试图将儒学融入民众生活的有益尝试。儒学魅力经久不衰的原因在于它能够在民众的日常生活中得到体证，所以，学者要想使儒学得以真正复兴就要立足实践，关注人民生活和现实，找到儒学与现代社会的相契合点，使儒学成为缓解人们压力、重塑共同理想的一种有效途径。那么，学者如何使儒学真正融入人们生活呢？首先，学者可以使用生动活泼的语言来表达儒学的精髓要义，使民众能感受到传统儒家文化的鲜活。风趣幽默的纪连海先生在《新杏坛》主讲的《春秋第一相·管仲》系列就以其语言生动、深入浅出的风格而深受观众的喜爱。傅佩荣先生主讲的《易经与人生》的收视率在全国35个中心城市中更是高达0.17%。在这期节目播出后，栏目组不断接到观众来电，纷纷咨询《新杏坛》同步推出的书籍《易经与人生》和光盘《傅佩荣谈易经与人生》。这些节目之所以得到广大群众的认可和喜爱就是因为主讲人深入浅出地讲解儒家经典中蕴含的哲理，并结合现代生活带领观众从中学习为人处世的智慧，为广大观众呈现一场能够听得懂的儒家讲堂。其次，学者不应该只把儒学当成自己的工作研究对象，这样会造成儒学被人为拔高，使之成为一部分人获取社会资源和提高个人社会地位的资本。学者不仅要专注于自己的专业领域研究，还要把儒家的精髓融入自身的生活中去；不仅要把自己定位于儒学的研究者、学习者，还要定位为践行者、实践者，也就是说要研究和普及两手同时抓。比如把成人礼、传统婚礼、祭祀等形式与儒学普及相结合，让儒学传统文化从文献典籍和历史资料中走到现实生活之中。再次，学者们应该正视儒学“精华与糟粕并存”的现实，不能只一味地赞扬儒学，应该敢于指出其中不符合现代社会的内容并加以改造或剔除。“道在当躬”的勇气着实可嘉，但是如果学者对儒学内在的阴暗面没有充分的理解和认识，只去一味弘扬儒家经典，如过于急切地推广读经活动，则不仅不能使儒学得到弘扬，反而使自己陷入深闭固拒的境地。正如杜维明先生所说：“如果说我对儒学没有充分的理解，对儒家内在的阴暗面没有充分的认识，不能够对儒家的精华用现代的语言进行阐述，而只是一味要宣扬、弘扬，这能做到吗?”[①] 总而言之，学者们应该顺应时代要求，立足人民生活实践，使儒学研究不仅在学术领域取得丰硕成果，更应使儒学贴近社会、贴近生活，千万莫使“儒家思想在产生它并需要它的社会开始解体之后，变成一片阴影，仅仅栖息在少数人的心底，无所作为地被像古玩一样珍爱着”。[②]

4. 采取多种方式弘扬儒学，尤其要加强参加“尊孔兴儒”活动各方的合作。儒学的复兴普及工作主要是通过学习教育来进行的，如高校开设国学课、民间兴办孔子书院等。但教育的覆盖面毕竟是有限的。学校教育——不管是高校所开设的课程还是书院读经，其受益人群只有青少年学生，社会其他群体就很难接触到儒学教育课程。再有一点，学校教育需要有专门的地点和时间，除了学生群体外，社会其他群体很难有专门的时间进行系统的儒学学习。所以，要在全省范围内使儒学真正得以复兴，就需要采取多种方式弘扬儒学，具体措施有以下几点。（1）充分利用广播、报纸、电视、网络等现代传媒多种手段传播儒学。广播接收简单易得，内容通俗易懂，不易受文化程度的限制，最适合老年人群体；报纸内容丰

---

① 杜维明：《新儒学·有全球意义的地方知识》，《南方周末》2006 年 9 月 7 日。

② 杜维明：《儒家传统的现代转化》，中国广播电视出版社 1993 年版，第 518 页。

富，方便易携，特别适合上班族；电视直观性强，有较强的冲击力和感染力，适合全家一起观看；网络的信息面广，对现在年轻人的影响力非常大。只要充分利用这些现代传媒手段的特点，多元化地、全方位地普及儒学知识，山东地区的“尊孔兴儒”活动定能取得可喜成果和不朽成绩。（2）在“尊孔兴儒”活动中积极推动政府、学者和民间儒者加强合作。学者可深入民众之中，与社区联合开展读经讲经活动，把儒家经典讲解给社区民众听；政府要重视民间学者的作用，多与民间儒者加强联系，利用民间儒者的影响力吸引更多的民众接触儒学，利用民间儒者的亲和力消减儒学的政治色彩；民间儒者可与基层政府、高校学者合作，一方面通过交流补充自己的理论不足，一方面进一步扩大自己的影响。（3）“尊孔兴儒”活动不仅可通过现代传媒普及儒学，还可以依靠戏曲、话剧等传统宣传手段来实现目的。单纯讲经或是祭孔不免有些单调，戏曲、话剧等表演形式有着直观丰富的艺术表现手段。它可以对生活原型进行选择、提炼、夸张和美化，把观众直接带入其所表达的情境之中。运用戏曲、话剧等手段对儒家经典故事进行编排、表演定可使观众印象深刻，达到预期效果。（4）虽说儒家学说讲求内在的修身养性，强调温和谦让，但我们不妨使其与现代竞争意识相结合，多开展一些类似于“儒学知识大赛”“经典诗文大比拼”等益智类比赛，借人们的竞争意识来提高人们学习儒家经典的热情和积极性。中央电视台少儿频道的《智力快车》栏目拥有一支经验丰富的出题队伍——活跃于北大、清华等高校教学的一线博士研究生、专家、教授——他们将经典、严肃的知识生活化、时尚化，以寓教于乐的精美形式使益智与娱乐完美结合。山东各地不妨以这类节目为模本，吸收借鉴其有益经验，把儒学知识活化于益智娱乐类竞赛之中，这样必将大大激发人们的学习热情进而推动儒学的普及。

综上，改革开放以来，随着国情和世情的变化，党和国家对以儒家为主导的传统文化价值的认识不断深化，随之，思想文化界掀起了一股重评孔子的风潮，延至20世纪90年代开始，“国学热”“孔子热”一浪高过一浪。在此背景下，山东地域的儒学研究者与“尊孔兴儒”活动的支持者们利用山东得天独厚的地理与历史优势对儒学进行了全方位、多层次、宽领域的建设，逐步使孔子的正面形象重新占据了广大民众的生活空间，同时对山东当地的精神文明建设起到了一定的推动作用。但实事求是地说，这些活动的影响仍然极其有限，可以说并未产生真正实质性的社会影响。究其原因，主要是由于上述活动泛商业化现象突出，影响儒学真义的传播；其次，官方、知识分子与民间互动较少，使尊孔活动难以大众化、社会化。当然，最根本的原因还是在于改革开放以来，中国社会结构发生了全面的质的变化，儒家思想传统已经完全失去了它曾经拥有过的丰厚的社会土壤。

“旧有的真理若要保有对人之心智的支配，就必须根据当下的语言和概念予以重述。”① 古已有之的儒学在经历了几千年的风雨洗礼之后，如何能在今天这样一个价值多元、个体独立、血缘淡泊的社会，仍旧像在传统社会中一样，成为维系人与人之间社会关系的纽带，需要我们各方在努力的同时秉持一个共同的原则——构建“时代的儒学”，即“被赋予了时代性色彩而与世偕进的儒学”。② 时代的儒学不是时代需要什么样的儒学我们就建构什么样的儒学，而是在保持儒家原本精髓的基础上积极有效地、生动灵活地解答时代提出的问题，只有这样才能使儒学与时代精神相结合并促使其得到良性转化。因为儒学的现代意义问题大致分为“一是文化功能：确立文化的最高理想或是文明的根本方向；二是社会功能：即促进行业的自治与理性化，并以其文化精英主义精神与现代社会的大众化、庸俗化、功利化、肤浅化作斗争；三是个人功能：修身、诊治当代人疲惫的心灵”。③ 所以儒学复兴任重而道远，特别是“在今天这样一个社会环境下，要振兴儒学，道路太漫长了，需要一个文化的复兴，不是以年计，也不是以十年计，常常要以百年计”。④ 儒学复兴道路漫长而曲折，纵使山东是孔孟之乡，拥有厚重的儒家文化底蕴，儒学在山东地区的复兴也不可操之过急。在确定了正确的原则之后，最重要的就是持之以恒、坚持不懈。国之将兴必重传统，在全国范围内弘扬传统文化的宏大背景下，山东“尊孔兴儒”活动已经有了稳步的发展，虽然在此期间也存在形式主义严重、主办方急功近利等不足，但我们有理由相信，山东的“尊孔兴儒”活动一定会卓有成效地朝着理想方向发展。

---

① ［英］弗里德里希·冯·哈耶克：《自由秩序原理》，邓正来译，生活·读书·新知三联书店 1997 年版，“导论”第 4 页。

② 林存光：《儒学的当代转化：立场、信念与心态》，《哲学动态》2007 年第 5 期。

③ 方朝晖：《现代儒学的困境与出路》，《天津社会科学》2009 年第 5 期。

④ 许嘉璐：《从中国文化与世界文化大视野来看儒学复兴》，《北京日报》2007 年 6 月 11 日。

第九章

结语：总结与反思

恩格斯讲过一段非常精辟的话，“在社会历史领域进行活动的，全是具有意识的、经过思索或凭激情行动的、追求某种目的的人；任何事情的发生都不是没有自觉的意图、没有预期的目的的。”[①] 纵观国人百年尊孔与反孔的文化选择，同样具有明确的目标取向。

1911 年封建帝制的崩溃，使制度化儒家完全解体，儒学因失去了依附之所而无可避免地变成了“游魂”。[②] 但是影响中国社会、中国人几千年之久的儒学已经渗透到中华民族的骨髓里，从而积淀为一种文化——心理结构，深刻制约着中国人的思维与行为模式。百年以来，基于政治的或文化的需要，当政者总是打出“尊孔”或“反孔”的旗子来为其“治统”服务。知识分子则基于自身的价值判断和诉求，做出了相应的文化选择。而普通民众的孔子“情结”亦随着国家、现代性与地方传统的互动发生了前所未有的变迁。从区域社会史的视角回顾、总结和反思百年尊孔与反孔的历史，无疑对于我们理性的判断和认知百年以来儒家文化的社会存在状态、当下和未来应如何对待儒学乃至中国传统文化以及儒学应以何种面相进入全球主义的新的现实当中都有着重要的启示意义。

一 国家（政府）层面百年尊孔与反孔的基本历程

百余年来“孔子”的沉浮不定，都和政治风云以及社会形势的变幻紧密相连。在新旧交替的社会转型时期，袁世凯、北洋军阀政府以及南京国民政府为维护其政治统治，都拼命抓住孔子儒学这根救命稻草不放；革命的阶级，包括民族资产阶级和后来的无产阶级则为推翻封建的专制主义

① 《马克思恩格斯文集》第 4 卷，人民出版社 2009 年版，第 302 页。

② 余英时：《现代儒学论》，上海人民出版社 1998 年版，第 243 页。

统治而坚决批判孔子儒学。中华人民共和国成立后，革命的惯性使执政的无产阶级在很长一段时间内没有从批孔、反孔的迷雾中走出来，延至20世纪80年代，中国共产党才完成了从重“破”到重“立”的历史性转变，由此，弘扬以儒学为代表的中华文化逐步成为新时期的主旋律。

(一) 从反孔到尊孔：民国前期（1912—1927）的文化政策

1912年中华民国肇建，南京临时政府颁布《临时约法》，在政治和法律层面上否定了清王朝及在中国延续两千余年的封建君主专制制度，宣告了民主共和政治制度的正式诞生。共和政体的政治范式及其社会理想与传统儒学的根本价值之间的龃龉是显而易见的。故此，新政体草创之后，从意识形态上批判和否定儒学成为新生的共和国的必然选择。

但是袁世凯很快窃夺了辛亥革命的胜利成果，民主、共和的高速列车随即调整方向并最终滑向帝制。在此过程中，袁世凯在意识形态上利用儒学中的三纲五常等封建道德，攻击民主、共和等资产阶级民主主义学说不适合中国国情。很显然，袁世凯旨在通过尊孔立教、重建纲常为其复辟帝制开路，如鲁迅就一针见血地指出：“从20世纪的开始以来，孔夫子的运气是很坏的，但到袁世凯时代，又被重新记得，不但恢复了祭典，还新做了古怪的制服，使奉祀的人们穿起来。跟着这事而出现的便是帝制。”[①] 袁世凯借助孔子偶像和儒学思想来为帝制复辟鸣锣开道的事实是不容置疑的，1913年6月25日，上海《中华民报》发表社论，揭露袁世凯发布尊孔祀孔令不过是“因孔氏力倡尊王之说，欲利用之以恢复人民服从专制之心理”而已，“计虽至巧，然明眼人多能辨之。由各方面观之，袁世凯近日之乱命，仍是愚民与防民之故智耳”。[②] 这段可谓一语中的，道出了袁尊孔的真实目的。而另一方面，袁世凯推行尊孔，也确有利用孔子重建社会秩序、维系国家稳定的意图。因为，民国初建之时，正是社会急剧转型之日，“民德日益堕落，人心日益险诈，竞争日益激烈，伦理日益紊乱，纪纲全坏，时事愈违”，以至于“横流所激，根本将倾”。[③] 而孔子及儒学所代表的中国固有道德心理在当时无疑被看做是维系社会风化和伦理秩序的精神力量，所以，袁氏申明尊孔祀孔之另一目的在于：“惟此礼义

① 鲁迅：《鲁迅全集》第6卷，第317页。

② 《袁世凯命令书后》，《中华民报》1913年6月25日。

③ 《黎宋卿先生初电》《黎宋卿先生再电》，柯璜《孔教十年大事》卷8，太原圣宗会1923年石印本。

廉耻之防，欲遏横流，在循正轨。总期宗仰时圣，道不虚行，以正人心，以立民极，于以祈国命于无疆，巩共和于不敝。”① 可以说，如果袁世凯的尊孔仅仅停留在这一个层面上的话，那么他的尊孔举措还是有可圈可点之处的。但袁世凯尊孔读经的目的不仅仅止于此，其终极目的是为了复辟帝制。结果，袁世凯的尊孔复古政策，非但未能成为其复辟帝制的救命稻草，反而让孔子及儒学名誉大大受损。

袁世凯死后，继任的黎元洪、段祺瑞本身就是尊孔读经的积极鼓吹者和支持者。他们尽管未有公开提倡尊孔读经，但也没有明确宣布取消尊孔读经团体，在他们的默许下，尊孔读经在全国范围内依然存在。延至张勋复辟失败后，为抵制各种新思潮的传播，北洋军阀政府于 1919 年 1 月 3 日颁布崇祀先儒令，不仅要求国人对孔子之道“宜尊闻而行知”，而且要对孔子之后的儒学传人予以从祀之礼。1925 年章士钊担任教育总长后提出读经提案，更是极力主张学校恢复读经。1927 年当国民革命向全国发展之际，北洋军阀们又大力提倡读经，试图以此抵制三民主义在北方的传播。世界潮流，浩浩荡荡，顺之则昌，逆之则亡，在民主、共和思想日渐深入人心的宏大背景下，北洋军阀借尊孔以行封建专政之实的文化政策没有给他们带来多少运气，最终被历史埋葬。

（二）南京国民政府对儒学的改造与利用

总体而言，国民党在未成为执政党之前，其对孔子儒学的态度是批判的、否定的。但 1927 年 4 月，南京国民政府建立之后，国民党却一步一步循着北洋政府的路子，大力恢复孔孟之道，并自上而下积极倡导读经教育，试图借助孔子儒学的文化符号来建立新的官方信仰和道德规范，最终达到确立南京国民政府的独裁统治的目的。不过，以蒋介石为代表的南京国民政府对儒学的利用方式与袁世凯有所有同。袁世凯是用带封建迷信色彩的祭天祀孔来为其封建统治服务的；而蒋介石则给儒家思想穿上了一件现代革命学说即三民主义的外衣，即把三民主义儒学化，使儒学在相当程度上成为其统治思想之一。为此，蒋介石在很多正式和非正式场合阐释三民主义的有关内容源于儒学。如他在《军人的精神教育》中指出：“三民主义是我们总理创造出来的，他集古今的大成，将中国固有的道德文化，

① 《大总统发布尊崇孔圣令》，中国第二历史档案馆编《中华民国史档案资料汇编第 3 辑文化》，第 2 页。

最要紧的东西整理出来了。许多好的道德文化，都已由总理排定次序，整理之后的名字，便叫三民主义。”①

在蒋介石及其御用文人的鼓动下，南京国民政府时期曾出现过两次尊孔高潮。第一次高潮发生在1934年，是年6月份南京国民党中央通过了尊孔祀圣决议，通令全国学校每年举行“孔诞纪念大典”，强令学生“尊孔读经”。与此同时，蒋介石还在全国发动所谓“新生活运动”，以此强制推行以传统儒家的“四维”（礼义廉耻）、“八德”（忠孝仁爱信义和平）。第二次高潮发生在全面抗日战争时期，此一时期民族矛盾空前加剧，民族主义情绪在知识分子当中空前高涨，民族的保卫和复兴，变成了第一等的事情，相应地保卫民族文化，复兴弘扬民族文化，也成了这个时期的一个文化的基调。而民族文化的基础是儒学，是孔子思想。从文化民族主义的这一角度来看，民族蒙难时期，尊孔读经的历史合理性得以显现和提升。在此背景下，自1938年起蒋介石再度掀起尊孔读经的运动，至1943年达到高潮，是年春，蒋介石抛出了《中国之命运》一书，大谈要继承中国法统，维护中国旧的伦理道德，发扬中国固有精神文明，大肆诬蔑共产主义与民主主义这些思想都不适合中国，认为只有孔孟之道才是现代中国应发扬的指导思想。至此，蒋介石倡导的尊孔读经又走向了另一个极端。

众所周知，从法统上讲，三民主义是中华民国建国的指导思想和意识形态，而蒋介石却一再以儒学来解释三民主义，偷梁换柱地把儒学升华为官方学说，使其实际上成为南京国民政府的指导思想之一。蒋介石和南京国民政府所以利用儒学作为统治思想，旨在利用儒家的传统道统，来贯彻国民党政府政策法令，以统一和约束全国人民的思想和行为，以反对各种“异端”思想，维护国民党统治。② 但问题是，蒋介石利用儒学和中国传统文化作为政治统治的思想资源有其根本的弱点：一是不符合中国人民的实际需要；二是国民党说的和做的并不一致。正如周恩来指出的：“在伦理建设方面，蒋介石强调四维八德的抽象道德。若一按之实际，则在他身上乃至他领导的统治群中，真是亡礼弃义，寡廉鲜耻！……所以他这套唯

① 蒋介石：《军人的精神教育》，彭明、洪京陵：《中国现代史资料选辑》第4册，中国人民大学出版社1989年版，第278页。

② 宋仲福、赵吉惠、裴大洋主编：《儒学在现代中国》，第152页。

心主义的道德观，都是虚伪的。同时，也是以此惑人，要人民对蒋介石国民党实行忠孝仁爱信义和平，好便利他的压迫和进攻。”①

（三）新中国（1949—1976）对儒学的继承与批判

文化和意识形态是社会经济与政治的反应。新中国成立之后，随着社会主义制度的建立，马克思主义、社会主义学说无可置疑地替代儒学一跃成为国家的主导思想。在此文化背景下，传统儒学彻底丧失了其统治思想的地位，国家在政治生活中祭典革命英烈，孔子诞辰纪念则退出了历史舞台；国民党统治时期利用孔子权威大肆倡导“尊孔读经”，祭祀孔子的旧习也被彻底废止；儒家思想中的四书五经、伦理纲常、尊卑教化等旧思想、旧教育观念彻底退出教育舞台；在学术层面上，儒学不再独尊而成为诸子百家中的一家被作为历史文化遗产同其他传统文化一起被加以研究、探讨、改造和利用。

应该说，新中国成立后的很长一段时间内，党和人民政府虽然在政治上打破了孔子和儒学的权威，却仍然具有保护传统文化的敬意和意识，把孔子和儒学作为历史文化遗产加以继承、保护和完善。但是，随着国家政治、文化生活的全面左转，特别是在1962年全国性的孔子讨论会之后，在“发扬五四传统”的口号下，在“以阶级斗争为纲”的思想指导下，在一个个持续不断的政治运动中，儒学作为“封建反动学说”不断受到批判，且日趋严厉。在“文化大革命”初期，在“破四旧、立四新，横扫一切牛鬼蛇神”的宣传鼓动下，“孔家店”被视为“四旧”的总根子而受到了强力冲击和破坏；孔子及儒家思想被作为“四旧”的重要内容遭到清理和批判；1962年讨论孔子的学术会议被定性为黑会，一些对孔子思想有所肯定的专家学者受到批斗。至“文化大革命”后期，毛泽东从意识形态的阶级斗争论出发，再次提出了“批孔”的问题。毛泽东这次提出“批孔”，主要是想通过批判儒家“反对变革”来诠释和强化“批林”，以便统一认识，实现维护“文化大革命”的主观愿望。1974年年初，按照毛泽东的思路，再度强制推行“左”倾错误理论和实践的“批林批孔”运动在全国范围内开展，这次对孔子的讨伐和批判，掺杂着极其复杂的政治动因，完全是在一种非理性的状态下进行的，其规模远远超

① 周恩来：《论中国的法西斯主义——新专制主义》，《周恩来选集》上卷，人民出版社1997年版，第147页。

过了以往的历次批判。

（四）改革开放时期国家层面对以儒学为代表的传统文化的重新认知与定位

改革开放以来，随着国内外经济、政治形势的变化，党和国家对以孔子儒学为代表的传统文化体系的认识与所持的态度经历了一个由批判继承到继承发扬再到弘扬创新、由工具性理性到工具性理性与价值理性相统一、由强调“时代性”到强调“时代性”与“民族性”相统一的历史性转变的过程。

改革开放初期，以邓小平为核心的第二代领导集体继承与发展了马列主义与毛泽东思想，主张对以儒学为主干的传统文化采取批判继承的态度，即采取历史的、阶级的、辩证的方法“划清文化遗产中民主性精华同封建性糟粕的界限，……实事求是地肯定应当肯定的东西，否定应当否定的东西”。[①] 但当时赋予中国共产党的主要历史使命是“肃清封建主义余毒”，“全面开创社会主义现代化建设的新局面”，因此，20 世纪 80 年代中后期之前，中国共产党基于反思“文化大革命”、扫清改革开放思想障碍的考虑，在很多正式场合和文件中阐述如何对待传统文化时，更多的强调了“反封建”“肃清封建主义余毒”的必要性和紧迫性。

经过 1989 年的政治风波，在“加快改革开放和现代化建设步伐”的新形势下，中共中央第三代领导集体开始重新审视以儒家为主干的传统文化在社会主义现代化建设中的内在价值精神。作为执政党的全国代表大会，党的十四大发出了对传统文化不仅仅是“批判继承”，而且要重在“发扬”的明确信息，它标志着新一代中国共产党人对于传统文化的认识与所持的态度完成了由“破”到“立”的根本性的转变。而从新世纪开始，面对复杂多变的国际环境，我们开始越来越多的以文化的民族性为基点，从文化安全、文化软实力、民族凝聚力乃至国家统一的高度提升传统文化资源的战略价值，并将其视为中华民族能否振兴，能否自立、自强于世界民族之林的重要因素。2002 年 10 月中国共产党在“十六大”政治报告中，对于中华传统文化在世界多元文化并存中的角色，在综合国力中的地位，在增强民族的生命力、凝聚力、创造力的价值与功能等方面，做出了空前未有的论证。与过去对传统文化的定位相比，此时中国共产党审视

① 《邓小平文选》第 2 卷，人民出版社 1994 年版，第 333—335 页。

传统文化的视野更为宏阔、更富时代性，也更具民族性。此后，这一论证主旨在党的报告、专题会议和重要文件中不断被强调和重申。

二 “学”随“术”变：山东知识分子百年尊孔与反孔的文化抉择

所谓“学”随“术”变，指的是经学时代，读书人对经学的认知不是一种纯粹的学术立场，而往往是随着政治形势和统治阶级的要求而不断地调整、适应与变化。“‘学’随‘术’变”不仅是中国经学史的特点，同样也渗透在知识分子百年“尊孔”与“反孔”的文化选择之中。

（一）民国前期（1912—1927）知识分子的尊孔与反孔的论争

民国前期，与政治领域一味地不断提倡尊孔复古、强化儒家思想不同的是，在强势输入的西方优势文化和根深蒂固的儒家精神传统的双重压力下，山东知识分子开始在民族感情和现代理性之间艰难地做着抉择，这直接造成了中国文化界就到底应该“尊孔”还是“反孔”这个问题上，产生了巨大的分歧。以孔孟信徒自居的传统士绅和文化保守人士对民初的社会激变和儒家文化的式微极为不满，他们打着“维持国本、匡济人心”的旗号，试图对传统儒学进行“创造性转换”，遂有了近代史上以儒学转型为目的的孔教运动。作为孔孟故里的山东，其儒学文化传统根深蒂固，西方文化接受基础也相对薄弱，这使得山东传统士绅在这场运动中相当活跃，济南的孔道会、青岛的尊孔文社、曲阜的经学会等应运而生。不过，必须注意的是，单纯认为那些与现实政治紧密联系的尊孔团体的尊孔活动构成民初尊孔活动全部的话，是不全面且不客观的。还有相当一批传统士绅主张通过复兴儒家伦理道德进行民族自救，其中有“讲宋学的山东领袖”孙廼琨，也有山东新儒家代表王朝俊。他们的尊孔思想在维护儒家独尊地位的同时，没有过多的介入政治，并谋求了孔子及儒学与现代化的结合。

但是在资产阶级意识形态逐步确立，自由、平等、革命，民主、科学思想渐入人心的大环境下，一味地想要恢复儒家在思想、政治领域的影响力显然是逆历史潮流而动的行为。民初尊孔复古思潮的倒退政策，引发了全国性的新文化运动，在这场启蒙运动中，儒家因为曾被意识形态化以服务于旧的君主政治体系而遭受到最严厉的批判。一批以傅斯年、杨明斋等为代表的山东新一代知识分子积极参与了这场运动，在山东及全国教育界产生了较大的影响，不但压榨了尊孔复古的生存空间，而且还给山东文化界注入了新文化的新鲜血液。之后，除极少数坚定的保守主义分子之外，多数知识分子，不论其政治信仰如何，他们总体上（指主要思想倾向上）对儒家传统持批判和否定态度。

（二）反孔与拥孔的颉颃：南京国民政府时期知识分子孔子观的演进

南京国民政府训令全国恢复孔孟之道之后，在社会上掀起了轩然大波。以胡适为代表的自由主义知识分子敏锐的指出："国民党美化孔孟道德，将三民主义孔子化是要求建立一种意识形态，对其独裁政治服务。这是与新文化运动为敌，是对寻求思想解放的新文化运动的背叛。"[①] 文化保守主义者则认为尊孔可以"奋起国民之精神，恢复民族自信心"（必须说明，保守主义与民族主义有天然的联系）。[②] 反孔者与拥孔者仍然是各执一词，互不让步。不可忽略的是，随着全国革新力量的壮大，反帝反封建的革命运动不断发展，进步人士把反孔作为反封建的重要一环，因此儒家伦理道德所受到的非议和批判也逐渐升级。在此背景下在山东曲阜发生的《子见南子》案便是一个例证，它反映出了山东文化教育界对于封建文化和旧势力的坚决抵制。

但到20世纪30年代，当尊孔读经潮流卷土重来时，一部分山东的文化教育界名人对尊孔读经的态度则是选择了较为曲折迂回的方式，即以发展不同路向文化的方式来与韩复榘为代表的尊孔复古运动相抗衡。一种是以何思源等人为代表的资产阶级自由主义知识分子，极力宣扬"爱国教育"和"求生教育"，对国民党等尊孔守旧人士所竭力渲染的"读经救国"造成了一定的冲击力；第二种是以中国共产党为代表的左翼革命文化运动，以其先进的理论吸引着日渐清醒的山东人，他们努力在山东建立以共产主义思想领导下的、反映无产阶级思想意识并为无产阶级政治斗争服务的新文化，在很大程度上抑制了山东尊孔读经活动的开展。另一部分学者以新儒家梁漱溟为代表，认为要对孔子为代表的传统文化要重新认识。客观地来说，此一时期，大部分文人学者虽然不满政府以尊孔读经运动来恢复民族自信的企图，也不太同意中小学将经书列为必修课，但是他们逐渐放弃了古今、东西方的僵化孤立，开始对孔子进行批判继承地研究，甚至一些人希望努力阐发孔子的真义和积极价值，融合西方文化的精

① 王锟：《孔子与20世纪中国思想》，齐鲁书社2006年版，第84页。

② 同上。

华，酿造适合中国的现代文化。《教育杂志》关于“读经”讨论，其绝对赞成者和绝对反对者的人数较少就可以从侧面说明这一点。

（三）从“百家争鸣”到“泛政治化”：新中国成立后三十年间知识分子的批孔

与全国其他地区一样，新中国成立初期，特别是1956年“百花齐放，百家争鸣”的方针提出之后，山东大部分学者、儒学研究者如王促莘、高享、安作璋、童书业等都在马克思主义唯物史观的指导之下，运用阶级的分析方法，从孔子及儒家思想的具体内容出发，对孔子和儒学做出一分为二的区分和评判，坚持了对孔子儒家学说的知识传承路向。但从1957年“反右运动”以后，儒学研究开始越来越多地充斥着政治性的曲解和批判，不过，政治形势的或明或暗，仍然使得讨论的气氛间或存在，学者们也在一定程度上得以畅所欲言充分表达自己对儒学的看法。

1966年“文化大革命”爆发，山东大部分儒学研究者受到“破四旧”运动的冲击，他们面对“破四旧”运动及“讨孔运动”中明显背离的反文化、毁灭珍贵文物的举措，本能地意识到了运动中“革命行为”存在的问题，内心充满了迷茫、怀疑、抵触甚至厌恶。当然，这种心态还没有达到对“左”的思想理论体系的否定和拒斥的地步，它主要是一种感性的对违反常识和常规的极“左”举动的不满和异议。另外，由于“破四旧”运动受到“中央文革小组”的直接支持，在“不砸烂就是保皇，就是对抗文革”的“破四旧”大潮里，他们又不能不从表面和形式上顺应“文化大革命”的潮流，高举“破四旧”的大旗，表示支持“破四旧”运动。延至“文化大革命”后期，当再度强制推行“左”倾错误理论和实践的“批林批孔”运动发起时，怀着“阶级感情”以真诚、热忱和认真的态度投身于“批林批孔”运动的知识分子越来越少，他们大部分都按章应卯，搞些面上的学习和批判，但也不能否认，亦有一部分知识分子在运动中充当了指挥者和积极参与者的双重角色，有意无意中充当了“批林批孔”的主力军。这是因为他们在历次运动中经历了太多的灾难，对政治运动最为敏感，当时“批林批孔”声势浩大，又是黑云压城城欲摧的气氛。担心自己又将成为众矢之的，所以往往不得不积极加入其中。正如学者钱理群所说：“那一时代服从政治需要的要求是绝对的，对其任何背离会直接威胁到自身的生存。这是我们考察这一代知识分子的选择时所必须充分注意并予以理解的，正是为了生存与自救，也部分地为了自己的信仰……总想努力跟上时代。他们不断地检查自己，在每一次政治和思想批判运动中，或主动或被动地作种种违心或半信半疑的表态。”①

（四）改革开放以来知识分子的释孔与尊孔

从20世纪70年代后期开始，中国实行改革开放。伴随着党和国家对以儒学为主体的传统文化的重视和推崇，山东这一特殊的地理文化单元对孔子儒学的研究和推崇走在了时代前列。

20世纪80年代中后期以来，众多儒学研究的大型学术研讨会在山东境内频繁举办，使儒学研究、对话、交流空前便捷与活跃；以儒学为研究主旨的研究基地、学会组织、研究院、研究中心纷纷在山东成立；一些有关儒学研究的期刊和栏目纷纷在山东创办；一大批以儒学为职志的学者，如王钧林、许凌云、李启谦、骆承烈、郭克煜、刘宗贤、刘蔚华、颜炳罡、傅永聚、林存光、刘大钧、杨朝明、张涛、苗润田、徐庆文（以上排名不分先后，均按姓氏笔画）等空前活跃，他们研究的领域从传统的文史哲论域，逐渐扩展到伦理学、宗教学、社会学、政治学、法学及不同文明的比较研究等。

山东地域的广大知识分子除了积极进行儒学研究，逐渐改变一味诋毁和贬损孔子的习惯，从正面理解和肯定儒学的现代价值和意义之外，还直接参与到尊孔兴儒的一系列活动中去。纵观改革开放以来山东社会各界的尊孔活动，知识分子在其中担当或者说发挥了主力军的作用。从孔子文化月的酝酿到祭孔大典的开展；从大、中小学融入儒家理念的教育到中华文化标志城的建设动议；从建立网站、论坛，组建联合论坛到组织学术团体，推动大规模的有组织的“读经”；从兴建民间书院和组织会讲到发表宣言、联署倡议、向人大和政协提交弘扬儒家文化的议案等等；但凡所有各种各样的尊孔活动，可以说无一不与知识分子有关。无怪乎有人说，中国人当下的尊孔活动走的是精英路线。

三　背离与传承：山东普通民众“孔子”观的百年演进

（一）20世纪上半期：普通民众对儒家文化传统的延续与离散

民国前期尊孔与反孔的论争主要发生在思想文化领域，与一般的普通民众并无直接关系。作为孔子故里的山东，受儒家的影响自然比其他区域

① 钱理群：《一代学者的历史困境》，《读书》1994年第7期。

要更加深切且持久，儒家的言行和生活方式对普通民众更有亲和力和说服力，所以当出现多重的文化选择时，长期以生于孔子桑梓而自豪的山东人自然对儒家文化偏爱有加，儒家思想依旧在潜移默化中支配着普通人的生活。但1917年新文化运动发生之后，民主、共和观念日益深入人心，特别是当民众以“旁观者”的身份目睹了近代儒教中国从内部危机到最终终结以及袁世凯、张勋复辟势力与儒学的纠葛后，心里不免会激起一阵涟漪，而对儒学的态度，也在此过程中，发生了微妙的变化。

南京国民政府建立后，以韩复榘为领导的山东省政府积极响应和开展尊孔读经的活动，但绝大多数普通民众对此反应冷淡，即使是在孔孟故里的曲阜、甚至在孔林、孔庙以及学校的墙上，也会经常出现民众团体和学校涂写的“打倒旧道德”“打破旧礼教”等口号，这对山东省政府所竭力宣传的推崇旧道德来说，无疑是狠狠地给了当头一棒。需要说明的是，广大民众不热衷和认同南京国民政府倡导的尊孔读经，并不能就此说明人们在社会生活中完全摆脱儒家思想框架的束缚，事实上，儒家传统的心理积淀和文化心态仍在人们的日常生活中顽强地发挥着作用。换言之，上层领域与地方民间的尊孔本身就带明显的差异性，基层民众尽管对上层饱含政治目的的尊孔读经活动不感兴趣，但儒家在山东民间的影响力依然存在，他们以其独有的形式一如既往的尊孔和敬孔：家族组织继续承担着由儒家思想所规定的社会伦理责任以及发挥着基层社会治理的功能；儒家的宗法观念、伦理道德思想等依旧占据着乡民的价值空间；与宗法意识相伴，普通民众特别注重亲情伦理及三纲五常的道德规范等等。

（二）1949—1978年：普通民众对儒家文化传统的合离

新中国成立后，革命大潮席卷中国大地，政权、族权、神权、夫权被打翻在地，儒家文化传统所依附的体制框架轰然倒塌，以家庭、家族为本位的儒家文化传统遂处于离散和崩溃状态。这种现象在圣人的故乡——山东表现得尤为突出。

其一，作为社会基本控制力量的儒家传统组织和民间权威逐渐退出了政治舞台，取而代之的是现代性的政府组织和革命权威；原有家庭、家族所承担的社会、政治功能几乎由国家代理人——乡村干部这一角色替代；旧的分散的、自立的、以一家一户为基本单位的生产组织形式逐渐退出了生产领域，取而代之的是以生产队为基本单位的集体化的生产组织形式；传统社会固有的儒家礼仪习俗和庙宇神祉统统被视作封建迷信扫进历史的垃圾堆，取而代之的是具有革命色彩的习俗和共产主义无神论信仰。

其二，儒家传统文化观念受到革命文化的强烈冲击。首先，基层民众的家族观念大大淡化，正如山东曲阜当地老百姓所说的那样，“公社时期，老族长也加入公社，辈分不如干部，大家都上地里干活去，队长派活，看不出前后，不分彼此远近，有远近的只是个别现象”①；其次，传统的亲族伦理、政治伦理逐渐被社会主义意识形态和政治价值高度合一的革命伦理所取代，山东各地的一些老年人依然清晰地记得集体化时期的一些政治术语，诸如“爹亲娘亲不如共产党亲”　“亲不亲，阶级分”等等。②

值得注意的是，此一时期，在国家力量的冲击和改造下，儒家文化传统所依附的体制框架尽管倒下了，但在计划经济体制的背景下，由于生成“现代”文化的经济基础没有根本变化，旧的文化传统赖以存在的经济基础并未从根本上动摇，因此，组织层面的文化变化，尽管引起了山东文化传统诸多方面的变化，但儒家传统文化中一些最基本的因素却顽强地保存着：家族势力表面上退出了历史舞台，但实质上它仍然通过与国家权力相结合的方式体现在基层社会的权力结构和文化网络中，家族势力中强大房、支始终是村落政治、经济和文化资源的优势占据者；新中国成立后国家尽管一再倡导男女平等、妇女也是半边天等观念，但是父系继嗣制度与男性才能传宗接代的观念无法改变，人们还是不生男孩不罢休；儒家传统的“仁义礼智信”的五常观以及传统的伦理观依然顽强地存在着，并从根本上影响着人们的日常生活。

（三）1979—2012年：普通民众对孔子思想的背离与传承

从20世纪70年代末开始，像全国其他地区一样，山东广大城乡进行了改革开放。此后，经过20多年的发展，儒家文化传统赖以存在的经济基础发生了根本动摇，基层民众对土地的依赖大大减弱，以农业为主体的单一生产结构正在被多元生产结构代替；新的文化生成的技术条件得到了满足，电视机、电话和电脑等现代传媒工具走入寻常百姓家，很大程度上弥补了基层社会自然形成的隔绝状态。与此同时，伴随着改革开放的推进

① 2008年5月9日，笔者于曲阜民族公园对吴建喜的访谈。吴建喜，男，现年73岁，人民公社时期曾担任曲阜县东风公社党委书记。

② 2007年5月15日，笔者于曲阜教师新村对周玉民的访谈笔录。周玉民，男，现年72岁，曲阜市委退休干部。

和国家权力逐渐从基层社会的淡出，各种新兴的民间自发组织，诸如红白理事会、老年人协会和临时维权组织等应运而生，婚丧嫁聚、节庆娱乐等礼仪习俗则日趋理性。继之，基层民众的文化观念也发生了颠覆性的变化：建立在血缘、地缘基础上的家族势力出现了消解的趋势，同族同姓婚现象急剧增多，不按行辈取名的比比皆是，生男生女一个样的观念普遍盛行，基层社会为政者也不再单单是大房家族；普通民众对人格独立、平等和民主开始产生日趋明确的要求，其现代权利意识和民主意识日渐生成。

改革开放延至20世纪90年代以来，山东各地开展的一系列“尊孔兴儒”的活动，在相当程度上得到了普通民众的认同与支持。当然，也有部分群众表示不理解，认为尊孔活动大都是官方行为，与老百姓无关。尽管普通群众对尊孔活动反应不一，但在山东各地，特别是在广大农村，孔学儒学强大的文化张力，又开始渗透到现实生活的方方面面，浸沉到国民的头脑里和日常生活当中；婚丧嫁娶、节庆娱乐等礼仪习俗又越来越多地糅入了儒家的一些仪式和传统；人们对孔子仁、义、礼、智、信的五常观念仍普遍认同，儒家倡导的忠孝、行善、正义、勇敢、勤劳、助人为乐等依然成为山东地域的人们日常生活必须遵守的信条。与此同时，在人们的日常生活也存在着儒家所不齿的一些表现：亲情观念上有所冷漠，不赡养甚至虐待老人、遗弃子女、家庭暴力等现象时有发生；婚姻家庭伦理观念淡化、重婚、离婚率急剧上升，婚姻关系稳定性大大下降；极端个人主义、拜金主义和功利主义的价值观泛滥，各种丑恶的社会现象不断滋生和涌现。

四 百年尊孔与反孔的历史反思

（一）坚持去政治化的发展路向，不要轻易把儒学意识形态化

百年以来国家政治（更确切地说是国家政策）层面的尊孔、反孔有一个致命的弱点，就是利用孔子儒学达到自己的政治功利目的。孔子代表的是一种文化，当文化变成赤裸裸的政治功利，就会失去其本身的价值而被异化，并招致人们的诟病。辛亥革命没多久，袁世凯为了称帝，就千方百计利用孔子来实现其巩固封建统治和复辟帝制的政治目的，但结果是，袁世凯的龙椅还未坐稳，就在全国人民的反对声中一命归西；同样，张勋上演复辟丑剧，也要抬出孔孟，却更是倏忽之间化为泡影；南京国民政府建立后，也循着北洋军阀的路数，儒化三民主义，把儒学的伦理纲常作为

其稳定统治的思想武器，但孔子也同样没有给南京国民政府带来好运气；“文化大革命”后期，极“左”派为达到篡党夺权的政治目的而炮制的大量“批孔”“批尊孔”及有关儒法斗争等歪曲孔子儒学的文章，其结果是引起了人民群众的极大反感，极“左”派也很快被历史淘汰出局。

事实表明，20世纪以来，儒学失去制度化的庇护之后，便开始了从政治退到社会，又从社会退到人的心性的逐步收缩的过程。对此，余英时指出，儒学不可能再重新建制化，而应在人伦日用中发挥作用。[①] 事实也的确如此，现代政治的基本架构是由立宪民主制度所奠定的，国家的政治生活（其组织与运行）及社会的总体生活都不能也不可能以儒学的理念为依归。根据夸克和哈贝马斯的理论，统治者的合法性基础是建立在普遍的价值认同基础之上的，而在科学勃兴、信仰自由、民主共和观念深入人心的背景下，重人治、轻法治、强调血缘宗法性和等级制度的政治色彩很强的儒学在现代政治层面的资源是颇为有限的。因之，主政者不应该与儒学保持太近的距离，更不要轻易把儒学作为意识形态选择的一条路径。

（二）知识分子求真理，而不要一味地“学”随“术”变

纵观百年以来知识分子尊孔与反孔的历史纠葛，我们可以从中清晰的窥见中国政治风云变幻的大致脉络，换句话说，知识分子尊孔与反孔的文化选择，并不是一种理性反思和一个客观研究的结果，而往往是随着政治形势的变化而变化。“学”随“术”变固然有不得不如此的、历史的和现实的原因。然而，学术相对的独立性更应该是现代学人立论的前提之一，这也是百年以来有良知的知识分子的自觉追求。

对待孔子，批也好，尊也好，都不能随风倒，都要坚持事实求是的科学求真原则。事实上，在百年尊孔与反孔的论争中，有不少知识分子不依附政治威权，坚持实事求是的科学求真原则，其中，梁漱溟先生堪成典范。他在“文化大革命”后期的“批林批孔”中，坚持己见，认为“批林批孔”是政治，批林可以，批孔不同意。但另一方面，亦有相当一部分知识分子为了自身的利益，明哲保身，趋炎附势，适应现实政治需要立论。最典型的莫过于新中国成立后一些知识分子的表现，1962年“孔子讨论会”之前，一些儒学研究者尚对孔子还能一分为二的分析，但之后，特别是“文化大革命”时期，又转身肆意歪曲孔子思想，恶意改塑孔子

① 余英时：《现代儒学论》，第225—239页。

形象，当然，此中原因极为复杂，他们亦有不得已的苦衷，值得我们同情和理解。但问题是，20 世纪 90 年代以来，学术研究环境较为宽松，前一阶段极力反孔和批孔子的人士却因应形势的变化，又从一股脑的反传统转变为对传统的肯定，刻意拔高孔子及儒学，一味地“赞美”“歌颂”和“神化”孔子，丧失了自身的操守和原则。而恰恰是这一部分人“因时而变”随风倒的行为和表现造成了相当坏的影响，更有甚者“恨屋及乌”，由此而对孔子和儒学反感。

（三）孔子儒学的问题只能用符合文化本身发展规律的方式来解决

毫无疑问，孔子及其学说政治色彩极其强烈，但其本质上仍然是一种思想、一种文化，而文化的问题不能用政治手段或运动式的方式解决，而只能用符合文化发展规律的方式来解决。

一般情况下，政治手段或运动式的方式较多地被运用于解决政权的更迭和权力的分配。如果以之去解决思想文化问题，可以轰动一时，表面上看颇有成效，但风头一过，深层次问题仍得不到解决。更有甚者，适得其反。如：民初孔教运动自有其一定的历史合理性和鲜明的文化民族特征，但以康有为为代表的儒学中人希图借助宗教、宪法和帝制的力量来对儒学进行“创造性转换”，最终康氏的努力非但没有成功，儒学反而更加向边缘移位。后来的新儒家贺麟、杜维明等认为，西学的冲击是造成“儒门淡薄、收拾不住”的一个原因，但使得孔孟之道一蹶不振的杀伤力，主要的并不来自学术文化的批判，而来自非学术、非文化的腐蚀，康有为尊孔子为教主，袁世凯等政客借孔孟之名而行复辟之实，才是儒家遭受奚落的真正罪人。同样，五四新文化运动初期，以陈独秀为代表的新文化人所抱定的远离政治、专注文化的批孔方针是符合文化变革内在规律的，但后来主张尊孔读经的文化保守人士一再“托庇帝制”的路径依赖，加之“五四”政治风暴的突起，促使陈独秀一代新文化人的反孔由最初的学理层面转向政治层面，并最终转向决绝的革命式的反孔模式，淹没了最初设定的文化式的学理解析，结果是思想震撼有余，持久的文化积累不足，“五四”过后，尊孔复古的问题又重新反弹；最能说明问题的莫过于“文化大革命”，“文化大革命”正是因为变成了一场政治大革命，结果不但解决不了孔子这样的文化问题，反而又“革”了文化的“命”，糟蹋和戕害了优秀的民族文化。孔子文化问题，只能用符合文化的方式解决，否则就会事与愿违，就有可能距文化问题的解决越来越远。

（四）客观理性的对待孔子，不可盲目地尊孔或反孔

孔子是一个矛盾的集合体。一方面，他留下了丰厚的民族文化遗产，有待我们去挖掘和弘扬；另一方面，他又和中国古代的封建专制制度紧密联系在一起，其文化遗产充斥着浓厚的封建专制主义的毒素，与现代社会相抵触，甚至会阻碍中国现代化的进程。孔子本身具有的矛盾性赋予了我们百余年来在孔子面前极度矛盾的态度，从“尊孔”到“反孔”、从“批孔”到“尊孔”，反反复复。

在封建专制社会里，封建统治者为利用思想权威维护集权而必然要“神化”孔子。而随着中国社会向近现代化的曲折转化，提倡新文化的历史人物都不约而同地认为儒家“传统”是窒碍中国近现代化的绊脚石，由此，清除孔子的专制理论和专制文化，便被合乎逻辑地提上了日程。从五四新文化运动到“文化大革命”，反孔者一直把孔子和儒家学说说得一文不值，并一度采取了决绝的简单化的反孔模式。但我们不应该把孔子儒学仅仅看作中华民族封建性的意识形态，它作为中国特有的文化形态，历经两千多年的演变、兴衰，已渗透到中华民族的骨髓里，它在“人和”“仁爱”伦理、道德、修身、人生价值、人生态度等方面的思想论述，有利于安定社会秩序，调整现代人际关系。因之，要大力弘扬儒家的积极精神和优秀文化传统。当然，我们在传承、发扬儒家文化的思想精华时，切不可走向文化保守主义的另外一个极端，即打着文化民族主义的旗号，把孔子作为神来膜拜，把儒学作为《圣经》来推崇，刻意拔高孔子儒学的地位，以儒学作为救世济国的良方。时至今日，盲目尊孔的时代永远过去了，“五四”以后持续发展的反传统狂飙也已经成为历史，我们对待“孔子”的正确的态度应该是：紧紧把握儒学的时代性和实践的精神，革故鼎新，在日益加速的现代化进程中动态的面对、研究、传承“孔子”，实事求是地对儒学思想做出科学的评判与选择，令其发挥有利于社会进步和提高人的素质的积极作用，而限制其消极面的副作用。

（五）儒家文化的未来命运，贵在激发全社会的文化自觉

近代以来，特别是在20世纪之后，在西学冲击和持续反传统的影响之下，儒学不仅失去了制度的化的依托，而且其社会层面的认同度也在急剧下降，出现了儒学活力锐减的“博物馆化”现象。当然，有人对此观点不予认同。但从山东地域来看，百年以来儒门淡薄，收拾不住却是一个不争的事实。在此过程中，民国时期的当政者大力倡导尊孔读经，一些文

化民族主义者也试图对儒学进行“创造性转换”。改革开放以来，在国家弘扬传统文化的大背景下，山东作为儒学重镇，积极回应和开展一系列弘扬儒家文化的活动。百年“尊孔兴儒”的文化建构不能说没有一点影响，但总体效果并不好。此中原因，固然有很多，但有一点则是须引起注意的，就是尊孔也好，复兴儒学也罢，都是当政者和部分知识分子的呼号，其影响力主要在少得可怜的政界和学术界，他们那些富有积极意义的学院式的成果并没有通过大众媒体转化为民众意识。儒学的真正复兴在于其传统智慧与今日之需相结合并在每一个普通人的日常生活中有所作用。换言之，如果作为文化主体的人民群众本身没有形成自觉意识，而是处于被动甚或消极应付的状态，那么儒学的现代转型就最终会变成一个空洞的口号，是不可能实现真正意义上的儒学复兴的。

参考文献

一　档案材料

中国第二历史档案馆藏，北洋政府档案 1001 - 1662。

《中共曲阜县委常委会议记录》，曲阜市档案馆藏，全宗号：1 - 3 - 394 - 4。

《李秀对曲师院革命师生大会上的讲话》，曲阜市档案馆藏，全宗号：1 - 3 - 204 - 9。

《李秀在城关公社贫协代表、治保主任、县直机关和各企事业单位负责人会议上的讲话》，曲阜市档案馆藏，全宗号：1 - 3 - 204 - 4。

《中共曲阜县委关于王化田所犯错误处理决定》，曲阜市档案馆藏，全宗号：1 - 1 - 393 - 11。

《李秀在曲阜县贫下中农的代表大会第三次会议上的总结发言》，曲阜市档案馆藏，全宗号：1 - 1 - 396 - 4。

《肖明进同志代表公社党委常委在全社批林批孔学习班上的发言提纲》（1974 年 3 月 14 日），曲阜市档案馆藏，全宗号：95 - 1 - 51 - 2。

《徐瑞让同志在县、社干部批林批孔会议上的总结讲话提纲》，曲阜市档案馆藏，全宗号：1 - 2 - 108 - 5。

城关公社南泉大队团支部：《我们是怎样带领团员青年深入批林批孔的》，曲阜市档案馆藏，全宗号：8 - 2 - 54 - 8。

曲阜县夏家村大队党支部：《我们是怎样领导“批林批孔”运动的》，曲阜市档案馆藏，全宗号：1 - 4 - 146 - 11。

曲阜县东风公社新村大队：《我大队开展批林批孔的情况》（1974 年 8 月 22 日），曲阜市档案馆藏，全宗号：29 - 81 - 86 - 17。

姚村公社颜村大队：《牢牢掌握思想武器，深入开展批林批孔》，曲阜市档案馆藏，全宗号：8 - 2 - 56 - 14。

防山公社南河套大队：《加强党的领导，努力办好政治夜校》，曲阜市档案馆藏，全宗号：8－2－55－4。
《小雪公社批林批孔骨干学习班情况汇报》（1974年3月26日），曲阜市档案馆藏，全宗号：98－2－37－12。
中共曲阜县小雪公社委员会：《在“批林批孔”运动中加强党的思想建设》，曲阜市档案馆藏，全宗号：1－4－146－10。
时庄公社田家村大队团支部：《学习小靳庄，朝气蓬勃向前进》，曲阜市档案馆藏，全宗号：8－2－56－4。
时庄公社立新大队：《紧密联系实际，深入批林批孔》，曲阜市档案馆藏，全宗号：8－2－55－10。
中共小雪公社委员会批林批孔办公室：《紧跟毛主席的伟大战略部署，掀起批林批孔的高潮》（1974年2月18日），《批林批孔简报》第1期，曲阜市档案馆藏，全宗号：98－2－39－3。
城关公社南泉小学：《紧密联系实际，狠批反动的〈三字经〉》，曲阜市档案馆藏，全宗号：90－2－33－11。
董庄供销社毛泽东思想宣传站工作汇报：《宣传发行图书是占领农村思想文化阵地的重要措施》，曲阜市档案馆藏，全宗号：8－2－55－16。
吴村公社吴村大队团支部：《一支活跃在农村文艺阵地的业余宣传队》，曲阜市档案馆藏，全宗号：8－2－55－13。
中共小雪公社委员会批林批孔办公室：《批林批孔简报》（1—6期），曲阜市档案馆藏，全宗号：98－2－39－3。

二 资料汇编

沈云龙主编：《近代中国史料丛刊第六十五辑·翼教丛编》，台北文海出版社1971年版。
《蔡元培全集》第2卷，中华书局1984年版。
陈学恂：《中国近代教育史教学参考资料》（中册），人民教育出版社1987年版。
陈学恂：《中国近代教育大事记》，上海教育出版社1981年版。
梁启超：《饮冰室合集·文集》之二十八，中华书局1989年版。
韩达：《评孔纪年》，山东教育出版社1988年版。
中国第二历史档案馆编：《中华民国史档案资料汇编第3辑文化》，江苏古籍出版社 1991 年版。
朱有瓛：《中国近代学制史料》第 3 辑上册，华东师范大学出版社 1990 年版。
沈云龙：《民国经世文编》，台湾文海出版有限公司影印本 1970 年版。
汤志钧编：《康有为政论集》，中华书局 1981 年版。
任建树主编：《陈独秀著作选编》第 1 卷，上海人民出版社 1995 年版。
中国李大钊研究会编著：《李大钊全集》第 1—5 卷，人民出版社 2006 年版。
鲁迅全集编辑委员会：《鲁迅全集》第 1 卷，人民文学出版社 1981 年版。
中国文化书院学术委员会编：《梁漱溟全集》第 1 卷，山东人民出版社 1989 年版。
郭廷以：《中华民国史事日志》，台北“中央研究院”近代史研究所，1979 年。
记工编著：《历史年鉴 1917》，吉林文史出版社 2006 年版。
柯璜：《孔教十年大事》卷 8，1924 年。
中国社会科学院近代史研究所中华民国史组：《中华民国史资料丛稿特刊》第 1 辑。
胡汶本、田克深：《五四运动在山东资料选辑》，山东人民出版社 1980 年版。
中国人民政治协商会议山东省潍坊市政协文史资料研究会编：《潍坊文史资料选辑》第 7 辑。
山东省妇联宣传部编：《山东妇运资料选》（内部资料），1983 年。
中国第二历史档案馆编：《中华民国史档案资料汇编第 5 辑第 1 编文化 2》，江苏古籍出版社 1994 年版。
中国社会科学院近代史研究所中华民国史研究室等编：《孔府档案选编》（上、下），中华书局 1982 年版。
高军编：《中国现代政治思想史资料选辑》（上、下），四川人民出版社 1986 年版。
中国第二历史档案馆编：《中华民国史档案资料汇编第 5 辑第 1 编教育 1》，江苏古籍出版社 1994 年版。
中国第二历史档案馆编：《中华民国史档案资料汇编第 5 辑第 1 编教育 2》，江苏古籍出版社 1994 年版。

中国人民政治协商会议全国委员会文史资料委员会编:《文史资料选辑》第40卷,中国文史出版社1990年版。
广东省档案馆编:《陈济棠研究资料(1928—1936)》,1985年编印。
湖南省志编纂委员会编:《湖南省志第十七卷教育志》上册,湖南教育出版社1995年版。
程育编:《历代尊孔记孔教外论合刻》,上海东方读经会1938年。
中共济宁市委党史资料征集研究委员会编:《济宁地区党史资料》第4辑,1984年。
中共中央文献研究室编:《建国以来重要文献选编》第6册,中央文献出版社1993年版。
《中国人民政治协商会议共同纲领》,人民出版社1952年版。
孔子研究所编:《曲阜师范学院孔孟学研究成果汇编　孔子研究》,1984年。
中华人民共和国国家农业委员会办公厅编:《农业集体化重要文件汇编1949—1957》上册,中国农业出版社1981年版。
中共曲阜市委党史研究室编:《中国共产党曲阜市历史大事记》,中共党史出版社1998年版。
《建国以来毛泽东文稿(1955.1—1955.12)》第5册,中央文献出版社1987年版。
中共中央文献研究室编:《毛泽东文集》第7卷,人民出版社1999年版。
中国社会科学院历史研究所编:《“四人帮”利用历史反党资料汇编》,人民出版社1977年版。
昆明电线厂工会、昆明师院史地系大批判组:《批孔学习参考资料》,1974年。
曲阜市地方史志编纂委员会:《曲阜县志资料·大事记2》,1985年。
《邓小平文选》第1、2卷,人民出版社1994年版。
《三中会全以来重要文献选编》(下),人民出版社1982年版。
《江泽民论有中国特色社会主义》(专题摘编),中央文献出版社2002年版。
《江泽民文选》第1、2卷,人民出版社2006年版。
《中国共产党第十四次全国代表大会文件汇编》,人民出版社1992年版。
全国思想文化工作科学专业委员会编:《中国思想文化工作年鉴》,中共中央党校出版社 1998 年版。
《马克思恩格斯文集》第 4 卷，人民出版社 2009 年版。
柯璜:《孔教十年大事》卷 8，太原圣宗会 1923 年石印本。
彭明、洪京陵:《中国现代史资料选辑》第 4 册，中国人民大学出版社 1989 年版。
《周恩来选集》上卷，人民出版社 1997 年版。

三 访谈笔录

2007 年 5 月 15 日，笔者于曲阜县委老家属院对王兴泉的访谈笔录。王兴泉，男，现年 94 岁，曲阜市委退休干部。
2008 年 10 月 3 日、2009 年 3 月 21 日、2009 年 4 月 5 日、2009 年 6 月 20 日、2009 年 8 月 10 日、2009 年 8 月 15 日、2010 年 3 月 21 日、2012 年 9 月 26 日、2013 年 5 月 16 日，笔者于曲阜民族公园对孔庆庄的访谈笔录。孔庆庄，曲阜市委退休干部。
李先明:《西林西村调查记录》（四、六），2006 年 8 月 10 日、2008 年 3 月 15 日。
2012 年 10 月 2 日，笔者于昌乐县鄌郚镇大院对李法宪的访谈笔录。李法宪，男，现年 75 岁，潍坊市昌乐县鄌郚镇农民。
2012 年 10 月 15 日，笔者于昌乐县鄌郚镇高崖村村委大院对秦明访谈笔录。秦明，男，现年 58 岁，昌乐县鄌郚镇高崖村村民。
2012 年 10 月 24 日，笔者于昌乐县体育公园对李某访谈笔录。李某，男，现年 65 岁，潍坊市昌乐县个体户。
2012 年 10 月 18 日，笔者于昌乐县红河镇平原村村委会对张立成访谈笔录。张立成，男，现年 71 岁，昌乐县红河镇平原村村民。
2008 年 4 月 10 日，笔者于曲阜老干部家属院对几位老者的访谈笔录。
2009 年 4 月 19 日、2010 年 7 月 20 日、2012 年 6 月 15 日、2012 年 10 月 16 日、2012 年 12 月 3 日，笔者于曲阜民族公园对几位老者的访谈笔录。
2012 年 10 月 21 日，笔者于原潍坊市临朐县县工会对刘卫东访谈的访谈笔录。刘卫东，男，现年 72 岁，临朐县县工会退休职工。
2012 年 10 月 27 日，笔者在昌乐西湖公园对几位老者的访谈笔录。
2012 年 10 月 20 日，笔者于昌乐县红河镇平原村委会对李某的访谈笔录。

李某，女，现年70岁，个体户，潍坊市昌乐县平原村村民。

2012年7月29日，笔者于济南青年公园对几位老者的访谈笔录。

2012年8月25日，笔者于昌乐县红河镇肖家河村对肖东升的访谈笔录。肖东升，男，现年75岁，昌乐县红河镇中学退休教师。

2009年7月18日、2009年8月17日、2010年3月18日、2010年9月2日，笔者于曲阜县委干部家属院对白仲友的访谈笔录。白仲友，曲阜县委退休干部。

2010年12月12日，笔者于曲阜师范大学家属楼对张景颜的访谈笔录。张景颜，男，现年76岁，曲阜师范大学退休教师。

2008年10月8日，笔者对骆承烈的访谈笔录。骆承烈，男，现年73岁，曲阜师范学院退休教师。

2010年2月19日，笔者于中国孔子基金会曲阜办事处对高景鸿的访谈笔录。高景鸿，男，现年75岁，曲阜县文物管理委员会退休干部。

2009年8月10日，笔者于曲阜老年大学对几位老者的访谈笔录。

2011年7月21日，笔者于山东济阳十中家属楼对王向生的访谈笔录。王向生，现年71岁，济阳县第一中学退休教师。

2007年5月10日、2013年5月10日，笔者于曲阜广播局家属楼对孔祥泉访谈笔录。孔祥泉，曲阜县委退休干部。

2007年11月5日，笔者于曲阜老干部家属院对KXQ的访谈笔录。KXQ，男，现年73岁，时任曲阜水泥厂厂长。

2012年11月22日，笔者于曲阜市大沂河公园对几位老者和群众的访谈笔录。

2013年3月4日，笔者于淄博市周村对几位文化宣传部门人员的访谈笔录。

2013年4月7日，笔者于济南市黑虎泉景点对几位群众的访谈笔录。

2013年2月6日，笔者于青岛市五四广场对几位群众的访谈笔录。

2013年2月15日，笔者于青岛胶州三河里公园广场对王维先的访谈笔录。王维先，现年80岁，青岛胶州一中退休教师。

2013年2月20日，笔者于青州市委大院对陈先生的访谈笔录。陈先生，男，现年46岁，潍坊青州市党史办公务员。

2010年7月9日，笔者对段炎平的访谈笔录。段炎平，男，现年42岁，曲阜儒者职代会会长。

2012 年 7 月 18—20 日，笔者于济宁鱼台、曲阜等地的访谈笔录。
2012 年 8 月 17 日，笔者于曲阜杏坛宾馆对孔德班的访谈笔录。孔德班，男，现年 60 岁，曲阜孔子文化园国学堂负责人。
2012 年 8 月 18 日，笔者于济宁市委大院对 KFA 的访谈笔录。KFA，男，现年 45 岁，济宁市委宣传部宣传干事。
2008 年 5 月 9 日，笔者于曲阜民族公园对吴建喜的访谈。吴建喜，男，现年 73 岁，人民公社时期曾担任曲阜县东风公社党委书记。
2007 年 5 月 15 日，笔者于曲阜教师新村对周玉民的访谈笔录。周玉民，男，现年 72 岁，曲阜市委退休干部。

四　报刊资料

《临时政府公报》，1912 年 1 月 29 日、1912 年 2 月 1 日。
《申报》，1912 年 3 月 5 日、1912 年 12 月 27 日、1928 年 7 月 24 日。
《东方杂志》，1912 年第 9 卷第 4 期。
《新青年》，1917 年 5 月 1 日、1916 年 12 月 1 日。
《青年杂志》第 1 卷 6 号，1916 年 2 月 15 日。
《申报》，1912 年 12 月 27 日。
《新潮》，1919 年 1 月 1 日、1919 年 5 月 1 日、1919 年 12 月 3 日。
《时报》，1913 年 7 月 1 日。
《晨报》，1919 年 12 月 23 日、1920 年 10 月 7 日、1921 年 5 月 7 日。
《山东教育公报》，1916 年 11—12 月。
《晨钟报》，1917 年 6 月 8 日。
《平民日报》，1925 年 1 月 10 日。
《中央日报》，1934 年 8 月 28 日。
《制言》第 54 期，1939 年 7 月 25 日。
《独立评论》，1934 年第 95 号。
《金刚钻》，2009 年 7 月 18 日。
《人民日报》，1951 年 5 月 20 日、1966 年 8 月 13 日、1966 年 8 月 23 日、1974 年 1 月 1 日、1974 年 2 月 2 日、2007 年 10 月 25 日、2011 年 10 月 26 日。
《光明日报》，1961 年 11 月 17 日、1974 年 2 月 9 日、1974 年 2 月 13 日。
《大众日报》，1952 年 1 月 24 日、1962 年 11 月 3 日。

《文汇报》，1962 年 11 月 3 日。
《济南晚报》，1964 年 11 月 8 日。
《讨孔战报》，1966 年 11 月 10 日、11 月 20 日、11 月 30 日、1967 年 6 月 26 日。
《济宁日报》，2008 年 2 月 13 日。
《南方周末》，2006 年 9 月 7 日。
《北京日报》，2007 年 6 月 11 日。
《中华民报》，1913 年 6 月 25 日。

五　文史资料与地方志

孔继汾：《阙里文献考》卷 5。
孔贞丛：《阙里志》卷 2。
中国人民政治协商会议青岛市政协文史资料研究委员会编：《青岛市文史资料》第 9 辑，1992 年。
中国人民政治协商会议东营市委员会文史资料委员会：《东营文史资料》第 5 辑，1990 年。
山东省政协文史资料委员会编：《山东文史集萃修订本》（下集），中国文史出版社 1998 年版。
山东文献社编：《山东文献》第 20 卷第 3 期，山东文献杂志社 2000 年版。
济南市地方史志编纂委员会编：《济南史志》第 6 册，中华书局 1997 年版。
曲阜市文史资料研究委员会编：《曲阜文史》第 7 辑，济宁市新闻出版局 1987 年版。
中共曲阜市委党史资料征集研究委员会：《鲁都星火》，山东人民出版社 1988 年版。
临沂市政协委员会主编：《临沂文史集萃》第 3 册，山东人民出版社 1997 年版。
青岛市史志办公室编：《青岛市志·教育志》，新华出版社 1994 年版。
张树梅等：《临清县志二、三》，台湾成文出版社 1934 年版。
山东文献社编：《山东文献》第 5 卷第 2 期，山东文献杂志社 1979 年版。
《山东文献》（台北）第 19 卷第 2 期，1993 年 3 月 20 日。《山东文献》（台北）第 13 卷第 1 期，1987 年 6 月 30 日。

济南市天桥区教育志编纂委员会编：《济南市天桥区教育志》，山东人民出版社 1999 年版。
中共曲阜市委党史研究室编：《中共曲阜地方史》第 2 卷，中共党史出版社 2008 年版。
青岛市史志办公室编：《青岛市志·中国共产党青岛地方组织志》，五洲传播出版社 2001 年版。
中共济南市委党史研究室：《中共济南简史》，济南出版社 2003 年版。
中共平度市委组织部、中共平度市委党史研究室：《中共平度地方史》(第 2 卷)，中共党史出版社 2006 年版。
中共山东省委研究室：《山东四十年》，山东人民出版社 1989 年版。

六　论著

冯尔康等编著：《中国社会史研究概述》，天津教育出版社 1988 年版。
吴光：《21 世纪的儒家文化定位》，中国孔子基金会编：《儒学与二十一世纪》，华夏出版社 1996 年版。
林存光：《历史上的孔子形象——政治与文化语境下的孔子和儒学》，齐鲁书社 2004 年版。
郭齐勇：《中国儒学之精神》，复旦大学出版社 2009 年版。
朱熹：《四书集注》，岳麓书社 1985 年版。
吴晗、费孝通：《皇权和绅权》，天津人民出版社 1988 年版。
朱熹：《四书章句集注》，中华书局 1983 年版。
王先谦：《荀子集解》，中华书局 1988 年版。
吴晓明编：《陈独秀文选》，上海远东出版社 1994 年版。
杜维明：《道·学·政》，上海人民出版社 2000 年版。
蒋梦麟：《西潮·新潮》，岳麓书社 2000 年版。
皮锡瑞：《经学历史》，中华书局 1959 年版。
牟钟鉴：《涵泳儒学》，中央民族大学出版社 2011 年版。
王亚南：《中国官僚政治研究》，中国社会科学出版社 1981 年版。
干春松：《制度化儒家及其解体》，中国人民大学出版社 2003 年版。
陈独秀：《独秀文存》，安徽人民出版社 1987 年版。
帕森斯：《现代社会的结构与过程》，光明日报出版社 1988 年版。
梁启超：《清代学术概论》，东方出版社 1996 年版。

金观涛、刘青峰：《开放中的变迁：再论中国社会超稳定结构》，法律出版社 2010 年版。

孙培青：《中国教育史》，华东师范大学出版社 2000 年版。

瞿同祖：《瞿同祖法学论著集》，中国政法大学出版社 1998 年版。

梁治平：《寻求自然秩序中的和谐》，中国政法大学出版社 2002 年版。

［美］刘易斯·A. 科瑟著：《社会学思想名家》，石人译，中国社会科学出版社 1991 年版。

［美］拉尔夫·林顿著：《人格的文化背景——文化社会与个体关系之研究》，于闽梅、陈学晶译，广西师范大学出版社 2007 年版。

“Chinese Worship of Confucius”, *New York Times*, Jan. 8, 1866.

中山大学中国非物质文化遗产研究中心编：《中国非物质文化遗产》（第 11 辑），中山大学出版社 2006 年版。

许纪霖、陈达凯：《中国现代化 1800—1949》第 1 卷，上海三联书店 1995 年版。

陈登原：《国史旧闻》第 3 分册，中华书局 1980 年版。

刘兆伟主编：《中国教育史简明教程》，辽宁大学出版社 1993 年版。

中国史学会：《洋务运动》第 2 卷，上海人民出版社 1961 年版。

郭嵩焘：《郭嵩焘日记》第 2 卷，湖南人民出版社 1981 年版。

中国史学会：《洋务运动》第 1 卷，上海人民出版社 1961 年版。

许道勋、徐洪兴：《中国经学史》，上海人民出版社 2006 年版。

苑书义：《李鸿章传》，人民出版社 1994 年版。

张耀南：《戊戌百日志》，北京燕山出版社 1998 年版。

白寿彝：《中国通史第 11 卷近代前编（1940—1919）》（上），上海人民出版社 2002 年版。

朱寿朋编纂：《光绪朝东华录》，中华书局 1958 年版。

［美］吉尔伯特·罗兹曼主编：《中国的现代化》，江苏出版社 1995 年版。

陈志让：《中国现代史论集·军阀政治》第 5 辑，台湾联经出版事业公司 1980 年版。

陈志让：《军绅政权——近代中国的军阀时期》，生活·读书·新知三联书店 1980 年版。

康有为：《康南海自编年谱》，中华书局 1992 年版。

汤志钧编：《康有为政论集》，中华书局 1981 年版。

任建树主编：《陈独秀著作选编》第1卷，上海人民出版社1995年版。
赵清、郑城编：《吴虞集》，四川人民出版社1985年版。
吕伟俊：《山东区域现代化研究》（1840—1949），齐鲁书社2002年版。
苏全有：《张宗昌全传》，经济日报出版社2007年版。
吕伟俊：《张宗昌》，山东人民出版社1989年版。
察应坤、邵瑞：《毕生尽瘁为民生——王鸿一传略》，黄河出版社2003年版。
杨明斋：《评中西文化观》，中华书局1924年版。
张书丰：《山东教育通史》，山东人民出版社2001年版。
张玉法：《中国现代化的区域研究·山东省·1860—1916》，台北中央研究院近代史研究所1987年版。
李华兴：《民国教育史》，上海教育出版社1997年版。
宋思伟：《山东省曲阜师范学校百年史》，中国出版社2005年版。
毛礼锐、沈灌群主编：《中国教育通史》第5卷，山东教育出版社2005年版。
全国政协、山东省政协文史资料委员会：《土匪军阀张宗昌》，1991年。
吕伟俊：《民国山东史》，山东人民出版社1995年版。
孔德懋：《孔府内宅轶事》，天津人民出版社1983年版。
刘大鹏：《退想斋日记》，山西人民出版社1990年版。
王志民：《山东重要历史人物》第5卷，山东人民出版社2009年版。
张育曾编：《山东政俗视察记》（上），山东印刷局1934年版。
中国社会科学院近代史研究所：《五四运动回忆录》（下），中国社会科学出版社1979年版。
王锟：《孔子与20世纪中国思想》，齐鲁书社2006年版。
宋仲福、赵吉惠、裴大洋主编：《儒学在现代中国》，中州古籍出版社1991年版。
张其昀：《党史概要》第2册，中央文物供应社1979年版。
蒋介石著、张其昀编：《先总统蒋公全集》第1、2卷，台北中国文化大学出版社1984年版。
蒋介石：《中国之命运》，重庆中正书局1943年版。
罗玉明：《湖湘文化与二十世纪三十年代湖南的尊孔读经》，湖南人民出版社2004年版。

山东省乐陵市文史资料委员会编：《宋哲元》，山东大学出版社 1989 年版。
孔德懋：《孔子家族全书——家族春秋》，辽海出版社 2000 年版。
魏建、唐志勇主编：《齐鲁文化通史·近现代卷》，中华书局 2004 年版。
刘昫等：《旧唐书》卷 17，中华书局 1975 年版。
宋思伟、刘振佳著：《衍圣公府与曲阜师范》，中国文联出版社 2007 年版。
鲁迅：《集外集拾遗补编》，人民文学出版社 2006 年版。
张奎明主编：《打开尘封的记忆：细说档案里的故事》，中国档案出版社 2006 年版。
鲁迅：《鲁迅全集》第 6 卷，人民文学出版社 1998 年版。
孔德成：《孔子世家谱》（一），山东友谊出版社 1990 年版。
孔繁银：《衍圣公府见闻》，齐鲁书社 1992 年版。
吕伟俊：《韩复榘传》，山东人民出版社 1997 年版。
梁漱溟：《梁漱溟先生论儒佛道》，广西师范大学出版社 2004 年版。
张玉玲编著：《山东抗日根据地的教育》，中共党史出版社 2005 年版。
杨春贵：《中国哲学四十年》，中共中央党校出版社 1989 年版。
樊瑞平、要兴磊：《中国当代哲学》，石油大学出版社 1990 年版。
郑师渠主编：《中国共产党文化思想史研究》，中共中央党校出版社 2007 年版。
郭沫若：《十批判书》，上海新文艺出版社 1954 年版。
范文澜：《中国通史简编》第 1 册，人民出版社 1949 年版。
杨荣国：《中国思想史》，人民出版社 1954 年版。
侯外庐等：《中国思想通史》第 1 卷，人民出版社 1957 年版。
陈旭麓：《近代中国社会的新陈代谢》，上海人民出版社 1992 年版。
张乐天：《告别理想·人民公社制度研究》，上海人民出版社 2005 年版。
冯尔康：《十八世纪以来中国家族的现代转向》，上海人民出版社 2006 年版。
骆承烈：《劫余痛定录》（未刊）。
亚子、良子：《孔府大劫难》，天地图书 1992 年版。
《曲阜师范大学校史（1955—1995）》，山东教育出版社 2005 年版。
陈由之：《中国共产党辉煌 90 年·内乱与抗争》（1966—1976），人民出版社 2011 年版。
陈晋主编：《毛泽东读书笔记解析》下卷，广东人民出版社 1996 年版。
陈晋：《毛泽东与文艺传统》，中央文献出版社 1992 年版。
马齐彬：《中国共产党执政四十年》，中共党史资料出版社 1989 年版。
金春明：《“文化大革命”史稿》，四川人民出版社 1995 年版。
吕可英、尹钧荣、马钊等：《山东教育四十年》，山东教育出版社 1989 年版。
邓力群、马洪、武衡：《当代中国的山东》（上卷），中国社会科学出版社 1989 年版。
戴舟主编：《邓小平理论与当代中国》第 4 卷，红旗出版社 1998 年版。
郝士钊编著：《世界最具特色的节庆》，当代世界出版社 2009 年版。
贾磊磊、孔祥林：《第一届世界儒学大会学术论文集》，文化艺术出版社 2009 年版。
曲阜师范大学孔子研究所：《孔子研究及活动信息》第 5 辑，曲阜师范大学孔子研究所 1990 年编印。
徐庆文：《风风雨雨话儒学——山东当代儒学研究》，山东人民出版社 2006 年版。
龚鹏程：《生活的儒学》，浙江大学出版社 2009 年版。
单纯主编：《国际儒学研究》第 14 辑，九州出版社 2006 年版。
车美萍：《全球化与当代中国文化形态》，山东大学出版社 2009 年版。
杜维明：《儒家传统的现代转化》，中国广播电视出版社 1993 年版。
[英] 弗里德里希·冯·哈耶克著：《自由秩序原理》，邓正来译，生活·读书·新知三联书店 1997 年版。
余英时：《现代儒学论》，上海人民出版社 1998 年版。

七 论文

陈旭麓：《略论中国近代社会史研究》，《华东师范大学学报》1989 年第 5 期。
张静如：《以社会史为基础深化党史研究》，《历史研究》1991 年第 1 期。
赵世瑜：《中国社会史研究笔谈·社会史研究呼唤理论》，《历史研究》1993 年第 2 期。
常宗虎：《社会史浅论》，《历史研究》1995 年第 1 期。

邵龙宝：《先秦儒学的基本特质》，《学术界》2010年第7期。
王钧林：《儒家文化：定位、定义与功用》，《孔子研究》2008年第5期。
吴光：《重塑儒学核心价值观——“一道五德”论纲》，《哲学研究》2010年第6期。
李先明：《孔教运动：儒学近代转型的歧途》，《历史教学》2007年第6期。
尹颖群：《刍议儒学经学化与中国古代政治》，《文史博览（理论）》2010年第7期。
杜大宁：《一本书读懂儒家文化》，新世界出版社2010年版。
干春松：《科举制的衰落和制度化儒家的解体》，《中国社会科学》2002年第2期。
朱英：《晚清政治改良中的地方与中央》，《战略与管理》1995年第2期。
赵浦根：《洋务运动与中国教育近代化》，《苏州大学学报》1999年第4期。
王一川：《中国现代性的特征》（下），《河北学刊》2005年第6期。
路义忠、周其厚：《晚清儒学的末路》，《史学月刊》1989年第3期。
［法］巴斯蒂：《晚清的皇权观念》，《开放时代》2001年第1期。
唐德刚：《袁氏当国》，广西师范大学出版社2004年版。
左玉河：《民国初年的信仰危机与尊孔思潮》，《郑州大学学报》2012年第1期。
邱巍：《民初孔教会及孔教运动》，《中共浙江省委党校学报》2001年第2期。
《新文化运动在山东的开展》，《春秋》2014年第2期。
张秀英：《山东的胡适之——王祝晨在山东新文化运动中》，《山东青年干部管理学院学报》2001年第3期。
于梅、朱福平、葛成凤：《阙里孔氏私立明德中学创建始末》，《中国档案报》2004年12月24日。
杨永泰：《新生活运动与礼义廉耻》，《新生活运动促进总会会刊》1934年第2期。
孔红霞：《曲阜二师〈子见南子案〉始末》，《文史精华》2006年第9期。
李先明：《〈子见南子〉案：一场震动全国的演剧风波》，《中国档案报》2006年4月14日。

徐在斌：《浅析 1934 年山东祭孔活动》，《黑龙江史志》2010 年第 5 期。
张礼永：《读经之史读经之实读经之死——对 1904 年至 1949 年历次读经争议的考察》，《华东师范大学学报》（教育版）2009 年第 2 期。
柳亚子：《我们对于文化运动的意见》，《新生》1935 年第 2 卷。
郭沫若：《论读经》，《学习生活》1943 年第 4 卷。
王先俊：《新中国成立初期的马克思主义学习运动》，《中国浦东干部学院学报》2011 年第 2 期。
赵子林：《建国初期知识分子思想状况与党的知识分子政策的回顾与思考》，《兰州学刊》2007 年第 1 期。
陆剑杰：《新中国思想史概观》，《学术研究》2009 年第 10 期。
冯友兰：《孔子思想研究》，《新建设》1954 年第 4 期。
杨向奎：《孔子思想及其学派》，《文史哲》1957 年第 5 期。
童书业：《孔子思想研究》，《山东大学学报》1960 年第 1 期。
童书业：《论孔子的政治进步面》，《文史哲》1961 年第 2 期。
高亨：《孔子思想三论》，《哲学研究》1962 年第 1 期。
安作璋：《略谈孔子与季氏》，《文史哲》1962 年第 5 期。
颜炳罡：《五十年来孔子研究的回顾与展望》，《山东大学学报》1999 年第 3 期。
刘节：《孔子的“唯仁论》，《学术研究》1962 年第 3 期。
高赞非：《孔子思想的核心——仁》，《文史哲》1962 年第 5 期。
《孔子学术讨论会中的几个问题》，《文史哲》1963 年第 1 期。
关锋、林韦时：《关于孔子思想讨论中的阶级分析的几个问题》，《文史哲》1963 年第 1 期。
骆承烈：《被诬为“大黑会”的孔子讨论会》，《世纪》2007 年第 3 期。
冯友兰：《关于孔子讨论的批评与自我批评》，《哲学研究》1963 年第 6 期。
《山东大学第九次科学讨论会关于历史遗产批判继承问题的讨论》，《文史哲》1964 年第 3 期。
何立波：《荒诞的破“四旧”》，《党史天地》2006 年第 2 期。
钟德涛、柳青：《军队“批林整风”运动述略》，《中共党史研究》2005 年第 3 期。
乔福锦：《“批林批孔”纪年》，《邢台师专学报》1995 年第 1 期。

郭若平:《“评法批儒”运动与中国当代学术的厄运》,《党的文献》2003年第6期。
钱理群:《一代学者的历史困境》,《读书》1994年第7期。
北京大学、清华大学批判组:《孔丘其人》,《新华月报》1974年第4期。
《孔子、儒学、传统思想文化研究机构与学术团体介绍·中国孔子基金会》,《孔子研究》2000年第1期。
曾春海:《以马列主义中国化为线索评估中国大陆四十年来的哲学发展——以儒家哲学为例》,(台)《“国立”政治大学学报》1995年第2期。
张昭军:《与经典同行——透视曲阜“读论语,诵经典”活动》,《网络科技时代》2007年第23期。
魏现兰:《儒学价值与现代经济》,《现代情报》2004年第9期。
董学清:《孔孟之乡续写现代文明》,《走向世界》2005年第4期。
李径宇:《另一种孔子热》,《中国新闻周刊》2004年第28期。
王霄冰:《仪式的建构与表演——2011清明节曲阜祭孔与祭祖活动的人类学考察》,《文化遗产》2011年第3期。
曾庆福、金小方:《儒学复兴中知识分子的文化使命考察》,《求索》2007年第3期。
杨朝明:《礼制“损益”于“百世可知”》,《济南大学学报》2009年第5期。
王霄冰:《试论非物质文化遗产本真性的衡量标准——以祭孔大典为例》,《文化遗产》2010年第4期。
林存光:《儒学的当代转化:立场、信念与心态》,《哲学动态》2007年第5期。
方朝晖:《现代儒学的困境与出路》,《天津社会科学》2009年第5期。
钱理群:《一代学者的历史困境》,《读书》1994年第7期。